S. 23

KARL JOSEF WALLNER

WIE IST GOTT?

KARL JOSEF WALLNER

WIE IST GOTT?

Die Antwort
des christlichen Glaubens

Media Maria Verlag

Imprimatur: *Mit Erlaubnis von Abt Gregor Henckel Donnersmarck, Abt des Stiftes Heiligenkreuz, vom 5. August 2010*

Bibliografische Information: Deutsche Nationalbibliothek
Die deutsche Nationalbibliothek verzeichnet diese Publikation in der
Deutschen Nationalbibliografie; detaillierte bibliografische Daten sind
im Internet über http://dnb.ddb.de abrufbar.

Wie ist Gott?
Die Antwort des christlichen Glaubens
Karl Josef Wallner
Media Maria Verlag, 3. Auflage 2013
ISBN 978-3-9813003-4-5

www.media-maria.de
ISBN 978-3-9813003-4-5

INHALT

EINLEITUNG

Wenn jemand geistig weggetreten ist, dann verwenden wir in Österreich dafür die Redewendung: „Jemand steht neben den Schuhen." Ich fürchte, dass wir Christen heute wirklich „neben den Schuhen" stehen, denn wir haben die Substanz unseres Glaubens vergessen. Wir sind von innen wie außen gelähmt, weil wir uns zu sehr mit Themen beschäftigen, die nicht den Kern der Sache betreffen. Was ohne Wesen ist, wird aber verwesen.

Als Kind habe ich meine ersten religiösen Gedanken deshalb gehabt, weil meine Eltern mir abends vor dem Schlafengehen vom „lieben Gott", der mich liebt und mich behütet, erzählt haben. Sie haben mich das vertrauensvolle Gebet zu dem großen und unsichtbaren Gott gelehrt, von dem sie gesagt haben, dass er mein Vater im Himmel sei. Die „Schuhe", durch die ich gelernt habe, religiös zu gehen, das war die Rede von Gott, vom „lieben Gott". Das Wort „Gott" ist mir immer nur in der Verbindung mit dem Adjektiv „lieb" begegnet. So geheimnisvoll dieser „Gott", zu dem ich da als Kind beten lernte, auch immer war, eines war mir klar: Gott ist ein liebender, ein „lieber Gott".

Doch das Gottesgeheimnis und die überwältigende Gnadenmacht dieses faszinierenden Wesens namens Gott spielt für uns Christen heute scheinbar keine Rolle mehr. Wir haben andere Themen. Unter dem Thema „Kirche" etwa fällt uns alles Mögliche ein, leider vorwiegend Negatives: Zölibat, Moral, Bischofsernennungen, Frauenpriestertum, Missbrauch usw. Die Religion, die vor über 2000 Jahren mit dem Engelsruf über Bethlehem in diese Welt

eingetreten war: „Fürchtet euch nicht, denn ich verkünde
euch eine große Freude!" (Lk 2,10), erweckt derzeit nicht
den Eindruck, als könnte man durch sie Freude und Lebensglück finden. Wir haben uns innerkirchlich neben-
sächliche Frustthemen wie mächtige Balken vor den Kopf
gebunden – oder binden lassen. Wer aber ein Brett vor
dem Kopf hat, der kann weder sich selbst noch anderen
helfen (vgl. Mt 7,3ff; Lk 6,41f).

Ich erinnere mich noch, wie die Botschaft vom „lieben
Gott", die dann später nicht nur durch meine Eltern und
Großmütter, sondern auch durch Pfarrer und Religions-
lehrer in mein kindliches Herz getragen wurde, ein Gefühl von Geborgenheit und Fülle ausgelöst hat. Ist nicht
Gott das Eigentliche und Letzte, dessen wir alle bedür-
fen? Von dem – leider pantheistisch angewehten – deutschen Mystiker Jakob Böhme stammt das durchaus klu-
ge Wort: „Der Mensch hat Heimweh, weil er Heimweh
ist." Als Gymnasiast hat mich Augustinus mit seiner
Werther'schen Sehnsucht nach Gott begeistert, und ebenso fasziniert mich heute noch, dass es so etwas wie eine
kirchenamtliche Lehre gibt, die tatsächlich davon ausgeht,
dass jeder Mensch von Natur aus religiös ist. Wir sind dazu verurteilt, Heimweh nach einer letzten großen Heimat
zu haben, weil wir von Natur aus „Heimweh sind".

Und darum schmerzt es mich, dass wir derzeit thema-
tisch „neben den Schuhen" stehen. Als Jugendseelsorger
mache ich die Feststellung, dass religiöses Desinteresse
und spirituelle Abgestumpftheit oft nur Fassade sind; dahinter verbirgt sich ein unstillbares Vakuum. Auch der
anhaltende *Boom* der postmodernen Esoterik ist für mich
ein Beweis dafür, dass die Menschen unausrottbar religiös sind. Sie suchen nach einem Weg in die letzte Heimat, weil sie spüren, dass sie hier auf Erden „elend" sind.
„Elend" kommt von „außer Land" und entspricht dem la-

teinischen *exsilium*, von der Heimat verbannt. Die Suche nach einem Weg in das Eigentliche gehört zur Programmatik unserer menschlichen Existenz. Und die Religionen sind solche Wege. Darum wurde der christliche Glaube zuerst schlicht „der Weg" genannt (Apg 9,2; 19,9.23; 22,4.14.22). Der Weg, den wir Christen gehen und den wir anderen zu weisen haben, ist der Weg zu Gott, den uns Christus eröffnet hat.

In diesem Buch geht es um Gott. Keine Sorge, ich werde in diesem Buch nicht so tun, als könnte ich Ihnen Gott beweisen. Das brauche ich auch gar nicht, denn diese „Arbeit" erledigt Gott ja selbst: Er beweist seine Existenz durch die Werke, die er geschaffen hat. Von nichts kommt nichts; von nichts kann niemals etwas kommen! (vgl. Röm 1,13). Und seit er im Alten Testament Menschen angesprochen hat und sein „Wort" im Neuen Bund selbst Mensch geworden ist, wissen wir ja, dass er ein sprechender Gott ist. Gott ist kommunikativ – wenn wir ihn nur lassen! Die bescheidene Aufgabe von uns Theologen besteht darin, zu einer Offenheit des Denkens anzuregen.[1] Und das ist heute notwendiger denn je! Für viele Menschen, selbst für gläubige, ist Gott nur ein „Irgendetwas". Die Redewendung „Irgendetwas wird es schon geben" ist aber theologisch unerträglich, denn das Wesen des christlichen Glaubens besteht ja darin, dass Gott sich geoffenbart hat. Unser Gott ist kein schweigendes und im Jenseits sich verbergendes „Irgendetwas", das uns Menschen mit einer sinnlosen Religiosität quält, dass wir ihn „ertasten und (er)finden" müssten (Apg 17,27). Christlicher Glaube ist das Staunen darüber, dass Gott uns sein innerstes Wesen zugekehrt hat, und dieses Wesen ist dreifaltige Liebe.

Hier geht es nicht um die Frage „Ob es Gott gibt", denn dazu braucht man keine Religion, das sagt einem ja das vernünftige Denken. Darum sind auch mindestens neun-

undneunzig Prozent der Menschheit faktisch in irgendeiner Form religiös, religiös im weitesten Sinn. Hier geht es
um die Frage „Wie ist Gott?" Der christliche Glaube verkündet ja einen Gott, der sich uns nicht entzieht, sondern
der sich offenbart; der nicht schweigt, sondern der uns
anruft; der sich nicht versteckt, sondern liebend auf uns
zugeht. Der Gott, an den wir glauben, ist kein „Irgendetwas", sondern er ist der Eine, der zugleich Vater, Sohn
und Heiliger Geist ist. Gott ist dreifaltig. Achtung: Es
handelt sich nicht um ein systematisches Lehrbuch über
den christlichen Gottesbegriff, dazu gibt es Besseres, Prä-
gnanteres und Theologischeres. Ich verstehe dieses Buch
als eine Art *Appetizer*, um den Leser auf den Geschmack
zu bringen, sich tiefer mit der christlichen Gottesoffenbarung, vor allem auch mit der Dreifaltigkeit auseinan-
derzusetzen.² Die einzelnen Kapitel habe ich deshalb auch
so verfasst, dass man sie unabhängig voneinander lesen
kann und sie doch immer den Blick auf das große Ganze
freigeben.

Als Kind konnte ich mir nicht vorstellen, dass es dieses
Etwas namens „Gott" außerhalb der adjektivischen Be-
schreibung „der liebe Gott" gibt. Das war die Vorgabe aus
der klugen Glaubenserziehung, die mir durch meine Eltern, die geistlichen Kindergartenschwestern und Religi-
onslehrer geschenkt wurde. Doch warum Gott tatsächlich immer und unaufgebbar „der liebe Gott" ist, das hat
sich mir erst im Kennenlernen des Glaubens erschlos-
sen. Erst mit dem Nachdenken über Gott hat sich mir in
wunderbarer Klarheit und einleuchtender Helligkeit enthüllt, warum Gott tatsächlich „der liebe Gott" ist: Gott
ist „lieb", ja, er ist „die Liebe", weil er es von Ewigkeit in
sich ist; weil er sich als Vater, Sohn und Heiliger Geist in
dieser Welt als „die Liebe" geoffenbart hat. Gott ist „der
liebe Gott", weil er der „dreifaltige Gott" ist.

Ich muss den Leser meines Plädoyers, sich intensiver mit dem Gott der christlichen Offenbarung, also mit dem dreifaltigen Gott, auseinanderzusetzen, allerdings noch warnen. Wenn ein Zisterzienser über Trinität schreibt, dann mahnt ein Blick in die Theologiegeschichte zur Vorsicht. Unser uralter, schon im Jahr 1098 gegründeter Mönchsorden hat in seiner langen Geschichte keinen einzigen lehramtlich verurteilten Häretiker hervorgebracht, mit einer Ausnahme. Die Irrlehre bezog sich ausgerechnet auf die Dreifaltigkeit und wurde von dem berühmten Abt Joachim von Fiore in Kalabrien († 1202) vorgetragen. Joachim, der ein frommer Abt war, betrieb eine merkwürdige, fast mathematische Schriftauslegung; er entwickelte eine Geschichtstheologie, mit der er die mittelalterliche Kirche noch Jahrzehnte nach seinem Tod in Atem hielt. Joachim lehrte, dass es gemäß den drei göttlichen Personen auch drei Stufen in der Heilsgeschichte gebe: das Alte Testament sei die Zeit des Vaters gewesen, das Neue Testament und die Zeit der Kirche sei dem Sohn zuzuordnen. Und schließlich gebe es da noch in baldiger Zukunft die Zeit des Heiligen Geistes, die Joachim mit dem 1000-jährigen Friedensreich auf Erden aus der Apokalypse (vgl. Offb 20,2–6) gleichsetzte: also eine irdische Heilszeit, in der auf Erden totale Gerechtigkeit herrschen, bevor dann endgültig das geistige Himmelreich anbrechen wird. Die heiligste Dreifaltigkeit war hier als Logisierungsprinzip für die Weltgeschichte missbraucht worden … Joachim starb fromm im Jahr 1202, dreizehn Jahre später, 1215, verurteilte ihn das Vierte Laterankonzil unter dem großen Innozenz III. wegen dieser allzu plumpen Trinitätstheologie.[3]

Das kirchliche Lehramt konzipierte gegen Joachim eine der genialsten Formulierungen der Theologiegeschichte: Die Unähnlichkeit zwischen Gott und Welt ist immer

größer als die Ähnlichkeit.[4] Gefährlich wurde die Drei-
Reiche-Lehre Joachims aber erst später, als sie von fana-
tischen Gruppen der Armutsbewegung des 13. Jahrhunderts aufgenommen wurde. Die Spiritualen beriefen sich
auf die joachimitische Verheißung einer utopischen Geis-
tesgesellschaft, um Aufruhr gegen Staat und Kirche zu
predigen. Thomas von Aquin traf fünfzig Jahre später
den Nagel auf den Kopf, als er von Joachim sagte, dass
dieser fromme Abt von der Trinität nichts verstanden habe. Aber so harmlos war Abt Joachim nicht, denn er hatte Gott und die Geschichte systematisiert, und das ist genau der Grundfehler der neuzeitlichen „Irrlehren". Henri
de Lubac hat jedenfalls ein zweibändiges Werk über die
„Geistige Nachkommenschaft des Joachim"[5] geschrieben: Er führt Hegel, Marx und Hitler auf Joachim zurück. Kein Wunder also, dass wir Zisterzienser angeblich
im Spätmittelalter das „Privileg" erhielten, am Sonntag
nach Pfingsten, am Dreifaltigkeitssonntag, nicht predigen
zu müssen; freilich nicht so sehr wegen Joachim, sondern
propter complexam materiam (wegen des allzu schwie-
rigen Gegenstandes). Man traute uns Zisterziensern einfach nicht zu, etwas Kluges und Richtiges über die Dreifaltigkeit zu sagen …

Joachims Simplifizierungen standen mir immer war-
nend vor Augen, als ich dieses Buch geschrieben habe.
Ich hätte es aber nicht über mich gebracht, es nicht zu
schreiben. Es ist mir auch bewusst, dass ich mich manchmal wiederhole und dass manches einer gründlicheren
Ausargumentierung bedurft hätte. Über Gott zu reden,
über den dreifaltigen Gott der christlichen Offenbarung,
ist mir ein Herzensanliegen. Vielleicht ist einiges zu sehr
Plädoyer statt akademischer Abhandlung geworden. Aber
meine Sorge um das Verdämmern des christlichen Gottesglaubens lässt mir keine Wahl. Ich gestehe auch, dass

es mir natürlich darum geht, dass der Leser mehr über den christlichen Gottesbegriff erfährt oder zumindest mehr darüber nachdenkt, was sich hinter „Vater", „Sohn" und „Heiligem Geist" verbirgt. Als Mönch, der täglich mehrere Stunden beim Chorgebet den dreifaltigen Gott lobt und preist, besteht mein eigentliches Herzensanliegen aber nicht darin, nur das Glaubenswissen zu mehren. Nein, mein eigentliches Anliegen ist es, zur anbetenden Ehrfurcht hinzuführen: Ehrfurcht vor dem Gott, der sich geoffenbart hat, der uns liebt, der dreifaltig ist.[6]

Jeden Psalm beschließen wir Mönche, indem wir uns tief verneigen und den Lobpreis des *Gloria Patri* singen: „Ehre sei dem Vater und dem Sohn und dem Heiligen Geist, wie es war im Anfang so auch jetzt und alle Zeit und in Ewigkeit. Amen." Ich hoffe, dass dieses Buch vielen Lesern einen Anstoß geben wird, sich des christlichen Gottesglaubens gewisser zu werden und den einen und einzigen Gott, der dreifaltig die Liebe ist, vor allem und in allem anzubeten. Ich liebe Gott einfach zu sehr, als dass ich es ertragen könnte, dass wir Christen noch länger „neben den Schuhen" stehen. Die Schuhe, die ich hier biete, damit wir unseren Weg in dieser Welt als Christen fröhlich weitergehen können, sind vertieftes Glaubenswissen und lebendige Gläubigkeit. Und dann: Gehen wir!

Pater Karl Wallner
Zisterzienserabtei Stift Heiligenkreuz

I. KAPITEL
DER MENSCH ZU GOTT

1. Gibt es Gott?

Gibt es Gott? Bis vor Kurzem fürchtete man in der Kirche noch, dass die große Herausforderung der Zukunft der Atheismus sein würde, die Leugnung und Verneinung Gottes. Es scheint anders zu kommen. Inzwischen hat sich die Situation radikal verändert. Die Frage, ob es etwas Jenseitiges, etwas Göttliches gibt, wird heute von den meisten Menschen mit großer Selbstverständlichkeit bejaht. In Umfragen bezeichnen sich immer mehr Menschen als „religiös". Die Wiederentdeckung der Religiosität ist ein fester Bestandteil jenes Lebensgefühls, dem man den Namen „Postmoderne" gegeben hat.

Der überraschende Neuaufbruch in die Religiosität freut natürlich auch die Christen, stellt für sie aber auch eine neue Herausforderung dar. Da Religiosität „in" ist, hat sich eine Art „Jahrmarkt" der religiösen Angebote entwickelt: Das Angebot reicht von östlicher Meditation über die abenteuerlichen Ideologien mancher Sekten bis hin zum kommerziellen Handel mit abergläubischen Praktiken. Spiritismus und Okkultismus sind salonfähige Gesprächsthemen geworden; und die Sensation des Spirituellen und Religiösen, aber ebenso des Exotischen und Abnormalen, wird auch in den Medien breitgetreten. Der moderne Theologe Johann Baptist Metz hat die neue Mentalität treffend charakterisiert, wenn er von „Religiosität ohne Gott" spricht. Religiosität ist vielfach nur ein erbauliches Gefühl oder ein wohliges Nervenkribbeln. Bei vielen beschränkt sich Religiosität auch auf die belanglose Feststellung: „Irgendetwas wird es schon

geben." Die heutige neue Religiosität atmet die Grund-
struktur des postmodernen Denkens. Dieses steht nicht
nur allem „Ideologischen" skeptisch gegenüber, sondern
auch allem Grundsätzlichen und Prinzipiellen. Letztlich
mündet solches Denken in reiner Beliebigkeit. Die Mentalität: „Gut ist, was gefällt und Spaß macht", wurde von
Denkern wie Jürgen Habermas mit Recht als Defizit, ja
als Gefahr kritisiert.[7] Und Papst Benedikt XVI. hat oft-
mals vor einer „Diktatur der Beliebigkeit und des Relativismus" gewarnt.

Im religiösen Bereich äußert sich die Konturlosigkeit
im Wesentlichen oft so, dass inmitten des Gewirrs von
beliebigen religiösen Vorstellungen und Praktiken die
Frage nach der letzten Wahrheit Gottes schon gar nicht
mehr gestellt wird. Themen wie: „Kann man erkennen,
wie Gott ist? *Was* verstehen wir eigentlich unter dem,
was wir Gott nennen?", werden erst gar nicht aufgegriffen. Die Frage, welche die Religionen zu beantworten haben, lautet aber nicht nur: „Gibt es Gott?" Denn die Frage nach der Existenz Gottes ist – sogar nach der Lehre der
Kirche – sehr einfach und sehr klar mit Ja zu beantworten. Das ist nicht das Problem. Es genügt auch nicht dabei
stehen zu bleiben, sich das Gefühl „Gott" zu gönnen, weil
man dies subjektiv als eine Bereicherung empfindet.[8] Die
allesentscheidende Frage, die es zu beantworten gilt, die
jedoch kaum gestellt wird, lautet doch: „*Wie* ist Gott?"
Es ist die Frage nach dem Wesen Gottes, nach der Art
und Weise seines Seins, die heute entweder kaum gestellt
oder deren Beantwortung verweigert wird. Gott ist zum
„Irgendetwas-wird-es-schon-Geben" geworden. Und genau das ist die Herausforderung, die sich dem Christentum heute stellt.

Ist es egal, *wie* Gott ist? Ist es bedeutungslos, wie sich
der Mensch Gott vorstellt? Auf dem „Jahrmarkt" der Re-

ligionen ist das Christentum heute zu einem Angebot
unter vielen anderen geworden. Viele Menschen wissen
gar nicht mehr, warum sie eigentlich Christen sind und
was die Besonderheit des Christentums ist. Viele wenden
sich auch von der Kirche ab, weil diese das innere religiöse Gottesbedürfnis der Menschen nicht oder zu wenig ar-
tikuliert. In der Öffentlichkeit herrscht oft der Eindruck,
dass eher die neuen Weisen und Gurus mit Kompetenz
über Gott sprechen, während man in der Kirche über
Strukturen und Äußerlichkeiten sonderlichster Art diskutiert. Dieser Eindruck der Veräußerlichung ist von großem Schaden, denn so kommt das Einzigartige des christlichen Glaubens nicht zur Geltung.

Die spezifische Grundlage des Christentums liegt nämlich gerade in einer tiefen Erkenntnis des Wesens Gottes.
Auf die Frage: „Wie ist Gott?", vermag das Christentum
auf eine einzigartige Weise Antwort zu geben. Warum?
Weil der Glaube an Christus der Glaube an die Selbstenthüllung Gottes ist. Christusglaube ist Glaube an die
Enthüllung des innersten Wesens Gottes. „Enthüllung"
heißt auf Griechisch „Apokalypse", herkömmlich wird
dies mit dem deutschen Wort „Offenbarung" wiederge-
geben.

Das Christentum ist eine Offenbarungsreligion und
hat deshalb etwas über Gott zu sagen. Der Christ darf
mit ehrfürchtigem Staunen einen faszinierenden Blick
auf das Innerste Gottes selbst werfen, da uns in Christus
„der Abglanz seiner Herrlichkeit und das Abbild seines
Wesens" (Hebr 1,3) begegnet. Wir wollen aufzeigen, dass
diese göttliche Offenbarung das Fundament des christlichen Glaubens darstellt und seine Einzigartigkeit begründet. Wir wollen auch die Frage stellen, wie diese Offenbarung vor sich geht und was sie im Kern von Gottes
Identität enthüllt.

2. Ein Gott – und so viele Religionen?

Gibt es wirklich eine Einzigartigkeit des christlichen Glaubens? Das ist eine schwierige Frage, denn selbst überzeugte Christen haben heute oft ein schlechtes Gefühl, wenn sie von der „Besonderheit" ihres Glaubens reden hören. Viel Böses haben Christen Menschen anderen Glaubens angetan, weil sie sich hochmütig für etwas „Besseres" gehalten haben. Wo eine Religion von ihrer Einzigartigkeit spricht, wird sie bald der Intoleranz verdächtigt. Und doch muss es ja etwas geben, das die christliche Religion charakterisiert – ohne sie gleich überheblich zu machen.

Wenn das Gespräch auf die Verschiedenartigkeit der Religionen kommt, fällt oft der Satz: „Es kann nur einen Gott geben." Das ist eine Feststellung, die in ihrem Kern durchaus richtig ist. Es kann tatsächlich nur einen einzigen Gott geben. Eine Vielzahl von Göttern etwa muss schon aus Vernunftgründen abgelehnt werden. Der Monotheismus ist schon philosophisch aus einem einfachen Grund einzufordern: Gott ist absolut und unbegrenzt, deshalb kann es nicht zwei oder mehrere Absolute und Unbegrenzte nebeneinander geben; sie würden sich gegenseitig beschränken.

Der genannte Satz: „Es kann nur einen Gott geben", hat aber meist eine ganz andere Aussageabsicht. Man möchte damit nicht nur die Einzigkeit Gottes ausdrücken, sondern vor allem, dass es für alle Religionen einen Einheitspunkt gibt. Tatsache ist ja, dass es nur einen einzigen Gott geben kann. Tatsache ist aber auch, dass es viele und unterschiedliche Religionen gibt. Wenn es aber nur einen Gott gibt, dann heißt das, dass alle Religionen auf unterschiedliche Weise diesem einen Gott dienen. Das bedeutet weiter, dass sich alle Religionen in diesem Punkt treffen:

sie zielen auf die Verehrung des einen Gottes, sie wollen
dem erhabenen Schöpfer dienen. „Es kann nur einen Gott
geben" heißt also, dass alle Religionen einen gemeinsamen Bezugspunkt haben: die Verehrung des einen Gottes, wie unterschiedlich auch immer diese ausfallen mag.

Bis zu diesem Punkt kann der Christ mit gutem Gewissen mithalten. Das Zweite Vatikanische Konzil hat
ausdrücklich betont, dass alle Religionen „Heiliges und
Wahres" enthalten. Es gibt tatsächlich eine grundlegende Gemeinsamkeit zwischen allen Religionen: das ist die
Gottesverehrung. In der Gottesverehrung, im Gebet zu
Gott, wissen sich die Christen eins mit allen anderen Religionen. Und weil jede religiöse Gottesverehrung sich
auf diesen gemeinsamen Bezugspunkt ausrichtet, auf den
Gott, der Urgrund von allem ist, konnte Papst Johannes
Paul II. mit Vertretern aller Religionen in Assisi ein Ge-
betstreffen abhalten. Jede religiöse Anbetung zielt auf
den einen Gott.

„Es kann nur einen Gott geben." Viele Menschen, die
sich auf die Einzigkeit Gottes und die Gemeinsamkeit unter den Religionen in ihrer Hinordnung auf Gott berufen,
meinen damit aber noch etwas anderes. Und hier beginnen für uns Christen die Schwierigkeiten. Oft wird nämlich zugleich unterstellt, dass alle Religionen im Prinzip
gleich sind. Äußere Unterschiede seien nur kulturell oder
geschichtlich bedingt, im Kern gebe es aber keinen We-
sensunterschied. Darin steckt auch die Behauptung, dass
der Mensch gar nicht fähig sei zu erkennen, welche der
vielen Religionen Gott nun wirklich in Wahrheit erkannt
habe; so habe eben jede Religion ein Detail des immensen
göttlichen Geheimnisses erfasst; jede Religion – auch das
Christentum – ist dann nur Fragment einer allgemeinen
Religiosität. Keine Religion kann dann den Wahrheitsan-
spruch erheben, auch nicht das Christentum.

Gotthold Ephraim Lessing hat diese vermeintliche Un-
unterscheidbarkeit der Religionen durch seine berühmte
Ringparabel von 1779 für alle Zeiten in eine literarische
Form gebracht. Lessing wirft dort die Frage auf, welche
Religion die wahre sei. Die Antwort des „weisen Nathan"
fällt ganz im Sinne der rationalistischen Aufklärung des
18. Jahrhunderts aus: Ein Mann, der sich nicht entschei-
den kann, welchem seiner drei Söhne er seinen Ring ver-
machen soll, lässt zwei identische Ringe anfertigen. Die
beiden Duplikate sind von derartig täuschender Gleich-
heit, dass das Original nicht mehr ausfindig gemacht werden kann. Resultat der Parabel: Die Religionen sind un-
unterscheidbar gleich.

Lessing behauptet damit, dass keine Religion ihren
Anspruch auf die wahre Erkenntnis Gottes nachweisen
kann. Damit stehen alle Religionen auf einer Ebene. Die
Folgerung, die der „weise Nathan" daraus zieht, ist die
Forderung nach Toleranz: Toleranz unter den Religionen,
weil keine einen größeren Anspruch erheben kann als die
andere. Religiöse Toleranz ist – auch aus christlicher Sicht
– positiv. Aber in der Praxis ergibt sich aus der Toleranz-
forderung der Ringparabel eine zweite Folgerung: das ist
faktisch die Gleichgültigkeit gegenüber der wahren Religion. Und hier beginnt für die Christen das Problem!

Ein Gott und so viele Religionen! Und keine kann sich –
zumindest nach der Behauptung Lessings – als wahr aus-
weisen. Das ist die Situation der Neuzeit: religiöser Relativismus, ein Gewirr von Religionen, doch die Frage nach
der Wahrheit Gottes wird nicht gestellt. Dazu kommt,
dass in den Religionen eine Fülle von unterschiedlichsten
Vorstellungen zu finden sind, die voneinander nicht nur
abweichen, sondern oft einander entgegengesetzt sind:
Der Hinduismus kennt eine Vielzahl von Göttern; für
den Buddhismus gibt es nur einen namenlosen göttlichen

Urgrund; die Christen beten einen Gekreuzigten als Gottes Sohn an; die Schintoisten glauben, dass in den Ahnen göttlicher Geist lebt usw. Es darf nicht verwundern, dass bei diesem unüberschaubaren Gewirr von religiösen Vorstellungen viele die Flucht in die Gleichgültigkeit antreten. Andere dagegen stellen sich auf dem Jahrmarkt der Religionen ein eigenes Sortiment zusammen, jeder nach seinem Geschmack: ein bisschen Reinkarnation, ein bisschen Evangelium, ein bisschen Esoterik usw.

3. Alle suchen nach Gott

In dieser Situation stellen wir also die Frage nach dem entscheidend Christlichen. Vielleicht zeigt sich bei näherem Nachdenken doch, dass das Christentum nicht nur eine beliebige Religion unter anderen ist. Wenn wir nach dem Unterschied fragen, dann müssen wir zuerst das Kennzeichen der Religiosität an sich klären, also das Prinzip, welches allen Religionen gemeinsam zu eigen ist. Wenn wir das Gemeinsame bei den nichtchristlichen Religionen entdeckt haben, können wir das entscheidend und spezifisch Christliche herausarbeiten.

Es ist die Überzeugung der alten Kirchenlehrer, dass der Mensch im innersten Herzen gottessehnsüchtig ist. Der Mensch kann nicht anders, er hat in sich ein geistiges Vakuum, eine Unerfülltheit, die danach ruft, von einem Unendlichen ausgefüllt und geheilt zu werden. Berühmt und vielzitiert ist etwa das Wort des heiligen Augustinus († 430) aus seinen Confessiones: *Inquietum est cor nostrum, donec requiescat in te* („Unruhig ist unser Herz, bis es ruht in Dir [Gott]").[9] Kurz: Der Mensch ist kraft einer naturhaften Veranlagung religiös. Thomas von Aquin († 1274) nennt diese innere Veranlagung *desiderium naturale videndi Deum* (die „naturhafte Sehnsucht nach

Gott"). Gerade im vergangenen 20. Jahrhundert hat die katholische Theologie diese alte Erkenntnis aufgegriffen und sie in den Mittelpunkt gestellt. Vor allem der prägende deutsche Jesuitentheologe Karl Rahner († 1984) hat die Idee von der naturhaften Veranlagung des Menschen auf Gott hin aufgegriffen und sie mit einem Begriff des Philosophen Immanuel Kant in Verbindung gebracht. Rahner entdeckte nämlich im Menschen eine Art Dynamismus, einen beständigen Drang nach einem Mehr, nach einem Größeren, nach einem Unendlichen. Das Vordergründige befriedigt ja den Menschen höchstens kurzfristig. In seiner Tiefe erstreckt sich menschliche Sehnsucht über den Horizont des Irdischen hinaus, will permanent die Grenzen des Endlichen zum Unendlichen hin *transzendieren* (überschreiten). Der menschliche Geist greift stets nach Gott aus.

Rahner nennt diese Eigenschaft die „Transzendentalität" des Menschen; und diese transzendentale bzw. religiöse Dimension des menschlichen Geistes ist für ihn sogar konstitutiv für das Menschsein des Menschen und unterscheidet ihn grundlegend vom Tier. Einen rein natürlichen Menschen, der nichts mit Gott zu tun haben könnte, gibt es also nach Rahner gar nicht: schon das bloße Faktum, dass der Mensch seine Existenz als geistiges Wesen vollzieht – egal ob er ausdrücklich nach Gott fragt oder sich dieser Frage verschließt – ist ein von Gott her „übernatürlich" ermöglichtes Tun. Zwei Gedanken Rahners sind diesbezüglich noch bemerkenswert. Zum einen behauptet er, dass selbst der Atheist Gott indirekt anerkennt, weil auch die bewusste Leugnung Gottes ein geistiger Akt ist, der auf den unendlichen Horizont hin ausgerichtet ist, also auf Gott. Zum anderen ist für Rahner die transzendentale Hinordnung schon immer von Christus her ermöglicht, sodass sie unter bestimmten Bedingun-

gen als „christlich" gelten kann, selbst wenn der Mensch
nicht ausdrücklich an Christus glaubt. Das ist die – allerdings umstrittene – These vom „anonymen Christentum". Jedenfalls ist der menschliche Geist nach katholischer Lehre eine Art inneres „Organ", das den Menschen
grundsätzlich auf Gott hinordnet.

Wenn auch jeder Mensch von Natur aus religiös ist, so
handelt es sich bei dieser Religiosität doch erst um eine
bloße *Hinordnung*. Man könnte den Menschen mit dem
Parabolspiegel einer Satellitenanlage vergleichen, der sich
der unermesslichen Weite des Weltalls entgegenstreckt.
Ebenso ist der Mensch von Natur aus ein Lauschender.
Die Frage ist aber dann noch nicht beantwortet: *Welche*
Töne aus der Unendlichkeit, aus der Jenseitigkeit Gottes,
werden empfangen?

Offenbar ist es so, dass aus der Unendlichkeit eine Fülle von Tönen herüberklingt, denn sonst könnte man die
Vielzahl der religiösen Vorstellungen nicht erklären. Offensichtlich ist, dass es besonders Hellhörige gibt, die
ein besonderes Talent haben, die fernen Töne aufzufan-
gen und anderen mitzuteilen. Die Menschheitsgeschichte
kennt unzählige solcher religiös hellhörigen Menschen.
Zu ihnen gehören sicher die bekannten Stifter der Weltreligionen, die allesamt Lauschende und Sinnsuchende
waren: Prinz Gautama Siddhartha, der im meditativen
Durchschauen zum Erleuchteten (*Buddha*) wurde; die übrigen Weisen des Ostens wie etwa Laotse und Konfuzius,
dazu die Dichter der Veden; ebenso aber Mohammed, der
Handelsreisende, der nach langen Jahren der Suche, des
Zweifels und der Fragen seine Gotteserkenntnisse nieder-
schrieb. Am Anfang jeder Religion steht ein Suchender,
der gewissermaßen die Schwingungen der Ewigkeit erlauscht und diese in Worte und Bilder fasst, um sie anderen mitzuteilen.

4. Lässt Gott sich finden?

Aus der Religiosität, aus der Sensibilität der Gottsuche Einzelner entwickelt sich eine Religion. Diese Behauptung ist heute leicht nachzuprüfen, da wir in einer höchst „religionsproduktiven" Zeit leben, in der die Zahl der neuen Sekten beständig wächst. Aber genau hier setzt die Schwierigkeit ein: Religion entsteht dort, wo die Religiosität sich in Bilder, Erzählungen und Vorstellungen über Gott umsetzt. Die Frage lautet aber: Wie kommt der Mensch dazu, *seine persönliche* Gotteserfahrung als authentisch auszugeben? Ist das nicht ein vermessenes Unternehmen? Darf der Mensch sich eigentlich prinzipiell herausnehmen, das unendliche Geheimnis Gottes in begrenzte Begriffe zu fassen? Und ebenso drängend ist die Frage nach der Sicherheit: Welche Garantien gibt es eigentlich, dass gerade die Vorstellung von Gott, welche diese oder jene Religion vertritt, die richtige ist?

Schon in der Antike, in der es auch von Gottesvorstellungen nur so wimmelte, gab es massive Kritik an der Religion. Ist Religion nicht einfach ein Wunschbild, eine Selbstproduktion der menschlichen Fantasie? Entwirft sich der Mensch nicht genau das Bild von Gott, das seinen eigenen menschlichen Wünschen und Fantasien am ehesten entspricht?

Der griechische Philosoph Xenophanes von Kolophon (ca. 570-470 vor Christus) ist gleichsam der „Stammvater der Religionskritik": „Der Mensch glaubt, die Götter hätten seine eigene Beschaffenheit, die gleiche Gestalt, die gleiche Stimme und ähnliche Kleidung. Der Äthiopier denkt, die Nase der Götter sei platt und schwarz; der Bulgare stellt sich Gott blauäugig und blond vor. Doch wenn die Löwen und Ochsen Hände hätten, wenn sie malen und handwerken könnten, dann würden die Rosse die

Götter als Rosse malen, die Rinder sie gleich Rindern,
je nach dem eigenen Aussehen ..."[10] Im 19. Jahrhundert
wurde diese bemerkenswerte Kritik von dem Philosophen
Ludwig Feuerbach aufgegriffen. Für ihn ist Religion einfach nur die „Projektion" menschlicher Eigenschaften auf
ein erfundenes übergroßes Etwas, eine imaginäre Aufblähung irdischer Fantasien.[11]

Natürlich wäre dem einiges entgegenzuhalten, aber
in einem Punkt haben Xenophanes und Feuerbach auch
vom christlichen Standpunkt aus recht: Der menschliche
Geist mag zwar hingeordnet sein auf Gott, er mag auch
tatsächlich erkennen können, *dass* es Gott gibt. Aber er
kann von sich aus letztlich nicht erkennen, *wie* Gott ist.
Und deshalb ist es ein zweifelhaftes Unterfangen, wenn
der Mensch in Bezug auf Gott so tut, als könne er von
sich aus seiner habhaft werden. Nicht von ungefähr steht
am Beginn der Offenbarung – im Alten Testament – das
strenge Verbot, sich ein Bild von Gott zu machen (vgl.
Ex 20,4). Ein selbstentworfenes Gottesbild könnte die Erhabenheit Gottes, seine Unbegreiflichkeit, eben sein göttliches Wesen, niemals ausdrücken, es bliebe immer – in
den Worten der Schrift - ein Götzenbild.

Um das Wesen der nichtchristlichen Religionen zu
beschreiben, hat der Theologe Hans Urs von Balthasar
(† 1988) das Bild einer Symphonie verwendet: Die Menschen lauschen von Natur aus zwar auf die Töne, die aus
der Ewigkeitssphäre herüberklingen, aber sie hören äu-
ßerst unvollkommen. Und so erlauscht jede Religion oder
Philosophie bestenfalls eine Stimme, einen Takt der ge-
waltigen Symphonie Gottes. Die Melodien der Religionen sind Fragment, Bruchstück oder Partitur. Sie bleiben
menschlich und sind deshalb im Einzelnen kläglich. Die
Menschheit mit ihrer Vielzahl von Religionen gleicht einem Orchester auf Probe. Balthasar gewinnt dieser Si-

tuation aber gerade auch etwas Positives ab. Jeder kennt
diese Situation im Konzertsaal: Die einzelnen Instru-
mente spielen sich ein, üben noch schnell ihre Melodie;
da schrillt es laut auf, dort klingt leise ein Bass: ein Stim-
mengewirr ohne Ordnung, ein Chaos. Aber immerhin:
Es liegt doch in der ganzen Atmosphäre, in diesem Gewirr, schon eine prickelnde Spannung, eine Ahnung von
dem Ereignis, das alles ordnet: wenn der göttliche Dirigent selbst die Bühne der Welt betritt.

II. KAPITEL
GOTT ZUM MENSCHEN

1. Gott überrascht

Die Religionen lassen etwas ahnen; sie richten den Menschen auf Gott aus, aber sie können ihm nicht die Sicherheit des Erkennens geben. Das Wesen der Religion ist die Hinordnung auf Gott, so formuliert es schon Thomas von Aquin. Das Wesen des Christentums aber ist etwas anderes, nämlich der Eintritt Gottes in diese Welt. Das bedeutet, dass es einen Unterschied zwischen dem Christentum und den anderen Religionen gibt, der geradezu *fundamental* ist. Er betrifft nicht nur Nebensächlichkeiten, etwa die kultischen Formen oder die Weise des Gebetes. Der Unterschied liegt in der „Struktur", in der zugrundeliegenden Richtung.

Der reformierte Schweizer Theologe Karl Barth († 1968) betonte diesen strukturellen Unterschied so stark, dass er das Christentum gar nicht mehr als „Religion" bezeichnet wissen wollte; von seinem Wesen her sei Christentum etwas so radikal anderes, dass man es nicht „Religion" nennen könne. „Religion" ist nach Barth der Weg des Menschen zu Gott, die Suche des Menschen nach Gott, die Hinwendung des Menschen zu Gott. Und Christentum sei das genaue Gegenteil, nämlich der Weg Gottes zum Menschen, die Suche Gottes nach dem Menschen, die Hinwendung Gottes zum Menschen. In der Religion transzendiert der Mensch in die Sphäre des Göttlichen, im Christentum transzendiert Gott zu uns Menschen.

Diesen Gedanken Barths darf man sicher nicht übertreiben, denn es besteht kein schroffer Gegensatz zwischen dem Christentum und den übrigen Religionen. Die grundlegende Gemeinsamkeit in der Hinordnung des Menschen auf Gott, die das Christentum auch mit den nichtchristlichen Religionen verbindet, wurde bereits erwähnt. Übrigens gibt es gerade für Christen, die das Spezifische ihres Glaubens tief erkannt haben, *keinen Grund zur Intoleranz.* Im Gegenteil: Je tiefer ein Christ das Wesen seines Glaubens erfasst und verinnerlicht, desto mehr muss er sich der Toleranz verpflichtet wissen. Denn das Wesen des Christentums liegt darin, dass Gott sich in Christus als absolute Liebe offenbart und alle Gläubigen zu solcher Liebe verpflichtet.

Das Christentum ist seinem Wesen nach eine Offenbarungsreligion. Was aber ist Offenbarung im christlichen Sinn? Es gibt andere Religionen, die behaupten, durch „Offenbarungen" Kenntnisse über das Geheimnis Gottes erworben zu haben. So erlebte angeblich auch Mohammed mehrmals Offenbarungen; der Engel Gabriel soll ihm den Koran geoffenbart haben. Auch die meisten neuen religiösen Bewegungen und Sekten berufen sich auf göttliche Offenbarungen. Beispielsweise behauptet der Gründer der Mormonen, Joseph Smith, ein Engel habe ihm das *Buch Mormon* übergeben, worin eine neue Offenbarung enthalten sei. Daher ist es notwendig, das spezifisch christliche Profil von „Offenbarung" zu beschreiben.

Schon das Alte Testament ist voll von Offenbarungserlebnissen. Und ein erster Blick zeigt, dass all diesen Begebenheiten gewisse Merkmale gemeinsam sind. Zunächst fällt auf, dass Offenbarung immer in Form einer Überraschung geschieht: Gott kommt ungefragt und unerwartet. Er bricht in das Leben ein mit einer Dynamik, die einer Überrumpelung gleicht. Ob es sich um Abraham handelt, der als Greis noch heimgesucht wird, um zum Stammvater einer großen Menge gemacht zu werden (vgl. Gen 17,5); oder um Moses, der von den Weiden seines Schwiegervaters Jitro durch den namenlosen Gott, der da heißt „Ich bin der ‚Ich-bin-da'" (Ex 3,14), weggeholt wird. Die Reihe ließe sich endlos fortsetzen. Die erste Reaktion ist immer ein Überrascht-Werden und ein Erschrecken.

Natürlich waren die Propheten, die großen Gestalten des Alten Testamentes, schon vor ihrer Berufung wohl durchaus religiöse Menschen. Aber nirgends wird uns berichtet, dass sie die Offenbarung Gottes gleichsam meditativ herbeigesehnt oder gar rituell herbeibeschworen hätten. Im Gegenteil: In der Berufungsgeschichte des jungen Samuel im Tempel von Schilo (vgl. 1 Sam 3) wird dieses Unerwartete der Gottesoffenbarung ausführlich geschildert: Dreimal wird der junge Samuel von Gott angesprochen. Dreimal kommt ihm nicht einmal in den Sinn, dass es Gott sein könnte, er weckt vielmehr den alten Priester Eli aus dem Schlaf.

Der von Gottes Offenbarung getroffene Mensch reagiert überrascht und nicht selten sogar abwehrend. Jeremia wehrt sich gegen Gottes Ruf: „Ach, mein Gott und Herr, ich kann doch nicht reden, ich bin ja noch so jung" (Jer 1,6); und Jesaja, der von der Vision des Thronsaales Gottes überwältigt wird, ruft aus: „Weh mir, ich bin verloren" (Jes 6,5). Die Liste derer, die auf das Angesprochen-Werden durch Gott mit Erschrecken reagierten, ließe sich lange fortsetzen: Sie reicht von Jona, der sogar davonläuft, über das Erschrecken Mariens beim Gruß des Engels, über die spontane Berufung der Jünger am Seeufer von Galiläa, bis hin zum Sturz des Paulus vor den Toren von Damaskus.

Diese menschliche Reaktion verbürgt uns etwas Entscheidendes: dass nämlich *wirklich Gott es ist*, der in seiner Souveränität den Menschen von sich her anspricht. Die Initiative liegt bei Gott, und seine Zuwendung zum

Menschen erfolgt nach der Art eines unvorhergesehenen Einbruchs: Das Göttliche bricht mitten hinein in das Alltagsleben des Menschen. Es scheint nochmals wichtig, diese Besonderheit mit den anderen Religionen zu vergleichen: Offenbarung im biblischen Sinn beginnt nicht dort, wo der Mensch sich an Gott heranmeditiert, sondern die Bewegung ist umgekehrt. Gott kommt von sich aus beim Menschen an: frei, souverän und unerwartet. Das Johannesevangelium bringt diese Priorität der Zuwendung Gottes auf den Punkt: „Nicht ihr habt mich erwählt, sondern ich habe euch erwählt" (Joh 15,16).

2. Gott sucht den Dialog

Gott trifft auf den Menschen und der Mensch erschauert bis in Mark und Bein. Am Anfang der Offenbarung steht also das überraschende Handeln Gottes. Und doch vollzieht sich die Offenbarung nicht eingleisig. Die Aktion Gottes erfordert sehr wohl auch die Reaktion des Menschen. Das Moment der menschlichen Mitarbeit tritt gerade in der alttestamentlichen Offenbarung deutlich hervor: Gott tritt zwar mit überwältigender Souveränität an den Menschen heran, aber er vergewaltigt seine Freiheit nicht. In der Offenbarung Gottes liegt immer auch eine Einladung zur freien Mitarbeit, bis hin zum Bund. Gott spricht den Menschen an, um ihn zum Mitarbeiter an seiner Offenbarung zu machen, das ist der personale Aspekt des Offenbarungsgeschehens. Das Zweite Vatikanische Konzil formuliert treffend, dass in der Offenbarung „der unsichtbare Gott aus überströmender Liebe die Menschen wie Freunde anredet und mit ihnen freundschaftlichen Umgang pflegt ..."[12]

Der Mensch wird also seiner Freiheit nicht beraubt, sondern darin geradezu erst konstituiert. Im Alten Tes-

tament ist uns an etlichen Stellen die Antwort überliefert, mit der die angesprochenen Menschen auf Gottes
Ruf reagieren. Es handelt sich um eine Art feststehen-
de Formel, die auf Hebräisch *Hinenih* lautet, das heißt
schlicht: „Hier bin ich!" Bis in die heutige Liturgie hinein wird diese Formel verwendet, etwa bei Priesterwei-
hen oder bei der Gelübdeablegung. Die Kandidaten werden mit ihrem Namen aufgerufen und antworten mit der
lateinischen Wort *Adsum*, das im Deutschen mit „Ich bin
bereit" übersetzt wird. Wo Gott zum Menschen kommt,
persönlich an ihn herantritt, da werden vom Menschen
keine programmatischen Antworten erwartet, keine Pläne, was er alles tun wird. Es genügt Gott, dass der Ange-
sprochene sein Ich hinhält, dass er nicht davonläuft, sondern sich schlicht zur Verfügung stellt. „Hier bin ich!"
Die wohl berühmteste Antwort, die in diesem Sinne dem
offenbarenden Gott gegeben wurde, stammt von Maria:
„Ich bin die Magd des Herrn; mir geschehe, wie du es gesagt hast" (Lk 1,38).

Doch nochmals zurück zum Alten Testament: Schon
hier zeigt sich, dass Offenbarung nicht nur eine einglei-
sige Botschaft von Gott her ist. Gott offenbart sich nicht,
indem er etwa dem Menschen ein Schriftstück vom Himmel her an den Kopf wirft. Er offenbart sich auch nicht,
indem er dem Menschen irgendwelche geheimnisvollen
Einsichten wortwörtlich diktiert, die er auf Gedeih und
Verderb annehmen muss. Vielmehr offenbart sich Gott
in Wechselwirkung mit dem Offenbarungsträger; deshalb ist Offenbarung ein Ereignis von Person zu Person,
ein Geschehen, das den Namen Dialog verdient. Gott im
freien Dialog mit dem Menschen: Das ist ein bleibendes
Merkmal der biblischen Offenbarung.

3. *Gott spricht sein letztes Wort*

Bei aller Mitarbeit, die Gott vom Menschen einfordert: Die primäre Initiative liegt doch bei Gott. Das Schema „Aktion Gottes – Reaktion des Menschen" bleibt. Das Wort Gottes geht der Ant-Wort des Menschen immer voraus. In dieses Wechselspiel wurde Israel schon vom offenbarenden Gott in einer langen Geschichte seit Abraham eingeübt. Doch der entscheidende Punkt muss noch erreicht werden. In der alttestamentlichen Bundesgeschichte hatte Gott zwar durch die Propheten und durch sein oftmaliges Eingreifen in die Geschichte viel „über sich" geoffenbart. Doch Gott hatte dem Menschen noch ein anderes Wort zu sagen, nicht nur eine Mitteilung „über sich". Gott hatte noch ein besonderes Wort zu sagen, ein letztes Wort, ein unerfindliches Wort: *ein Wort, das er selbst ist.*

Der Hebräerbrief formuliert diesen Gipfelpunkt der Offenbarung mit dramatischen Worten: „Viele Male und auf vielerlei Weise hat Gott einst zu den Vätern gesprochen durch die Propheten; in dieser Endzeit aber hat er zu uns gesprochen durch den Sohn, den er zum Erben des Alls eingesetzt und durch den er auch die Welt erschaffen hat; er ist der Abglanz seiner Herrlichkeit und das Abbild seines Wesens; er trägt das All durch sein machtvolles Wort ..." (Hebr 1,1–3).

Schon die freie und souveräne Hinwendung des allmächtigen und unfasslichen Gottes zu einem kleinen Volk von Beduinen, wie sie uns im Alten Testament überliefert wird, ist an sich faszinierend. Dass Gott durch seinen Bund mit Israel von sich her die Finsternis seiner Verborgenheit hinter sich lässt, begründet den Unterschied der biblischen Offenbarung – und somit auch der jüdischen – zu allen anderen Religionen. Und dass Gott von sich her dem Menschen offenbarende Worte zukommen lässt, ist so beeindruckend, dass die Juden bis heute recht daran tun, die Schriftrolle feierlich zu verehren. Was aber wir Christen glauben, übertrifft die alttestamentliche Offenbarung in unbeschreiblicher Weise: In Christus hat Gott sich geoffenbart; nicht nur *durch* Menschen, sondern *als* Mensch; nicht nur *durch* Worte, sondern *als* fleischgewordenes Wort.

Eindrucksvoll hat der Johannesprolog die Dramatik der Christusoffenbarung zur Sprache gebracht: Jesus redet nicht nur die Worte Gottes, sondern er ist selbst personal das „Wort Gottes", das im Anfang war, durch das schon alles geworden ist, das nun als Mensch die Bühne der Welt betritt. „Im Anfang war das Wort, und das Wort war bei Gott, und das Wort war Gott. Im Anfang war es bei Gott. Alles ist durch das Wort geworden, und ohne das Wort wurde nichts, was geworden ist ... Er war in der Welt, und die Welt ist durch ihn geworden, aber die Welt erkannte ihn nicht ... Und das Wort ist Fleisch geworden und hat unter uns gewohnt, und wir haben seiner Herrlichkeit gesehen, die Herrlichkeit des einzigen Sohnes vom Vater, voll Gnade und Wahrheit" (Joh 1,1–3.10.14).

Christus ist die letzte und endgültige Offenbarung Gottes. Durch ihn hat Gott der Welt alles mitgeteilt und gegeben. Die Kirche lehrt, dass mit Christus Gottes Offenbarung endgültig abgeschlossen ist. Gott kann das Wort, das er mit Christus zur Welt gesprochen hat, nicht mehr überbieten, denn er hat sich selbst ganz und restlos ausgesprochen. Alle sogenannten Privatoffenbarungen, die es in der Kirche später noch geben wird, können der einen Christusoffenbarung nichts mehr hinzufügen und bestenfalls einzelne Aspekte heller ins Licht stellen.

Wenn von Offenbarung die Rede ist, fällt oft der Ausdruck „Wort Gottes". Wenn unter „Wort" aber nur ein lauthaftes Gebilde verstanden wird, eine Information oder eine Lehre, kann dies zu einem gefährlichen Missverständnis führen. Auch unter Gläubigen findet sich oft dieses Fehlverständnis, als wäre der christliche Glaube nichts anderes als das Für-wahr-Halten einer sittlichen oder religiösen Lehre, das intellektuelle Festhalten an einem System von Werten. Christentum wäre dann nur eine Art Weltanschauung, allerdings mit der Besonderheit, dass sie von Gott ausformuliert ist. Wenn dem so wäre, dann würde die Offenbarung nur darin bestehen, dass Gott dem Menschen „Informationen" über sich gibt, ihm ein System von Dogmen und Glaubenssätzen mitteilt. Das ist ein verkürztes Offenbarungsverständnis, dem der biblische Befund entschieden widerspricht.

„Und das Wort ist Fleisch geworden" (Joh 1,14). Wenn das Wort wirklich Fleisch geworden ist, dann kann es sich bei diesem Wort nicht nur um eine Mitteilung von Informationen handeln, sondern um mehr. In der Christusoffenbarung ist das Wort wirklich „fleischhaft", das heißt, es ist in allen Dimensionen personal und sinnlich wahrnehmbar geworden. Gottes Wort ist so real Mensch geworden, dass es im 1. Johannesbrief von ihm heißt, dass dieses Wort etwas ist, „was wir gehört haben, was wir mit unseren Augen gesehen, was wir geschaut und was unsere Hände angefasst haben" (1 Joh 1,1). Gottes Wort tritt an den Menschen heran in Form einer menschlichen Gestalt. In Jesus Christus ist das Selbst Gottes real hörbar, sichtbar und anfassbar.

In einigen neuen Theologien ist dieser Umstand besonders betont worden: dass es das *Selbst* Gottes ist, das uns hier menschlich entgegentritt. Karl Rahner spricht etwa von der *Selbst*mitteilung Gottes, Hans Urs von Balthasar von der *Selbst*hingabe Gottes. Entscheidend ist, dass die Offenbarung durch Christus diese unüberbietbare Dimension erreicht hat, die im Johannesevangelium formuliert ist. Dort sagt Jesus über sich: „Wer mich sieht, sieht den, der mich gesandt hat" (Joh 12,45; 14,9).

Hans Urs von Balthasar hat darauf aufmerksam gemacht, dass diese Identität ernst zu nehmen ist: Der Sohn ist deshalb Mensch geworden, um durch seine Menschlichkeit hindurch, durch sein menschliches Tun und Handeln, durch sein menschliches Schicksal das Wesen Gottes zu offenbaren. Die Schrift hat zahlreiche Ausdrücke, um diese Identität zwischen Offenbarer und Geoffenbartem auszudrücken, wenn sie etwa Christus als „das Abbild des Wesens" Gottes (Hebr 1,3) bezeichnet, oder als „das Ebenbild des unsichtbaren Gottes" (Kol 1,15; 2 Kor 4,4). Christus ist das Antlitz des Wesens Gottes in Menschengestalt. Das bedeutet folglich, dass wir an Jesus ablesen können – und müssen –, *wie* Gott ist, denn das Handeln Jesu ist in einer geheimnisvollen Identität zugleich Handeln Gottes. Und damit sind wir der Antwort auf die entscheidende Frage: „Wie ist Gott?", sehr nahegekommen: Was kann ich von Gott erkennen, wenn ich in Jesus Christus wirklich die Selbstoffenbarung Gottes sehe?

4. Gott öffnet sein Innerstes

Nach Jesu eigenem Wort ist seine sichtbare Menschengestalt die Offenbarung des unsichtbaren göttlichen Wesens (vgl. Joh 12,45). In dieser Behauptung liegt eine ungeheure Provokation, ein Skandal (vgl. 1 Kor 1,23). Denn welches Bild ist es denn, das dieser Mensch Jesus abgibt: es ist doch in letzter Konsequenz die Gestalt eines Gekreuzigten, eines Verfluchten (vgl. Gal 3,13) und eines Gotteslästerers (vgl. Joh 10,33). Der am Kreuz Gehenkte soll das „Abbild des unsichtbaren Gottes" sein? Der Jude Paulus hatte das Skandalöse an der Christusoffenbarung in seiner ganzen Tiefe erfasst und zunächst konsequent und mit Fanatismus bekämpft. Ein Gekreuzigter als Offenbarung Gottes stellte für die Juden ein blasphemisches Ärgernis dar, weil sie Gott erhaben und unberührbar in seiner Souveränität erkannt haben; für die philosophisch geschulten Griechen bedeutete ein solcher Gedanke eine entsetzliche Dummheit, da sie sich Gott unberührbar und leidlos vorstellten.

Und doch: eben das Kreuz ist der Gipfelpunkt der Gottesoffenbarung! Der bekehrte Paulus nennt gerade den Gekreuzigten „Gottes Kraft und Gottes Weisheit" (1 Kor 1,24). Aber um das Bild des Gekreuzigten erfassen zu können, bedarf es der Augen des Glaubens und des Herzens, dann entschlüsselt sich alles. Paulus schreibt, nachdem ihm in Damaskus die Augen aufgegangen sind: „Ich lebe im Glauben an den Sohn Gottes, *der mich geliebt und sich für mich hingegeben hat*" (Gal 2,20). Sollte das etwa der Schlüssel zur Erkenntnis sein: dass das Wesen Gottes darin besteht, dass er die Welt liebt, dass er ganz konkret *mich* liebt, so sehr liebt, dass er für mich den Tod auf sich nimmt?

Die göttliche Liebe, die Paulus im Kreuz Christi erkannte und dann bis zum Martyrium bezeugte, hat der Evangelist Johannes in einem Bild theologisch dargestellt: Dem, der am Kreuz den Geist aushaucht, wird mit einer Lanze in die Seite gestoßen (vgl. Joh 19,34). Blut und Wasser fließen im gleichen Augenblick hervor, in dem der Vorhang im Tempel zerreißt, der bisher den Blick auf das Allerheiligste versperrte (vgl. Lk 23,45). Von daher wird die Offenbarung, die der Gekreuzigte ist, verständlich und plausibel: In ihm offenbart sich Gott als hingebende, verschenkende und ausströmende Liebe. Das Innerste Gottes ist für uns in Liebe geöffnet und wird es in Ewigkeit bleiben. Bernhard von Clairvaux († 1153) trifft mit seiner mystischen Schau den Punkt: *Patet arcanum cordis per foramina corporis, patet magnum illud pietatis sacramentum, patent viscera misericordiae.* („Offen liegt das Geheimnis des Herzens [Gottes] durch die Wunden des Leibes, offen liegt das große Geheimnis der Liebe, offen liegt der Abgrund der göttlichen Barmherzigkeit").[13]

Wir haben nach der Struktur des Christentums gefragt: dies ist die Offenbarung Gottes. Wir haben nach dem Inhalt der Offenbarung gefragt: dies ist die Liebe Gottes. Wir sind beim Kreuz angekommen, und das ist das Ziel, das Ende, der Gipfel. Was Gott am Kreuz dem Menschen über sich sagen wollte, ist alles! Mehr *kann* er nicht mehr sagen, denn in seinem Sohn hat er „ein für alle Mal" (Hebr 10,10; Röm 6,10) „alles" (Röm 8,32) geschenkt. Und mehr *braucht* er dem Menschen auch nicht zu sagen, denn in dieser Offenbarung liegt das ganze menschliche Heil begründet.

In Christus ist also „die Güte und Menschenliebe Gottes" (Tit 3,4) in der Welt erschienen. Aufgrund dieser Offenbarung kann das Christentum die Frage nach dem „Was ist Gott?" beantworten. Die christliche Lösung der Gottesfrage ist nicht Erfindung, sondern Zeugnis. Gott selbst hat sich einen Namen gegeben, der nicht in Verdacht steht, nur Erfindung menschlicher religiöser Fantasie zu sein. Der Gott, den die Christen kennen und anbeten, trägt einen Namen, den er selbst durch die geschichtliche Tat des Kreuzes unter Beweis gestellt hat.

Wer ist Gott? Die christliche Religion gibt ihre Antwort nicht gemäß eigenen religiösen Vorstellungen, sondern gemäß der Christusoffenbarung. Denn in Christus hat Gott sich selbst geoffenbart. Die authentische Selbstdefinition Gottes lautet also: „Gott ist die Liebe" (1 Joh 4,8.16). Gottes Wesen, seine Personalität ist Liebe,

die den Menschen rettet, befreit, erlöst und ihm Ewigkeit gibt. Mit dieser Erkenntnis wurden die Jünger vom
auferstandenen Herrn in die Welt hinausgesandt, und
die Kirche ist jene Bewegung, die diese Sendung bis zum
heutigen Tag zu bezeugen hat. Ob die Menschen, die an
Christus glauben, und die Kirche als Gemeinschaft in ihrer zweitausendjährigen Geschichte dieser Sendung immer treu geblieben sind, das darf man ruhig infrage stellen. Doch das Programm, das uns Christen immer wieder
herausfordert und korrigiert, dieses grundsätzliche und
fundamentale Programm ist durch Gottes Selbstoffenbarung vorgegeben. Der heilige Bernhard von Clairvaux
(† 1153) hat den Anspruch, unter den uns Gott durch die
Eröffnung seines innersten Wesens stellt, mit den Worten formuliert: „Das Maß zu lieben ist, ohne Maß zu lieben."[14]

III. KAPITEL
BESINNUNG AUF DIE CHRISTLICHE
GOTTESANTWORT

1. Kirche, werde wesentlich!

Von Anfang an war die Dreifaltigkeit das Herzstück der Theologie; die ersten *Symbola* (Glaubensbekenntnisse) hatten sich anhand der trinitarischen Taufformel von Mt 28,19 gebildet; der Kampf um den trinitarischen Gottesbegriff beschäftigte die ersten beiden ökumenischen Konzilien von Nizäa im Jahr 325 und Konstantinopel im Jahr 381. Das Resultat war die Formulierung, wonach wir Christen an einen einzigen Gott glauben, der in sich Vater, Sohn und Heiliger Geist ist. Das eine absolute Gottwesen ist in sich von Ewigkeit her differenziert; die eine Liebe Gottes brennt in der Gestalt des Vaters, des Sohnes und des Heiligen Geistes. Christ ist man, wenn man den Glauben an einen Gott in drei „Personen" bekennt. Immer schon war es die Überzeugung der Theologie, was der heilige Thomas formuliert hat: *Fides christiana principaliter consistit in confessione sanctae Trinitatis.* („Der christliche Glaube besteht zuerst einmal aus dem Bekenntnis der Dreifaltigkeit").[15] Doch man wird die Frage stellen müssen, wie es heute mit unserem Glauben an den dreifaltig-einen Gott bestellt ist. Wir bekreuzigen uns zwar „im Namen des Vaters und des Sohnes und des Heiligen Geistes"; wir fordern von Taufbewerbern, dass sie sich zu Gott, dem Vater, Gott, dem Sohn, und Gott, dem Heiligen Geist, bekennen; wir rezitieren in den Sonntagsgottesdiensten das trinitarisch gegliederte Glaubensbekenntnis. Doch ist dieser Glaube an den dreifaltigen Gott in unserem Bewusstsein wirklich lebendig?

Man könnte einwenden, dass es drängendere Themen gibt. Tatsächlich hat es die Kirche in den letzten Jahren und Jahrzehnten nicht leicht gehabt. Papst Benedikt XVI. selbst hat im Jahr 2010 auf seinem Flug in das Marienheiligtum von Fatima gesagt, dass die größte Gefahr für die Kirche aus ihrem Inneren kommt. Er bezog sich dabei konkret auf die *Missbrauchsskandale*, die seit dem Beginn des neuen Millenniums zuerst die Vereinigten Staaten, dann Irland, letztendlich auch Deutschland und Österreich erschütterten. Nach der ungeheuren medialen Aufheizung des Themas können wir jetzt bereits feststellen, dass die Verantwortlichen sehr schnell und sehr gründlich alles rechtlich Notwendige und disziplinär Mögliche eingeleitet haben, um besser zu regeln, was vielleicht kirchenintern aufgrund unzureichender psychologischer Einschätzung der Pädophilie oder aufgrund veralteter und inakzeptabler schwarzer Pädagogikmethoden schiefgelaufen ist. Daneben gibt es auf dem Markt der Themen, unter denen die „Katholische Kirche" in der Öffentlichkeit auftaucht, natürlich die Dauerbrenner wie Zölibat, Sexualmoral und Verhütung, Wiederheirat von Geschiedenen und Zulassung von Frauen zur Priesterweihe. Es handelt sich allesamt um jene Themen, bei denen die kirchliche Lehre im Gegensatz zum Trend des Zeitgeistes steht, sofern dieser bindungslosen Individualismus, sexuelle Beliebigkeit und Gender-Nivellierung propagiert. Ich stimme dem humorbegabten Psychotherapeuten und Erfolgsautor Manfred Lütz zu, wenn er behauptet, dass diese Themen zeitgeistig sind und uns nur blockieren. Die Blockade kommt sowohl von außen, indem diese randständigen Themen immer wieder an uns herangetragen werden; sie kommt aber auch von innen, indem wir uns binnenkirchlich auf das endlose Bereden und Bejammern von Immer-Demselben beschränken.

Es ist für uns aber höchste Zeit, die thematische Peripherie zu verlassen und uns auf die Substanz des christlichen Glaubens zu konzentrieren. Das kirchliche Lehramt bemüht sich inständig darum, doch die Medien – und auch wir – sind so auf die Details fixiert, dass wir das Wesentliche nicht mehr wahrhaben wollen. Ich erinnere mich an das Weltjugendtreffen im Jahr 1993 in Denver, wo Papst Johannes Paul II. vor dem Hintergrund der Rocky Mountains eine eindrucksvolle Predigt über das Wort Jesu hielt: „Ich bin gekommen, damit sie das Leben haben, und es in Fülle haben" (Joh 10,10). Es ging ihm dabei um das Glück, das darin steckt, dass der Mensch von Gott auf vielfältige Weise mit „Leben" beschenkt wird: mit dem natürlichen, biologischen Leben der Natur, mit dem menschlichen Leben als sinnerfülltes Dasein auf dieser Erde, mit dem Leben als geistige Weite der menschlichen Seele, mit dem Leben als Gnade einer übernatürlichen Beziehung zu Gott, schließlich mit dem Leben in der Ewigkeit nach dem Tod ... In einem kleinen Nebensatz bemerkte er, dass es notwendig sei, das menschliche Leben „von Anfang an zu schützen". Die mediale Berichterstattung fasste die ganze Papstansprache in der kurzen Notiz zusammen, dass der Papst „die Abtreibung verdamme". Keine Spur mehr vom beglückenden Leuchten des „Lebens", das der eigentliche Inhalt der Ansprache des Papstes an die 600.000 Jugendlichen war.

Es wäre schon viel erreicht, wenn wir innerkirchlich realisieren würden, dass – durch wessen Schuld auch immer – viele innerkirchliche Problem- und Themenkomplexe so überdimensional aufgeblasen sind, dass sie den Blick auf den wesentlichen Inhalt, für den die Kirche steht, verstellen. Dieser Inhalt ist Gott selbst. Die Fixierung auf Binnen- oder Randthemen des Glaubens ist schon deshalb gefährlich, weil es dem Wesen der Kirche selbst widerspricht. Die Kirche ist ja *kein* Selbstzweck, sondern sie ist nach den berühmten Worten des Zweiten Vatikanischen Konzils *universale salutis sacramentum* (umfassendes Sakrament des Heiles)[16] bzw. *sacramentum mundi* (Sakrament für die Welt). Wörtlich heißt es im 1. Artikel der Kirchenkonstitution: Die Kirche „ist ja in Christus gleichsam das Sakrament, das heißt Zeichen und Werkzeug für die innigste Vereinigung mit Gott wie für die Einheit der ganzen Menschheit".[17] Die Kirche dient Gott als Werkzeug, sie hat instrumentalen Charakter: Sie ist ein Instrument in der Hand ihres Gründers, Christus, der zugleich in ihr gegenwärtig ist, um das von ihm geschenkte Heil in diese Welt zu bringen, damit es alle Menschen erreicht. Wenn die Kirche nicht mehr auf das Wesentliche, auf Gott, schaut, dann darf es nicht verwundern, dass der christliche Glaube den modernen Menschen als ein sadistisches Antiglücksprogramm erscheint. Die Kirche ist aus dem Willen Gottes um der Menschen willen da. In der Kirche hat es um Gott zu gehen, um den dreifaltigen Gott.

2. Gott hat gesprochen

Gott ist das Thema, das die Kirche vorzugeben hat. Und Gott ist nie ein belangloses oder randständiges Thema; die Frage nach Gott ist immer virulent, immer akut, immer modern. Denn die eigentliche Frage, die der Mensch – offen oder verschüttet – in sich trägt, ist die Frage nach dem letzten Sinn, also nach Gott.[18] Wir müssen heute zudem davon ausgehen, dass es für die irdische Zukunft der Menschheit auf diesem Planeten von größter Bedeutung sein wird, ob sie die Gottesfrage atheistisch verweigert oder ob wir uns ihr mit religiösem Enthusiasmus stellen. Und es ist weiterhin von entscheidender Bedeutung, welche Antworten die Menschen auf die Gottesfrage finden. Es ist nicht egal, ob diese Antworten christlich, muslimisch oder östlich-gnostisch ausfallen. Ich fürchte, dass Samuel P. Huntington im Kern recht behalten wird und der *Clash of Civilizations* (wörtlich eigentlich „Zusammenprall der Kulturen", im deutschen Buchtitel dann mit „Kampf der Kulturen" übersetzt), in dem wir uns partiell bereits befinden und der vermutlich noch stärker werden wird, auch ein *Clash of Religions* (Zusammenprall der Religionen) sein wird. Wir stehen jetzt schon in einem postmodernen und leider auch postchristlichen Wettbewerb von unterschiedlichen religiösen Vorstellungen. Bei uns im Westen dominiert zwar noch die saturierte Lauheit einer materialistischen Weltsicht, an deren Rändern sich gerade einmal ein bequemer Eklektizismus von New Age und Esoterik ereignet. Doch wird es so bleiben? Sind wir nicht mit Gottesbildern konfrontiert, die diesen Dornröschenschlaf der Religiosität bald beenden werden?! Zudem hat die seit 2008 grassierende Wirtschaftskrise mit ihren platzenden *bubbles* rein innerweltlicher Glücksvorstellungen die Menschen auch zusehends sensibler für die Frage nach Gott gemacht. Darum müssen wir uns die Frage stellen, an welchen Gott wir glauben. Papst Benedikt XVI. antwortet: „An den von Christus geoffenbarten Gott, der die Liebe ist, weil er in sich dreifaltig ist."

Man hat das Gefühl, dass Joseph Ratzinger/Benedikt XVI. es gleichsam als seine von Gott zugedachte Sendung betrachtet, diese Quelle freizulegen und mit argumentativer Brillanz zu fassen. Unablässig thematisiert er als das Zentrale des christlichen Glaubens, dass uns Jesus Christus das Innerste Gottes, das Wesen Gottes, geoffenbart hat: die Einsicht in die Göttlichkeit Gottes als „die Liebe". Besonders eindrucksvoll findet sich die Rückbindung des Christlichen an die durch Jesus ermöglichte Wesensschau

Gottes in einer Passage seines Buches *Jesus von Nazareth*. In dieser mittlerweile häufig zitierten Passage wirft
er die Frage auf: „Aber was hat Jesus dann eigentlich gebracht, wenn er nicht den Weltfrieden, nicht den Wohlstand für alle, nicht die bessere Welt gebracht hat? Was
hat er gebracht?" Und er setzt prägnant fort: „Die Antwort lautet ganz einfach: Gott. Er hat Gott gebracht. Er
hat ... diesen Gott, den Gott Abrahams, Isaaks und Ja-
kobs, den wahren Gott, hat er zu den Völkern der Erde
gebracht. Er hat Gott gebracht: Nun kennen wir sein Antlitz, nun können wir ihn anrufen ...["19](#)

Das Wesen des Menschen ist es, sich nach dem Letzten
zu sehnen. Von Natur aus ist der Mensch als *ens religiosum et transcendentale* (als religiöses und transzenden-
tales Seiendes) geschaffen. Er ist ein durch und durch religiöses Wesen, da er kraft seiner Geistigkeit gleichsam
dazu verurteilt ist, seine Erfahrungswelt zu übersteig-
gen und nach einem größeren Dahinter zu fragen. Der
Mensch ist nach den Worten der Heiligen Schrift dazu
veranlagt, „Gott zu suchen, ob er ihn ertasten und finden könnte" (Apg 17,27). Aber dieses menschenwesentli-
che Fragen, Suchen und Ertasten hat in Jesus Christus ein
Ende gefunden. Er ist die endgültige, einzigartige Antwort Gottes auf die Suche der Religionen und das Tasten
der Philosophien. Er ist das Wort, in dem sich Gott selbst
dem fragenden Menschen gegenüber als antwortender
Mensch ausspricht. Christus ist die letzte und endgültige
Offenbarung Gottes. Durch ihn hat Gott der Welt alles
gesagt und gegeben, nämlich sich selbst. Gott kann das
Wort, das er in Christus zur Welt gesprochen hat, nicht
mehr überbieten, denn er hat sich selbst ganz und restlos
ausgesprochen, geschenkt, hingegeben.

Es ist das Wesen aller Religionen, sich im Raum des
Fragens auf Gott hin zu bewegen. Schon das gemeinsa-

me Suchen und Fragen nach den letzten Gründen ist *an sich* wichtig für die Verständigung der Menschen und das Zusammenfinden der Völker. Aus dem bloßen Fragen aller nach dem Letzten, dem Sinnhaften, dem Gemeinsamen, dem Göttlichen oder nach etwas anderem kann man auch eine solche Idee wie das „Weltethos" à la Hans Küng konstruieren. Dessen Erfolg bleibt aber doch sehr fraglich, da das pluralistische Religionsethos ja immerdar von den Religionen verlangen muss, ihren jeweiligen Anspruch zu relativieren. Die Religionen bleiben ja nicht beim bloßen Fragen stehen, sondern stellen den Anspruch, Antworten auf die letzten Fragen gefunden zu haben. Auch und gerade das Christentum versteht sich nicht als Gemeinschaft von bloßen religiösen Gottsuchern, sondern der christliche Glaube besteht im Wesentlichen darin, dass unsere Sehnsucht nach Gott bereits eine Antwort durch den sich offenbarenden Gott gefunden hat. Der Glaubende steht bereits im Raum der „Antwort Gottes auf die Frage nach ihm".

3. Gott ist dreifaltige Liebe

Was aber ist der Kern der Antwort Gottes, an den die Christen glauben und den sie verkünden? Wieder ist auf den Theologenpapst Benedikt XVI. zu verweisen, der als Titel seiner ersten Enzyklika nichts Geringeres als die Wesensdefinition des christlichen Gottesglaubens wählte: *Deus Caritas est* („Gott ist die Liebe"): Der heilende, rettende, ja therapeutische Kern unserer Religion ist die Erkenntnis der Selbstdefinition Gottes, die sich Gott im Christusereignis gegeben hat. Johannes hat dies in dem Satz zusammengefasst „Gott ist die Liebe" (1 Joh 4,8.16). Gottes Wesen ist Liebe, die christliche Religion ist die Einsicht in diese letztlich wahre und innerste Dimension

Gottes. Der Satz „Gott ist die Liebe" ist aber nicht eine abstrakte Behauptung, sondern der christliche Glaube sieht das Wesen Gottes in seinem „Zuinnerst" und „Dahinter" begründet, also in seinem Wesen, das sich selbst als Dreifaltigkeit bestimmt. Gott ist die Liebe, weil er dreifaltig ist; Gott ist dreifaltig, um die Liebe sein zu können. Oder offenbarungstheologisch gesagt: Nur ein Gott, der von Ewigkeit her in sich dreifaltig-eins in der Liebe ist, kann sich so gegenüber der Welt verhalten, wie uns dies das Christusereignis vor Augen stellt: souverän in der Hingabe, allmächtig in der Annahme der Ohnmacht, lebendig im Kreuz.

Die Gottesfrage der Menschen ist im christlichen Glauben beantwortet: Es gibt einen Gott, und es gibt ihn nicht nur irgendwie, sondern es gibt ihn in eben dieser konkreten und bestimmten Form der ewigen Dreifaltigkeit als „die Liebe", die alle Menschen zur Teilhabe einlädt (vgl. 1 Tim 2,4) und die einmal das Ziel der verklärten Schöpfung sein wird, wenn Gott „über alles und in allem [herrscht]" (1 Kor 15,28), denn: „Die Liebe hört niemals auf" (1 Kor 13,8). Gott ist dreifaltig, weil er die Liebe ist; Gott ist die Liebe, weil er dreifaltig ist. Das ist das heute leider so aus unseren Augen geratene Fundament unseres christlichen Gottesglaubens. Die frühe Kirche hat in einem langen Ringen mit den mythologischen und philosophischen Gottesvorstellungen der Antike die Dreifaltigkeit als den glühenden Kern des Glaubens an einen liebenden und heilsschaffenden Gott erkannt und mit entsprechender Schärfe verteidigt.

Heute mag es auf den ersten Blick übertrieben erscheinen, wenn etwa im 5. Jahrhundert im *Symbolum Quicumque* – das lange Zeit als „Athanasianisches Glaubensbekenntnis" bezeichnete wurde, weil man es fälschlicherweise dem heiligen Athanasius zugeschrieben hatte – im ersten Teil folgendes Bekenntnis formuliert wurde: *Quicumque vult salvus esse:* „Wer auch immer gerettet sein will, der muss vor allem den katholischen Glauben festhalten … [der darin besteht,] dass wir den einen Gott in der Dreifaltigkeit und die Dreifaltigkeit in der Einheit verehren …" Und dann folgte dort das spekulative Bekenntnis zum Verhältnis des einen und einzigen göttlichen Wesens zu den göttlichen Personen und deren Beziehungsgefüge untereinander. Den Text sollte man als eine Form von dogmatischer Poesie auf sich wirken lassen:

> „Der katholische Glaube aber besteht darin, dass wir den *einen* Gott in der *Dreifaltigkeit* und die Dreifaltigkeit in der Einheit verehren, indem wir weder die Personen vermischen noch die Substanz trennen: Eine andere nämlich ist die Person des Vaters, eine andere die [Person] des Sohnes, eine andere die [Person] des Heiligen Geistes; aber Vater, Sohn und Heiliger Geist besitzen *eine* Gottheit, gleiche Herrlichkeit, gleich ewige Erhabenheit. Wie der Vater, so der Sohn, so [auch] der Heilige Geist: unerschaffen der Vater, unerschaffen der Sohn, unerschaffen der Heilige Geist; unermesslich der Vater, unermesslich der Sohn, unermesslich der Heilige Geist; ewig der Vater, ewig der Sohn, ewig der Heilige Geist; und dennoch nicht drei Ewige, sondern *ein* Ewiger; ebenso nicht drei Unerschaffene und auch nicht drei Unermessliche, sondern *ein* Unerschaffener [Unermesslicher] und *ein* Unermesslicher [Unerschaffener]. Ebenso allmächtig der Vater, allmächtig der Sohn, allmächtig der Heilige Geist; und dennoch nicht drei Allmächtige, sondern *ein* Allmächtiger. So Gott der Vater, Gott der Sohn, Gott der Heilige Geist; und

dennoch nicht drei Götter, sondern *ein* Gott. So Herr
der Vater, Herr der Sohn, Herr der Heilige Geist; und
dennoch nicht drei Herren, sondern es ist *ein* Herr:
Denn wie wir durch die christliche Wahrheit gehei-
ßen werden, jede Person einzeln als Gott und Herrn
zu bekennen, so werden wir durch den katholischen
Glauben daran gehindert, von drei Göttern oder
Herren zu sprechen. Der Vater wurde von niemand
gemacht, noch erschaffen, noch gezeugt; der Sohn
ist vom Vater allein, nicht gemacht und auch nicht
erschaffen, sondern gezeugt; der Heilige Geist ist
vom Vater und Sohn, nicht gemacht, noch erschaffen, noch gezeugt, sondern hervorgehend. *Ein* Vater
also, nicht drei Väter, *ein* Sohn, nicht drei Söhne, *ein*
Heiliger Geist, nicht drei Heilige Geister. Und in dieser Dreifaltigkeit ist nichts früher oder später, nichts
größer oder kleiner, sondern alle drei Personen sind
untereinander gleich ewig und gleichartig, sodass
in allem, wie oben schon gesagt wurde, sowohl die
Einheit in der Dreifaltigkeit als auch die Dreifaltigkeit in der Einheit [Dreifaltigkeit in der Einheit als
auch die Einheit in der Dreifaltigkeit] zu verehren
ist. Wer also gerettet sein will, soll so über die Dreifaltigkeit denken."[20]

Am Schluss des altkirchlichen Glaubensbekenntnisses
heißt es noch lapidar: „Dies ist der katholische Glaube:
Wer auch immer diesen nicht treu und standhaft glaubt,
wird nicht gerettet werden können."[21] Heute ist dieses
theologischste aller Glaubensbekenntnisse völlig in Vergessenheit geraten. Im Karolingerreich war das *Symbo-*
lum Quicumque das herkömmliche Glaubensbekenntnis;
erst allmählich wurde es durch das *Symbolum Nicae-*
noconstantinopolitanum, das „Große Glaubensbekennn-

tis"[22], abgelöst. Alle Geistlichen mussten es auswendig können, wie auch eine Episode beweist, die Abaelard erzählte. In seiner Leidensgeschichte schrieb Abaelard, dass seine Gegner ihn auf der Synode von Soissons im Jahr 1121 zwingen wollten, zum Beweis seiner Rechtgläubigkeit das Athanasianische Glaubensbekenntnis – das heute korrekterweise nach seinem lateinischen Anfang auch *Symbolum Quicumque* genannt wird – aufzusagen. Indigniert fügte er hinzu: „Was doch jeder kleine Junge ebenso gut konnte."[23] Dieses Detail wirft ein Licht auf das hohe trinitätstheologische Bildungsniveau in früheren Jahren.

Es ist beachtenswert, dass die Alte Kirche gerade im Bekenntnis zum trinitarischen Gottesbegriff die Rechtgläubigkeit mit scharfen und schärfsten Formulierungen eingefordert hat.[24] Die heftigen Streitigkeiten der ersten Jahrhunderte um das Zueinander von Jesus, dem Christus, zu Gott, seinem Vater, zeigen deutlich, dass es im christlichen Bekenntnis um eine Revolution des monotheistischen Gottesbildes ging. Man war sich offensichtlich bewusst, dass es in der Frage „Wer ist Gott?" um alles oder nichts ging. Die frühe Kirche, die in Konfrontation mit den primitiven Götterkulten und den unbefriedigenden Antworten der antiken Philosophie und Gnosis stand, musste eben in dieser Situation vor allem sagen, wer Gott für sie sei. Christlicher Glaube war für sie nicht zuerst eine Moralvorstellung, eine Wertehaltung oder ein Lebensethos, sondern der Glaube an ein göttliches Heil, das im Bekenntnis zu einem Gott gründet, der in dreifaltiger Einheit „die Liebe" ist.

Für die griechischen Väter des 3. und 4. Jahrhunderts hatte der Begriff *theologia* eine ganz andere Bedeutung als heute. Heute verstehen wir unter „Theologie" das ganze wissenschaftliche Nachdenken über Gott, aufgesplittert in Disziplinen, die von der Dogmatik bis hin zur Pastoraltheologie reichen. In der Alten Kirche bedeutete *theologia* etwas ganz anderes, viel Spezifischeres: *theologia*, das war das Nachdenken über „Gott in sich", über das ewige Wesen Gottes, über die inneren Beziehungen von Vater, Sohn und Geist. Der *theologia* stand bei den Vätern die *oikonomia* gegenüber, das Handeln Gottes an der Welt durch Schöpfung, Menschwerdung und Geistsendung. *Oikonomia* ist die Art und Weise, wie Gott der Herr den „Haushalt" seiner Schöpfung führt. In der heutigen theologischen Terminologie sprechen wir von „immanenter Trinität" (altkirchlich: *theologia*) und „ökonomischer Trinität" (altkirchlich: *oikonomia*). Jedenfalls ist uns Christen heute die *theologia*, das Glaubenswissen um das innere, ewige Leben Gottes in sich selbst – zumindest in der Breite – abhandengekommen, mit der großen Gefahr, dass wir den innersten Kern unseres Glaubens vergessen.

4. Höchste Zeit, über Gott zu reden!

Ich möchte die Behauptung wagen, dass der christliche Glaube immer dann stark und gewinnend war, wenn er in der Substanz seines Gottesglaubens verwurzelt war. Gewinnend deshalb, weil die Offenbarung Gottes als dreifaltige Liebe das Potential hat, die religiöse Sehnsucht des Menschen zu stillen: mit einem Gottesbild, das zutiefst Glück und Heil zusagt. In der gegenwärtigen Situation der Globalisierung ist diese Rückbesinnung auf das trinitarische Glaubensfundament umso wichtiger, damit das Christentum inmitten des wachsenden Pluralismus identitätsfähig und damit überlebens- und zukunftsfähig bleibt. Nur ein solches glaubensbewusstes Christentum wird auch seinen Beitrag zum Wohl der Menschheit leis-

ten können. Meine Vermutung lautet also, dass die Wie-
derbesinnung auf Gott als Dreifaltigkeit unverzichtbar ist
für die Wiedererstarkung des Christentums oder negativ
formuliert: Ein Christentum, das sich nicht mit Glauben
und Vernunft mit dem eigenen Gottesbild auseinander-
setzt, untergräbt das Fundament, auf dem es steht. Ich
möchte dies mit drei Beobachtungen begründen.

Die Situation der sogenannten Postmoderne hat uns
Theologen ziemlich unvorbereitet getroffen. Dieser Begriff „Postmoderne" hat sich eingebürgert, um die nach-
christliche, nachmoderne, nachaufgeklärte Geisteswelt zu
beschreiben. Postmoderne bezeichnet das komplexe Phänomen der Zuwendung zum Mythos, zum Irrationalen,
zum Religiösen. Die Abkehr von der nüchternen Moderne und der Aufbruch in die neue Religiosität kam für uns
Christen ziemlich überraschend, vor allem für die Theologie. In den 1960er-Jahren rüstete man innerkirchlich
vor allem gegen den – scheinbar – rationalistisch argu-
mentierenden Atheismus und Agnostizismus auf. Kein
Wunder, denn die Ideologien des 20. Jahrhunderts waren
kämpferisch antitheistisch und brutal antichristlich. Marxismus und Stalinismus, der perfide Nationalsozialismus
und die staatskommunistischen Systeme, die sich bis 1989
halten konnten, institutionalisierten das Antitheistische
und Antireligiöse. Der Jesuit Alfred Delp notierte in der
Gestapohaft: „Ich bleibe bei meiner alten These: der gegenwärtige Mensch ist weitgehend nicht nur gott-los, rein
tatsächlich und auch entscheidungsmäßig, die Gottlosigkeit geht viel tiefer. Der gegenwärtige Mensch ist in eine
Verfassung des Lebens geraten, in der er Gottes unfähig
ist."[25] Damals fürchtete man tatsächlich, dass Nietzsche
mit seiner Behauptung vom Tod Gottes recht behalten habe. Tatsächlich avancierten in der Zeit „nach Auschwitz"
in den 1950er- und 1960er-Jahren der depressive Existen-

tialismus eines Albert Camus und der verwundete Nihi-
lismus eines Jean Amery zu Modephilosophien, und der
Zeitgeist äußerte sich binnentheologisch in der Strömung
der „Gott-ist-tot-Theologie". Dem Zweiten Vatikanischen
Konzil, das in eben diese Zeit fällt, ist daher eine liebevolle
pastorale Sorge um diese zeitgeistige Herausforderung anzumerken, wenn sich in der Pastoralkonstitution drei lange Kapitel dem Phänomen des Atheismus bzw. säkularen
Humanismus widmen.[26] Und welch hohe Bedeutung man
der Bedrohung durch die institutionalisierte Gottlosigkeit
beimaß, zeigt sich auch daran, dass Papst Paul VI. am Ende des Konzils 1965 eine eigene hohe kuriale Behörde in
Form des „Sekretariats für die Nichtglaubenden"[27] schuf.

Doch die Zeiten haben sich geändert und man kann aus
heutiger Perspektive bereits sagen, dass alles ganz anders
gekommen ist. Mit dem „Wassermannzeitalter" ist eine
unverschämt naive Begeisterung für das Irrationale, das
Religiöse und das Spirituelle ausgebrochen. Manchmal
habe ich das Gefühl, dass die akademische Theologie dies
noch gar nicht wirklich wahrgenommen hat und immer
noch donquichottisch gegen die Schemen einer Moderne kämpft, die doch schon verblasst sind. Während die
Theologie das liebste Kind der 1968er-Aufklärung hegt
und pflegt, nämlich die kritische Strukturdiskussion, hat
sich daneben bereits der „Jahrmarkt" der religiösen Angebote entwickelt: Östliches und neugnostisches Denken
allüberall, Sekten mit abenteuerlichen Ideologien umwer-
ben uns, Spiritismus und Okkultismus sind salonfähige
Gesprächsthemen geworden, der atheistische Mitstudent
von gestern wurde plötzlich zum eifernden Jünger ir-
gendeines göttlich reinkarnierten Gurus. Nicht mehr nur
in Spezialbuchhandlungen oder einst katholischen Ver-
lagshäusern stapeln sich die Bücher eines Paulo Coelho
oder sonstiger New Age-Proponenten.

Bleiben wir gleich bei dem brasilianischen Erfolgsautor Coelho, der bisher über 21 Millionen Bücher in 100 Sprachen verkauft hat. Sein Bestseller „Der Alchimist" – Präsident Clinton ließ sich mit dem Buch in der Hand fotografieren – erzählt die Geschichte eines andalusischen, einst christlichen Hirten. Unter der Führung von Mächten, Kräften, Träumen und Erscheinungen macht er sich auf, um sich mit der „Weltseele" zu verbünden, die Kräfte seiner Individualität zu aktivieren und sich schließlich in sein Lebensglück hinein selbst zu verwirklichen. Hauptinhalt ist die Begegnung mit dem Göttlichen, die Suche nach dem Letzten – freilich um sich dieses dann zu eigen zu machen, um es gnostisch zu durchschauen usw. Ein Beispiel unter Tausenden, das aber typisch für einen Charakterzug der Postmoderne ist: Entscheidend ist nämlich die große Unbefangenheit im Stellen der Gottesfrage. Themen wie Gott, religiöse Sinnerfüllung, Kult, die für den aufgeklärten Europäer der Moderne (gibt es ihn überhaupt noch?) ein verschämter, verdrängter, verschwiegener Tabubereich der Privatsphäre waren, werden in der Postmoderne in den Vordergrund gerückt. Die moderne Scham im Religiösen wird durch die postmoderne Unverschämtheit und Begierde nach eben demselben Religiösen abgelöst.

Leider sind wir in der Kirche in der fatalen Situation, dass die Moderne der 1960er-Jahre noch weithin das Sagen hat bzw. die Richtung prägt, obwohl die Avantgarde der 1968er-Bewegung bereits lange im Pensionsalter ist. Weite kirchliche Kreise, zumindest aber die akademische Theologie, sind noch auf die Moderne fixiert. Das gilt leider auch für die Liturgie, die ein Lebensnerv des gelebten Glaubens ist. Während postmoderner Lifestyle wieder auf Gefühl, Romantik und „mystische Gänsehaut" setzt, ist die katholische Liturgie heute weithin zu steril, zumindest zu stark ausgenüchtert. Auf der anderen Seite kann man jedoch bereits kräftige Lebenszeichen einer neuen vertieften Gläubigkeit wahrnehmen, die postmoderne und vielfach postchristliche Jugendliche zusehends zu faszinieren vermag: Man denke an die gute Charismatik diverser Jugend-Events, an das Phänomen der Anziehungskraft von Privatoffenbarungen oder an den Elan der sogenannten *Movimenti* (neue geistliche Gemeinschaften). Diese Zeichen werden aber von der offiziellen Theologie noch zu wenig reflektiert. Und wenn, dann nur unter dem Begriff des „Fundamentalismus", mit der sich der kühle Geist der Moderne der Diskussion über die Lebendigkeit der postmodernen Religiosität entziehen will. Langer Rede kurzer Sinn: Entgegen dem eigentlichen Bedürfnis der Zeit wird von uns Christen viel zu wenig über Gott geredet, nachgedacht und verkündet.

5. Trinitarischer Eifer in der akademischen Theologie

Wir haben schon beklagt, dass das Thema „Wer ist Gott?" bzw. „Wie ist Gott?" in der Glaubensverkündigung zu wenig präsent ist. Es gibt das Phänomen der Ent-Katechetisierung weiter Kreise der Gläubigen, auch der kirchlich gebundenen. Der Verfall des Glaubenswissens bezieht sich vor allem auf die zentralen Themen des Glaubens: Gott, Dreifaltigkeit, Erlösung, Heil, ewiges Leben usw. Die unzureichende Katechese hat in Verbindung mit einem lange Zeit herrschenden Desinteresse zu einem beklagenswerten Unwissen über den christlichen Gottesbegriff selbst geführt. Dem steht allerdings das gegenteilige Phänomen im Bereich der Theologie gegenüber: Die neuere Theologie kann man nämlich sicher nicht anklagen, das Thema des dreifaltigen Gottesbegriffes ignoriert zu haben, im Gegenteil: Während rundherum das Wissen um den dreifaltigen Gottesbegriff verfallen ist, gab es in den 1980er- und 1990er-Jahren unter den Theologen geradezu einen *Boom* des Interesses für die Dreifaltigkeit. Im ausklingenden 20. Jahrhundert war die „Trinität" plötzlich wieder zum Thema, ja zum Trend geworden.[28]

Zuvor hatte die Trinitätstheologie, also das theologische Interesse an der Dreifaltigkeit, über Jahrhunderte stagniert. Ende des 19. Jahrhunderts, am Höhepunkt der sogenannten Neuscholastik, beklagte der französische Jesuit und Theologe Théodore de Régnon in einem voluminöses dreibändiges Werk *Studien zur Trinitätstheologie* bitterlich das Desinteresse.[29] Man spreche zwar viel über Gott, aber mehr nach der Art der Philosophen, die Gott als eine abstrakte, absolute Substanz denken; dass Gott dreifaltig ist, spiele auch in der Katechese so gut wie keine Rolle, wo man weiterhin die sterile Redewendung von der „göttlichen Vorsehung" verwende, die aus der deistischen Aufklärung stammt, statt personal von Gott dem Vater, dem Sohn und dem Heiligen Geist zu sprechen.[30] In der Theologie, so Régnon, meine man, dass es nichts Neues über die Dreifaltigkeit mehr zu entdecken gebe, so als sei die kirchliche Lehre über die Trinität etwas ein für alle Mal Abgeschlossenes mit einem starren, unveränderlichen Vokabular. Dagegen führte Régnon die bildliche Mahnung des heiligen Thomas von Aquin an, die dieser in einem anderen Zusammenhang verwendete:[31] Ein Ochse, der eine Furche in eine Richtung gezogen hat, darf sich auch nicht schon damit zufrieden geben. Er muss umkehren und die Erde wieder und wieder aufwühlen. So müssen es auch die Theologen mit dem Thema Dreifaltigkeit tun, um dieses Glaubensgeheimnis für die Kirche fruchtbar zu machen.

Régnon verstand seine akribische Studie zugleich als einen flammenden Appell, die Quellen der Theologie wie-

derzuentdecken, denn für die griechischen und lateinischen Väter der ersten Jahrhunderte war die Frage nach
dem dreifaltigen Wesen Gottes das entscheidende Thema! Sein Ruf: *Ad fontes!* („Zurück zu den Quellen"), hatte im Rückblick gesehen durchaus Erfolg. Vor allem hatte der Jesuitentheologe durch sein vielgepriesenes Werk,
in dem er akribisch die Zitate der Kirchenväter sammelte und kommentierte, selbst wesentlich dazu beigetragen,
dass die Dreifaltigkeit von der katholischen Theologie als
spannendes Thema wiederentdeckt werden konnte. Zwar
beklagte Romano Guardini noch im Jahr 1965 den „Stillstand"[32] dieses Kapitels der Theologie. Und im Jahr 1967
wiederholte dann auch noch Karl Rahner in seinen berühmten *Bemerkungen zum dogmatischen Traktat "De
Trinitate"*[33] faktisch die traurige Bilanz, die Théodor de
Régnon bereits achtzig Jahre zuvor gezogen hatte. Doch
war zu dieser Zeit die Trendwende bereits voll im Gange.
Viele Theologen der zweiten Hälfte des 20. Jahrhunderts
haben die Trinität nicht nur *irgendwie* wiederentdeckt,
sondern sogar in den Mittelpunkt ihrer Überlegungen
gestellt. Begonnen hat die reformierte Theologie mit Karl
Barth, Eberhard Jüngel, Jürgen Moltmann und Wolfhart
Pannenberg.[34] Die katholische Theologie hat erst in den
letzten Jahrzehnten nachgezogen und hat das Thema aufgegriffen. Einzigartig ist hier das Werk des im Jahr 1988
verstorbenen Hans Urs von Balthasar, dessen Theologie
formal und material von Trinität spricht. Ein ähnliches
Gepräge weist das Werk von Klaus Hemmerle auf, dessen trinitätstheologisches Erbe in der Fokolar-Bewegung
fortlebt. Karl Rahner gab mit seinen knappen Aufsätzen
wegweisende Anregungen und schließlich sind ebenso Walter Kasper, Gisbert Greshake, Leo Scheffczyk und
Alexandre Ganoczy zu nennen. Intellektuell theologisch
wurde viel Gutes und Vertiefendes über den christlich-

trinitarischen Gottesbegriff gedacht; allerdings würde
diese Entdeckung der Trinität durch die Theologie auch
noch einer verstärkten katechetischen Anstrengung be-
dürfen.

Der trinitätstheologische *Boom* der 1980er- und
1990er-Jahre hat dazu geführt, dass es heute eine Fülle
von katholischen Lehrbüchern gibt, in denen der christliche Trinitätsglaube von seinen biblischen Wurzeln her
in seiner theologiegeschichtlichen Entfaltung dargestellt
wird. Zugleich gibt es zwei Tendenzen, eine kritische und
eine widersprechende. Zum einen sind etliche, vorwiegend katholische Theologen auf den Plan getreten, die vor
einer Überbetonung des Themas Trinität warnen[35] und
demgegenüber eine Debatte über das Monotheistische am
Christentum anmahnen.[36] Während es sich hier um Dis-
kussionsbeiträge handelt, die innerhalb des kirchlichen
Gottesglaubens legitim sind, gibt es zum anderen eine
heftige Ablehnung der Dreifaltigkeit. Ausgangspunkt ist,
wie sollte es anders sein, die Ablehnung der Gleichwe-
sentlichkeit des *Logos*, wie es das Konzil von Nizäa im
Jahr 325 gelehrt hatte. Es handelt sich hier um eine be-
drückende Renaissance des Arianismus, die auf das Fundament des christlichen Gottesbildes abzielt. Dass es Gott
gibt, sagt uns das Denken an sich. Der Inhalt der Religion aber ist die inhaltliche Bestimmung dieses „Etwas"
namens „Gott". Wir Christen glauben, einzigartig, dass
Gott sich in der Geschichte so geoffenbart hat, dass er
selbst ein Teil dieser Geschichte geworden ist. *Ho Logos
sarx egeneto* („Das Wort ist Fleisch geworden") (Joh 1,14).
An der Frage, ob dieser Mensch mit dem Namen Jesus
von Nazareth in seiner konkreten, zeitlich und räumlich
verorteten Partikularität wirklich Gott war, entscheidet
sich auch die Frage, ob das „Dahinter", aus dem Christus kommt, wirklich ein in sich strukturiertes göttliches

Wesen; ob es wirklich den zeugenden Vater von Ewigkeit, den gezeugten *Logos* von Ewigkeit, den gehauchten Geist von Ewigkeit in einem Wesen absoluter Liebe gibt. Ist Christus nur ein Mensch, dann hätten das Judentum oder der Islam recht, denn dann wäre Gott „nur" draußen und es gibt keine *Communio* (Gemeinschaft) in ihm, nicht in den irdischen Sakramenten, nicht in der ewigen Gottesschau ... Das Paradies des Islam ist zwar voll mit schönen Frauen, aber völlig leer von Gott, es ist in gewissem Sinne „gott-los". Aus anderer Perspektive gesagt: Wenn Christus nur ein Mensch gewesen wäre, dann hätte die östliche Weisheit – die eine der genialsten ist, die der religiöse Instinkt hervorgebracht hat – recht: Dann gibt es keinen Weg, der zu Gott führt, keinen Pfad, der an ein Ziel kommt. Dann wäre der östliche Satz „Der Weg ist das Ziel" richtig. Da aber Christus, der ewige Sohn des Vaters, uns ein Ziel vorgegeben hat, sodass unser Suchen tatsächlich in ein Finden einmündet, übersteigt die christliche Botschaft die östliche. Es gilt nicht nur „Der Weg *ist* das Ziel", sondern „Der Weg *hat* ein Ziel." Wir Menschen müssen uns nicht mehr im bloßen Suchen beheimaten, sondern unser religiöses Suchen mündet in ein frohes Finden: Es ist uns tatsächlich verheißen, dass wir bei Gott ankommen!

Deshalb ist es keine Nebensächlichkeit, wenn von katholischen Theologen wie Hans Küng, Edward Schillebeeckx, Piet Schoonenberg († 1999), Eugen Drewermann, Karl-Heinz Ohlig[37], von dem Würzburger Dogmatiker Walter Simonis[38] (geb. 1940) und noch stärker von dem holländischen Dogmatiker H. M. Kuitert[39] eine heftige Ablehnung des Bekenntnisses zur Gottheit Christi ausgeht. Manche aus dem freikirchlichen Milieu verbreiten mit geradezu missionarischem Eifer eine neoarianische Aversion gegen den „kirchlichen" Trinitätsglauben und

bezeichnen diesen als die eigentliche Wunde der Christenheit.[40] Man gewinnt den Eindruck, dass viele dieser Anläufe eine Nachblüte dessen sind, was schon um
1900 die liberale protestantische Theologie vertreten hat.
Adolf von Harnack brachte ja in seinen Vorlesungen zum
„Wesen des Christentums" seine Ablehnung des Trini-
tätsglaubens etwa in dem Satz zum Ausdruck: „Nicht der
Sohn, sondern nur der Vater gehört in das Evangelium."
Das soll bedeuten: Jesus ist nur Künder, nicht aber Inhalt
des Glaubens.[41]

Der gegenwärtige Eifer in einer neuen „Enthelleni-
sierung" des Christus- und Gottesbekenntnisses erfolgt
freilich aus einer neuen Motivation heraus: Man meint,
mit den anderen Gottesbildern, die uns im religionsplu-
ralistischen Milieu einer globalisierten Welt so nahegekommen sind, leichter in Dialog treten zu können, wenn
man sich von der Gottwesensgleichheit Christi verab-
schiedet und ihn, ganz in liberaler Manier, als bloßen
Künder einer Botschaft herausstreicht.[42] Franz Dünzl formuliert hingegen prägnant das Anliegen der altkirchlichen Entwicklungen, wie sie auf den Konzilien von Nizäa im Jahr 325 und Konstantinopel im Jahr 381 normativ
geworden sind: „Dass sich dieser *eine* Gott indes heils-
geschichtlich als Vater, Sohn und Geist geoffenbart hat,
bedeutet kein Spiel mit bloßen Namen […] sondern zeigt
eine reale Wirklichkeit an – eben darauf insistiert die östliche Theologie der *drei* Hypostasen. Der eine Gott mas-
kiert sich nicht in der Heilsgeschichte, sondern erschließt,
wie ,*er selber*' ist – nämlich Vater, Sohn und Geist. Die
Heilsgeschichte ist in Wahrheit die *Selbst*-Offenbarung
Gottes und nicht nur eine pädagogische Maßnahme, um
die Menschen über irgendetwas anderes zu belehren."[43]

Küng, Schoonenberg, Simonis und Ohlig meinen, den
Christusglauben um eines „kompatibleren" Gottesbildes

willen depotenzieren zu müssen: Für sie ist Jesus nur ein menschlich-prophetischer Künder einer freilich herausfordernden Lehre; seine Göttlichkeit besteht nur darin, dass er seine Menschlichkeit auf radikalste Weise gelebt hat. Nicht der sich von oben herabneigende Gott, der – nach einem Wort von *Karl Barth* – „senkrecht von oben" in unsere Endlichkeitskategorien einbricht, ist hier das Subjekt religiöser Offenbarung, sondern das *Humanum*, das sich zur Göttlichkeit übersteigt. Hier gibt es keinen ewigen dreifaltigen Gott mehr, der sich von sich aus – „von oben", „selbstinitiativ" – auf die Welt hin öffnet und in die Welt in Gestalt eines einzigartigen Mittlers eintritt. Für Küng ist es anmaßende griechische Metaphysik, die dem modernen Menschen ohnehin nichts bedeutet. Man müsse sich auch von dem Gottessohnglauben im Sinne der Alten Kirche verabschieden, weil er Jesus zu etwas Absolutem vergöttliche, und dies erschwere den Dialog mit den anderen Religionen und das „Projekt Weltethos". Bedrückend ist vor allem Kuitert, dessen *Kein zweiter Gott!* eine veritable Hassschrift gegen den Trinitätsglauben ist. Er behauptet, Jesus sei als Gott eine Schöpfung der christlichen Kirche; der kirchliche Christus habe nichts mit dem Jesus des Evangeliums zu tun. Im letzten Kapitel plädiert der niederländische Dogmatiker für ein „Weg von Jesus" und „Zurück zu Gott!" Diese Auffassungen entsprechen nicht mehr dem christlichen Bekenntnis, sondern sind religionspluralistische Ideologie; was bleibt, ist kein Christentum mehr, sondern christentümliches Sprachspiel. Daher ist Papst Benedikt XVI. mit seiner bibeltheologischen Summe in seinem Buch *Jesus von Nazareth* angetreten, um der neoarianischen Ausdünnung des Gottesbekenntnisses entgegenzutreten. Im Leugnen der Göttlichkeit Christi verblasst mit dem Bild des dreifaltigen Gottes zugleich der übernatürliche trinitarische Urgrund, auf dem der christliche Glaube gründet und von dem aus das uns geschenkte Heil verständlich wird. Mit seiner Enzyklika *Deus Caritas est* drängt Papst Benedikt XVI. die Gläubigen auch kirchenoffiziell zur Besinnung auf das Wesen des dreifaltigen Gottes als „die Liebe".

6. Besinnung auf das Wesentliche
ist Besinnung auf Gott

Ist es überhaupt notwendig, dass wir heute Gott, Gottes Wesen, Gottes Dreifaltigkeit verkünden? Wäre es nicht viel wichtiger, die „humanen", auf die konkrete Menschlichkeit bezogenen Inhalte des Christentums – etwa seine therapeutische Dimension – zu verkünden als solche Abstrakta? Ist es nicht eine Tatsache, die Theologen schon oft konstatiert haben, dass der Glaube an den dreifaltigen Gott fast keine Auswirkungen auf die bewusst gelebte Gläubigkeit der Christen hat? Ist nicht der „Katechismus ihres Herzens" wichtiger als der „Katechismus des Dogmas"? Tatsächlich wird man zugestehen müssen, dass Dreifaltigkeit für die meisten eine „Zusatzinformation" zum Wort „Gott" ist, mit der sie nichts weiter anzufangen wissen. Karl Rahner klagte: „Man wird die Behauptung wagen dürfen, dass, wenn man die Trinitätslehre als falsch ausmerzen müsste, bei dieser Prozedur der Großteil der religiösen Literatur fast unverändert erhalten bleiben könnte."[44] Und Gisbert Greshake formulierte noch schärfer: Es „scheint erst recht für die meisten Christen irrelevant zu sein, ob Gott ein-, drei- oder (sit venia verbo!) zehnfaltig ist."[45]

Für die durchschnittliche Vorstellung der Christen ist Gott auch nicht mehr als „jenes höhere Wesen, das wir verehren" – ein Ausdruck, den Heinrich Böll in den Mund einer seiner Romanfiguren, des Kulturphilosophen

Bur-Malotthe, legte. Gott ist der „gütige Vater über dem
Sternenzelt", wie die Romantik ihn unseren Ahnen ein-
geprägt hat. Gott ist der „Irgendetwas-wird-es-schon-
geben!", wie die österreichisch-wienerische Mentalität
sich mit dem Christlichen arrangieren möchte. Kurz: Es
scheint, als hätten wir Christen, zumindest im Allgemeinen, die Dreifaltigkeit vergessen.

Das ist deshalb so fatal, weil Gott gerade heute wieder
zum Thema geworden ist. Das „Wie ist Gott?" ist sogar
ein großes Thema, da wir uns in der globalisierten Welt
plötzlich in einem pluralistischen Gemisch zusammen mit
anderen Religiositäten wiederfinden. In der Ausdrucksweise des modernen Marketing heißt dies, dass wir uns
der wesentlichen Merkmale und Qualitäten unseres „Pro-
duktes" – des christlichen Gottesglaubens – bewusster
werden müssen, um dann auch das richtige „Marketing"
betreiben zu können. Auf dem Markt des religiösen Pluralismus wäre es fatal, wenn wir das Zentrale unseres Glaubens, und dies ist nun einmal der dreifaltige Gott, der sich
als die Liebe geoffenbart hat, hinter dem Schaukasten verstecken würden. Wir müssen über Gott reden; wir müssen
sagen, wie dieser Gott, an den wir glauben, ist, denn so
agieren auch unsere neuen und alten Mitbewerber.

Diese allerdings verkünden einen anderen Gott. Die
postmoderne Religiosität lockt mit dem Bild eines Gottes,
der scheinbar „größer" ist als der christliche: die Gottheit
der Neugnosis und des New Age ist „polaritätslos", ist
apersonal, neutrisch und wertneutral. Schon der Frühide-
alist Johann Gottlieb Fichte († 1814) hatte Anfang des 19.
Jahrhunderts behauptet, dass Gott doch auf keinen Fall
„Person" sein könne, weil er dann begrenzt sein müsste.[46] Wir haben heute eine grüne Mystik, in der die Na-
turkräfte vergöttlicht werden. Aus der spirituellen Wie-
dervereinigung mit der unpersönlichen göttlichen Natur

sollen dem Menschen urtümliche Kräfte erwachsen. Man soll sich demnach die Kraft der Sterne, der Bäume, der kosmischen Schwingungen, der Bachblüten usw. aneignen. Schließlich soll sich der Mensch in Meditation selbst als Teil des Ganzen entdecken und so den göttlichen Funken in sich selbst zur Schwingung bringen. Alte Gnosis neu aufgegossen!

Daneben gibt es die alten Mitbewerber, die auch einen absoluten Gottesbegriff verkünden – das sind die monotheistischen Religionen.[47] Der Islam etwa ist eine Religion mit einem streng monotheistischen Gottesbild; er wird bei uns immer stärker vertreten sein. Eine geistige Auseinandersetzung mit dem Islam wird schon deshalb notwendig sein, weil in Europa im Jahr 2010 bereits vierzig Millionen Muslime leben, davon drei Millionen in Deutschland. Die meisten werden im Land bleiben, ja, es werden noch mehr werden, da dort Kinder als Segen angesehen werden. Der Islam wurzelt wesentlich in dem alttestamentlichen Gottesverständnis; er lehnt den christlichen Trinitätsglauben explizit als Vielgötterei ab. Im Koran heißt es:

„Wahrlich ungläubig sind, die da sprechen: ‚Siehe, Allah ist ein dritter von drei.‘ Aber es gibt keinen Gott, denn einen einzigen Gott … Nicht ist der Messias, der Sohn der Maria, etwas anderes als ein Gesandter."[48]

Es ist eine Tatsache, dass der Islam heute gerade mit seiner Einfachheit und Eindeutigkeit im Gottesbild eine große Faszination ausübt: ein absoluter, souveräner Gott-Allah, herrlich erhaben in seiner Totalität und Weltregierung. Kein Kreuz, keine „komplizierte" Dreifaltigkeit, deshalb auch eine klare, strenge Moral und Sittlichkeit usw. – Viele empfinden wie der junge Charles de Foucauld (1858–1916): Während seiner Aufenthalte in Nordafrika, in der Zeit seiner Gottsuche, war ihm der Glaube an die Dreifaltigkeit einfach unmöglich geworden.[49] Schließlich sei noch erwähnt, dass eine ähnliche Faszination von dem mythologischen und simplifiziert unitarischen Gottesbegriff der Zeugen Jehovas ausgeht. Diese sind keine Christen, da sie eine Gottessohnschaft Christi vehement ablehnen und heftig gegen die Dreieinigkeit polemisieren; durch die Zeugen Jehovas ist der Arianismus im 20. Jahrhundert wiedererstanden. Und überall, wo man einem freikirchlichen Biblizismus verhaftet ist, der in emotionalen Abneigungen gegen alles „Kirchliche" schwelgt, wird man ebenfalls die Dreifaltigkeit ablehnen müssen, oft sogar heftig.

Wir haben also Argumentationsbedarf, oder – wenn man so will – Unterscheidungsbedarf! Dies darf freilich nicht zu einer Herabsetzung der anderen Auffassungen führen, wohl aber mit einem Blick auf das Eigene und Eigentliche erfolgen. Der Blick auf die Substanz des eigenen Glaubens hindert die Kirche nicht, mit dem Zweiten Vatikanischen Konzil zu bekennen, dass in allen Religionen „Wahres und Heiliges"[50] enthalten ist. Ohne Zweifel lassen sich *logoi spermatikoi* (Samenkörner der Wahrheit) überall finden, und doch ist in der christlichen Botschaft das Helle der anderen Erkenntnisse nochmals vom Glanz der göttlichen Selbstoffenbarung überstrahlt und übertroffen, so die Aussage des Konzils.[51] Es gibt einen christlichen Überhang, ein von der Offenbarung geschenktes „Mehr" an Einsicht in die letzten Zusammenhänge. Balthasar hat im *Epilog* auf seine große *Trilogie* daher als Kriterium der Wahrheitserkenntnis folgendermaßen formuliert: „Wer mehr sieht, hat mehr recht! Wo mehr Wahrheit ist, ist mehr Licht!"[52]

IV. KAPITEL
DAS „MEHR" DES DREIFALTIGEN
GOTTES

Der Theorie nach hat die christliche Theologie ja immer festgehalten, dass die Dreifaltigkeit die „Pointe" des christlichen Gottesbegriffes schlechthin ist. In Praxis und im Bewusstsein des durchschnittlichen Christentums hat der Glaube an „einen Gott in dreifaltiger Verschiedenheit" aber in den letzten Jahrhunderten kaum eine Rolle gespielt. Das muss sich nun ändern. Der religiöse Pluralismus der Postmoderne konfrontiert nämlich die christliche Theologie mit einer Fülle von anderen Gottesbildern: Das unpersönliche und polaritätslose Gottesbild des Ostens, das in so vielen Mutationen die Ideenwelt des New Age prägt; die singuläre Einzigkeit im Gottesbild des Islam mit ihren autokratischen Ansprüchen; aber auch die Vorstellung von Inkarnationen göttlicher Kräfte, wie sie manche Sekten von ihren Führungspersönlichkeiten behaupten.

Viele Christen – und ich meine hier ohnehin nur die bewussten und denkenden - haben gar keine Ahnung von dem innersten Kern unseres Glaubens, nämlich von dem Glauben an einen dreifaltigen Gott. Den Alten, die noch katechismusgeschult waren, ist die „Dreifaltigkeit" vielleicht noch als Begriff „Ein Gott in drei Personen" im Gedächtnis. Aber diese Formel ist verblasst und blutleer; für die Gebets- und Glaubenspraxis unserer Altvorderen ist sie bedeutungslos geworden. Und wenn heute Jüngere von ihrem „Gottesbild" sprechen, dann liegt die Betonung meist auf dem Possessivpronomen „*mein* Gottesbild", wodurch der *Touch* zum Subjektiven deutlich wird. Der postmoderne Mensch stellt sich Gott vor, wie

ER will. Feuerbach trägt heute in unseren eigenen Reihen einen späten Sieg davon, indem wir Christen unseren Glauben immer mehr unserer eigenen subjektiven Setzung verdanken wollen als der Offenbarung Gottes.

Es gibt einen Grund, warum sich dieser Zustand der Trinitätsvergessenheit unter uns Christen ändern muss, und das ist die Situation des religiösen Wettbewerbs, in den das Christentum zusehends gerät. Dem christlichen Glauben ist ein mächtiger religiöser Gegner erwachsen: und zwar nicht mehr (aber auch noch) der rationalistische Atheismus der Moderne, sondern der Irrationalismus der Postmoderne. Ohne Eros für Wahrheit und Entschiedenheit gilt in der Postmoderne, was am besten gefällt, was am meisten „hergibt". Auch wenn viele Verantwortungsträger die geänderte Situation noch nicht recht bemerkt zu haben scheinen, so geht es doch um die Substanz. Substanz ist, was wir als die bessere Antwort auf die urmenschliche Frage nach dem Letzten, nach Gott geben können. Es geht also letztlich um die Frage, wer den besseren Gottesbegriff hat.

Das Christentum findet sich plötzlich als ein Mitanbieter unter vielen auf einem bunten Markt der Möglichkeiten und Unmöglichkeiten vor, schreierisch und suggestiv preisen sich die Religiositäten und Ideologien selbst an. Es ist an der Zeit - und hoffentlich noch nicht zu spät -, sich dem geistigen Konkurrenzkampf zu stellen und das Eigene anzupreisen. Übrigens haben viele christliche Theologen in den Blütezeiten der Theologie immer „nach außen" gedacht. Im Mittelalter argumentierte man etwa gegen den Islam, der heilige Thomas schrieb eine große *Summa contra gentiles*, die sich zumindest fiktiv gegen die Heiden richtete. Den großen Theologen aller Zeiten ging es immer darum, die Qualitäten des Gottes hervorzuheben, der sich selbst geoffenbart hat. Man wollte gegenüber den anderen Gottesbildern den christlichen Gott als das *summum, maximum, optimum* („das Höchste, das Größte, das Beste"), als das „höchste Gut" darstellen. In seinem freilich zweifelhaften Gottesbeweis nannte Anselm von Canterbury Gott *id quo majus cogitari nequit* („das, worüber hinaus nichts Größeres gedacht werden kann"). Das „Majus", das „Größere" der göttlichen Offenbarung ist die Trinität. Auf dem Markt des religiösen Pluralismus wäre es fatal, wenn wir das, was unseren Glauben in seinem innersten Grund ausmacht, nicht herausstellen, sondern verstecken würden.

Dieser „Wettbewerb" der religiösen Ideen, in den wir Christen unversehens geraten sind, zwingt uns, die Dimensionen unseres eigenen Gottesglaubens neu und vertieft zu erfassen. Wir befinden uns heute schon – etwa im Angesicht unserer vielen muslimischen Mitbürger – in Erklärungsnotstand: Wir werden argumentieren lernen müssen, warum die Wahrheit von dem einen Gott, der zugleich Vater, Sohn und Geist ist, tatsächlich von solcher Tiefe ist, dass „darüber hinaus nichts Größeres mehr gedacht werden kann".

Es gibt also maßgebliche Herausforderungen an das Christentum, sich von der Substanz her zu legitimieren, mehr noch: von der Substanz her den dreifaltigen als den wahren Gott zu erweisen. Wir müssen uns theologisch den Blick auf dieses „Mehr" zurückerobern, weil wir in Zukunft für eine fruchtbare Konfrontation mit den Mitbewerbern auf dem postmodernen Markt der Religiositäten gerüstet sein müssen. Weil ich der Überzeugung bin, dass das Christentum in Zukunft apologetischer, missionarischer und selbst-bewusster werden muss, möchte ich in einigen Punkten aufzeigen, welche denkerischen „Vorsprünge" uns die Trinitätsoffenbarung gegenüber dem sonstigen Marktangebot an Religiösem gibt.

1. Der dreifaltige Gott ist universal

Was ist eigentlich die „Qualität" des christlichen Gottesbildes? Was besagt die dogmatische Lehre von der Dreifaltigkeit Gottes eigentlich? Was meinen wir mit unserem Glauben an einen wesensmäßig einzigen Gott, der zugleich Vater, Sohn und Heiliger Geist ist? Im Kern besagt der Glaube an die göttliche Trinität doch, dass der eine und einzige Gott wahrhaft universal ist, also im wahrsten Sinne „umfassend". Der eine Gott, der in sich dreifaltig ist, ist in sich „das Ganze der Wirklichkeit".

Wir müssen zunächst und grundlegend festhalten, dass wir Monotheisten sind; die Einzigkeit Gottes ist uns nicht nur philosophisch heilig, sondern auch biblisch, denn auch für uns gilt der Satz des *Schema Israel*: „ Höre, Israel! Jahwe, unser Gott, Jahwe ist einzig" (Dtn 6,4). Durch die Menschwerdung des *Logos* offenbart sich dieser eine, einzige Gott aber als in sich differenziert. Wir glauben, dass Gott von Ewigkeit her in dreifacher Weise die Liebe ist: schenkend in dem, was wir Vater nennen; empfangend und verdankend in dem, was wir *Logos* oder Sohn nennen; einigend in dem, was wir Geist nennen: ein Gott, in dreifacher Weise die Liebe. Der Begriff „drei Personen" ist heute, hier hat Karl Rahner recht, ungeeignet, weil er die Vorstellung von „drei Individuen" gibt, von drei Aktzentren.[53] Es ist aber nur *ein* Gott, *eine* Liebe, freilich in dreifacher Weise. Gott ist von Ewigkeit Differenz und Identität.

Wenn wir von Gott insofern sprechen, als er die in sich von Ewigkeit her und vorab aller Weltschöpfung erfüllte, dreifaltige Liebe ist, verwenden wir den Begriff „immanente Trinität". Wenn wir von Gott insofern sprechen, als er als Schöpfer, Erlöser und Vollender an der Welt handelt, verwenden wir den Begriff „ökonomische Trini-

tät" oder „Heilstrinität". „Ökonomie" bezeichnet in der
Sprache der Theologie das Heilshandeln Gottes an seiner
Welt. Insofern nun jede der drei göttlichen „Personen"
Gott ist, können wir davon sprechen, dass „Gott" Mensch
geworden ist. Wir meinen damit aber genau genommen
nicht das göttliche Wesen insgesamt, sondern nur die
zweite göttliche Person, denn der Vater bleibt in seiner
Ewigkeit, und der Geist wird erst vom Auferstandenen
her in die Geschichte hinausgehaucht, um Christus in die
Herzen aller zu tragen. Das Faszinierende an der ökono-
mischen Trinität ist, dass sie alle Bereiche des Denkbaren
in einem „Zugleich" abdeckt. Gott ist ewig unfassbar (im
Vater) und doch zugleich in der Zeit anfassbar (im Sohn)
und wiederum zugleich im Glauben allezeit erfassbar (im
Heiligen Geist). Dreifaltigkeit ist der maximale Begriff
von Gott, ist das Synonym für absolute Fülle.

Grundlage dieser absoluten Universalität Gottes freilich ist, dass Gott selbst von sich aus auf die Seite des
Menschen getreten ist, ja dass er selbst ein Teil dieser
Weltgeschichte werden wollte. Das Geheimnis der Inkarnation, der Menschwerdung Gottes, wird uns zu Weih-
nachten vielfach ausgedeutet. Dabei ist uns die Verwe-
genheit dieses Schlüsselpunktes christlichen Glaubens oft
zu wenig bewusst. Auch philosophisches Denken vermag
dahin durchzudringen, dass es ein „Letztes", ein „Größ-
tes", ein in sich „Gutes", einen „absoluten Weltgeist" oder
sonst etwas Abstraktes gibt, das alles begründet und zugleich alles übersteigt. Auch religiöses Denken vermag
sich vorzustellen, dass dieses letztvorstellbare Größte sein
Geheimnis lüftet. Alle Religionen glauben, zu der Identität dieses Göttlichen durchzudringen, sei es durch Meditation und Erkenntnis, sei es durch Weise, Erleuchtete
oder Propheten. Doch der christliche Glaube geht tiefer.
Gott hat nicht medial etwas von sich preisgegeben, son-

dern er ist selbst auf die Seite des Menschen getreten, er ist Mensch geworden. Dogmatisch muss man hier freilich genauer sprechen, denn nicht das göttliche Wesen an sich ist Mensch geworden, sondern der Sohn, der *Logos*, das ewige Wort des Vaters (vgl. Joh 1,14), die zweite göttliche Person.

Setzen wir einmal als kleinsten gemeinsamen Nenner aller Religionen die Einsicht voraus: Wenn es Gott gibt, dann muss er transzendent sein. Das heißt: er muss seinem Wesen nach alles Endliche „übersteigen", „transzendieren". Gott muss definitionsgemäß „ganz anders" sein als alles, was wir an Endlichem kennen. Aus diesem Grund verwenden wir viele „negierende" Bezeichnungen, um Gottes Wesen zu beschreiben: un-endlich, un-sterblich, un-fassbar, un-begrenzt, un-begreiflich usw. Die Eigenschaft der unbedingten Transzendenz Gottes ist eine gemeinsame Erkenntnis aller Philosophien und Religionen. Die alttestamentliche Selbstoffenbarung Gottes hat das erwählte Volk zudem in den Begriff der Jenseitigkeit, sprich Erhabenheit Gottes, eingeführt. Gott ist so anders, dass nicht einmal sein Name ausgesprochen werden durfte. Die große Religion des Islam setzt diese Linie fort, wenn dort der Name Gottes zwar ausgesprochen, aber immerdar als „groß" bekannt wird. Die Geste, dass Muslime bei der Anrufung Gottes mit ihrer Stirn den Boden berühren, ist Ausdruck dieser Ehrfurcht vor dem ganz-jenseitigen, ganz-anderen und ganz-erhabenen Gott.

Der Gottesbegriff der Philosophien und anderer Religionen zeichnet sich durch die Betonung der Maximalität Gottes aus. Das gilt nicht nur für das Judentum und den Islam, sondern – unter umgekehrten Vorzeichen – auch für die östliche Religiosität, die heute eine so große Faszination auf die postchristlichen Menschen im Westen ausübt. Popularisiert durch New Age erweckt der neut-

rische Gottesbegriff des Ostens den Eindruck einer großen Fülle und Unbegrenztheit. Gott wird dort weder als
Person noch überhaupt irgendwie begrenzt gedacht, ja im
Buddhismus gibt es nicht einmal einen Begriff für Gott.
Es geht in der Meditation und Erkenntnis um das Einswerden mit dem Ganzen ... Für die Menschen des Westens, die den christlichen Gottesglauben nie in seiner Tiefe reflektiert haben, atmet darin eine viel größere Weite
als etwa in der naiven Vorstellung eines göttlichen Vaters
in der Gestalt eines bärtigen alten Mannes, der irgend-
wo oben im Himmel schaltet und waltet ... Dem Gott des
Ostens ist das Konkrete der Anschaulichkeit fern. Und
sympathisch ist er den westlichen Menschen auch deshalb, weil er so gut wie keine konkreten moralischen Forderungen stellt, denn es ist ja kein Gott, der sich konkret
in Raum und Zeit geoffenbart hätte, sondern das Göttliche ist abstrakte Unendlichkeit oder sagen wir besser: unendliche Abstraktion.

Und doch ist der christliche Gott, wie er sich selbst
geoffenbart hat, der universalere, der umfassendere Gott.
Er hat sich durch seine Selbstenthüllung als ein Gott in
drei Personen als weit größer, maximaler und umfassender geoffenbart, als menschliches Denken dies je von sich
aus erreichen könnte. Denn für alle anderen Gottesbegrif-
fe eignet sich als gemeinsamer Nenner, dass Gott zwar
„draußen" (Judentum, Islam) oder „im Ganzen" (östliche
Religiosität) groß und universal zu sein vermag. Es gibt
aber einen Punkt, in dem diese Maximalitätsvorstellun-
gen Gott nie anwesend sein lassen: und zwar im konkreten Endlichen. Gott mag „draußen" in seiner Unendlichkeit noch so erhaben angebetet werden; das Göttliche mag
noch so sehr das Endliche verschlingen, einen Punkt be-
treten diese Gottesvorstellungen nie: Das ist unsere konkrete endliche Geschichte, unsere konkrete Endlichkeit.

Demgegenüber steht die Universalität, an die wir Christen glauben dürfen und die daran festgemacht wird, dass Gott ein Teil dieser Geschichte geworden ist: „Und das Wort ist Fleisch geworden und hat unter uns gewohnt" (Joh 1,14). Für philosophisches und rein religiöses Denken ist diese Vorstellung von sich aus unerreichbar. Tertullian formulierte Anfang des 3. Jahrhunderts: *Credo, quia impossibile* („Ich glaube, weil es unmöglich ist, solches selbst auszudenken"). Soweit reicht die religiöse Fantasie nicht. Der unendliche Gott vermag es, auch das Konkret-Endliche zu durchdringen und zum Ort seiner Anwesenheit zu machen. In Nazareth, wo man das Haus Mariens zeigt, also jenen Ort, wo Maria laut dem Lukasevangelium ihre freie Zustimmung zur Menschwerdung Gottes gab, steht auf dem Altar das unfassliche Wort: *Hic verbum caro factum est* („Hier ist das Wort Fleisch geworden"). Der Gott, an den wir Christen glauben, umfasst also auch das konkrete geschichtliche und geografische „Hier-und-jetzt".

Die Maximalität jenes Gottesbegriffes, den das rein philosophische oder naturhaft-religiöse Denken zu erreichen vermag, wird durch den Glauben an die Konkretionskraft des christlichen Gottes nicht aufgegeben. Gott bleibt ja – im Vater – bleibend verborgener Urgrund. Zugleich aber ist er – im Sohn – die in der Geschichte wahrhaft anwesende unendliche Liebe. Und er bleibt nicht nur im Sohn in einem Partikel der Weltgeschichte fixiert, sondern gießt sich selbst – im Heiligen Geist – durch die Geschichte hindurch in die Herzen der Gläubigen aus. Gott ist also, wenn man es simplifizierend ausdrückt: immerdar uneinholbar transzendent „draußen", an einem konkreten Punkt der Geschichte partikulär „drinnen" und in umfassender Weise sogar in unsere konkrete eigene Existenz ausgegossen. Der Gott, der Vater, Sohn und Geist ist, umfasst schlechthin alles.

2. Der dreifaltige Gott schafft und
respektiert Endliches

Dass Gott die Welt erschaffen hat, ist noch keine religiöse Erkenntnis, sondern eine Schlussfolgerung der Vernunft; die Vernunft erlaubt auch, einen Schöpfungsbegriff zu entwickeln, wonach Gott die Welt *ex nihilo* (aus dem Nichts) hervorgebracht hat. Dieses *ex nihilo* bedeutet aber keineswegs ein schlechthin absolutes Nichts, sondern bloß das Nichtsein von Endlichem, von Geschöpflichem. Denn zugleich existiert schon Gott von Ewigkeit als Unendlicher und Unerschaffener. Und jetzt sind wir im innersten Kern des christlichen Glaubens, denn Gott ist von Ewigkeit erfülltes Wesen, lebt in einer dreifaltigen Lebendigkeit. Vater, Sohn (*Logos*) und Geist leben seit Ewigkeit ein göttliches Leben der Liebe. Daher erlaubt uns die „immanente Trinität", den Schöpfungsakt als absolut freies Handeln Gottes zu denken.

Wäre Gott ein monistischer Monolith, ließe sich die Frage nach dem „Warum" der Schöpfung nur so beantworten: Schöpfung erfolgt aus einem Bedürfnis heraus oder weil der einsame Gott sich langweilt. So hat Schiller gedichtet, Hegel hat es zitiert: „Freundlos war der große Weltenmeister / fühlte Mangel – darum schuf er Geister, / sel'ge Spiegel seiner Seligkeit."[54] Hegel meinte, dass Gott die Negation seiner Selbst, also das Endliche, brauche, um überhaupt er selbst zu sein. In der *Philosophie der Religion* formuliert er: „Das, was Gott erschafft, indem er die Welt bildet, ist er selbst."[55] Auch in der Gnosis, im Neuplatonismus und im östlichen Denken fließt die göttliche Substanz gleichsam notwendig aus sich aus. Im Christentum hingegen ist Gott immer schon erfüllt im Gegenüber der Liebe; er braucht nichts außer sich, da er schon alles in sich hat: Einheit und Geschiedenheit,

Hingabe und Annahme, Dank und gegenseitige Verherrlichung. Deshalb können wir sagen: Er schöpft aus dem Überschwang der innergöttlichen Liebe heraus und aus keinem anderen Grund.

Dem ist ein zweiter Gedanke hinzuzufügen: Der dreifaltige Gott erschafft nicht nur das endliche Sein – innerhalb seiner selbst –, sondern er ermöglicht und respektiert darin immer schon unsere endliche Freiheit. Die Selbstoffenbarung Gottes als ewige Dreifaltigkeit erlaubt uns, in Gott selbst schon eine Art Urbild von Freiheit zu erkennen: Freie Liebe des Vaters zum Sohn, freie Liebe des Sohnes zum Vater, in der Freiheit des Heiligen Geistes zu einem Gottwesen der Liebe geeint. Vor der Hervorbringung der Schöpfung existiert Gott immer schon als ewige Erfülltheit des einen Wesens, als ewig-freie Hingabe von Vater und Sohn aneinander. Wäre Gott nicht von Ewigkeit dreifaltig, so gäbe es keine wahre Freiheit des Endlichen, denn dann wäre ein Neben- oder Miteinander von Gott und Mensch nicht denkbar. Wie sollte ein solches Nebeneinander von freiem Gott und freiem Geschöpf ausschauen? Das freie Absolute müsste das freie Endliche doch immer überwältigen, entmächtigen, weil es das Absolute ist. Eine wahre Freiheit im Endlichen wäre dann nicht möglich.

Tatsächlich müssen alle Religionen, die ein einziges, monistisches göttliches Prinzip vertreten, die Freiheit auflösen, und zwar zuungunsten des Menschen: In der *Stoa* war es die unentrinnbare *Pronoia* (Schicksal), im östlichen Denken durchwaltet eine Weltseele alles, dem *Karma* kann man nicht entrinnen, die Vergeltungskausalität kann man nur annehmen, sich ihr in stoischer *Ataraxia* (abgeklärte Seelenruhe) einfügen. Am Ende steht der Fatalismus. Der dreifaltige Gott hingegen kann den Menschen in eine wirkliche Freiheit entlassen, er kann dem Menschen einen echten Selbststand geben, der ihn nicht bloß Marionette sein lässt. Dieser Selbststand freilich liegt im Sohn. Menschliche Freiheit ist bleibend partizipativ an der innergöttlichen Freiheit des Sohnes, denn „durch ihn wurde alles erschaffen im Himmel und auf Erden" (Kol 1,16).

3. Der dreifaltige Gott ist selbst endlichkeitsfähig und einigungswillig

Das Wesen des dreifaltigen Gottes ist die Universalität, die Fülle, die Totalität: Gott ist das Eine, das Andere und das Vereinigende. Gott ist nicht bloß jenseits draußen, er ist auch anwesenheitsfähig in dieser Welt: in der Fülle der Zeit in Jesus Christus, in alle Ewigkeit durch den Heiligen Geist. Die Weltreligionen zeichnen das Bild eines überweltlichen Allah oder einer schlechthin gegensatzlosen Yin-und-Yang-Einheit, in der sich alle endlichen Gegensätze auflösen. In der Idee einer unnahbaren Erhabenheit und unfasslichen Absolutheit Gottes stimmen ja alle religiösen Vorstellungen überein.

Dem stellt das Christentum das Paradox gegenüber, einen menschgewordenen Gott zu verkünden! Gott „kann" Mensch werden, ohne aufzuhören, Gott zu sein, weil er dreifaltig ist. Dieses Grundprinzip der Endlichkeitsfähigkeit Gottes ist uns sogar in einem eigenen Sakrament verbürgt, in der allerheiligsten Eucharistie. Die Eucharistie erinnert uns also bleibend an das Urgeheimnis unseres Glaubens, an die Menschwerdung des Sohnes des Vaters im Heiligen Geist; die Eucharistie ist ein trinitarisches Sakrament, denn sie drückt dieses Geheimnis aus. Franziskus hatte diese Verbindung zwischen Menschwerdung und Eucharistie tief erkannt, als er zur Weihnachtsmette des Jahres 1223 im Wald von Greccio neben dem Altar eine Krippe einrichtete.

Unser Glaubenswissen um die innere Differenziertheit
Gottes als Dreifaltigkeit ermöglicht uns, einen „eucharistiegewordenen" Gott zu bekennen; anders gesagt: einen
materiefreundlichen, endlichkeitsnahen, zur Kommunion und Kommunikation bereiten Gott: Für die reine Religiosität, die sich Gott in einer „schlechten Unendlichkeit"
(Hegel) denkt, ein Skandal. Jesus selbst hat den Juden, die
wie kein anderes Volk von der Erhabenheit Gottes wussten, diesen „Skandal" deutlich vor Augen gestellt. Das Johannesevangelium schildert den Schock, den er mit der
Brotrede von Kafarnaum (vgl. Joh 6,22–71) auslöst: Dort
nennt er sich das Brot, das vom Himmel herabgekommen
ist, spricht vom Essen seines Fleisches und vom Trinken
seines Blutes, vom Leben, das aus diesem Essen hervorgeht. Die Reaktion seiner Zuhörer war entsprechend:
„Viele seiner Jünger, die ihm zuhörten, sagten: Was er
sagt, ist unerträglich. Wer kann das anhören?" (Joh 6,60).

Die paradoxale Gestalt der Eucharistie stellt eine beständige Provokation des religiösen Denkens dar: Gottes
Fülle im Fragment der Materie! Der Glaube an die Realpräsenz besagt ja nicht weniger, als dass die Hostie der
verklärte Herr selbst ist.[56] Das Endliche wird zur Darstellungsform des Göttlichen. Und eben dies ist für unsere
Frömmigkeit entscheidend, denn somit lehrt uns das Paradox der Eucharistie das Gegenteil dessen, was heute viele Formen der Religiosität propagieren: Die außerchristliche Frömmigkeit des New Age etwa wird sich immer
abstrahierend aus dieser Welt hinausmeditieren müssen, weil sie einen Gott, der in dieser Welt anwesend sein
kann, nicht kennt!

Entgegen allen entleiblichten und sinnenleeren Spiritualismen lehrt uns der Blick auf die Eucharistie, dass die
göttliche Herrlichkeit sich in unserer konkreten Welt vergegenwärtigen kann. Der Blick auf die Hostie, die in ihrer

äußeren Gestalt das bleibt, was sie ist, nämlich Materie, besagt, dass wir Gott nicht „draußen" suchen müssen, sondern ihm im Inneren unserer Lebenswelt begegnen können, weil hierin die Wahrheit des Satzes erwiesen ist: *Finitum capax infiniti* („Das Endliche ist fähig, das Unendliche aufzunehmen"). Das Sakrament des zu uns gekommenen Gottes lehrt eine Form der Spiritualität, welche die Welt nicht übersieht, sondern ihn gerade in seiner Zuwendung zur Welt anbetet. Die Eucharistie lehrt, dass „das Unscheinbarste das Kostbarste ist"[57], wie Balthasar schreibt, und fordert, diese Perspektive auch in den Alltag hinein fortzusetzen. Gerade dort ist der Christ aufgerufen, die Gegenwart Christi zu entdecken: im Sakrament der Armen, der Hungernden und Traurigen, im Sakrament des Nächsten. Hier ist an die Formulierung Mutter Teresas zu erinnern: „Am Morgen bete ich Christus in der Hostie an, am Tag in den Ärmsten der Armen!"

4. Der dreifaltige Gott erlöst uns aus freier Liebe

Endliche Freiheit ist Teilhabe an der wahren Freiheit des Sohnes. Die Erlösung aus der Verkehrung dieser Freiheit geschieht deshalb eben gerade durch den Sohn. Erlösung bedeutet für uns, dass Gott sich in Sohn und Geist zum Heil der Welt engagiert, und die zweite göttliche Person steigt in die Endlichkeit ab und lebt innerhalb des Freiheitsraumes eines Menschen. Gott will den Menschen innerhalb dessen eigener Freiheit, die er durch die Sünde pervertiert hat, erlösen. Das ist der Grund, warum Erlösung so „kompliziert" geschieht, indem die zweite göttliche Person, also das innergöttliche Gegenüber zum Vater, Mensch wird, also zum außergöttlichen Gegenüber absteigt. Die Freiheit des Menschen soll in die ursprüngliche Hinordnung auf Gott zurückgeführt werden. So liegt der freie Gott im Ringen mit dem freien Menschen, der zwar sein Geschöpf ist, dessen Freiheit Gott aber niemals tyrannisch einschränken will. Wichtig ist, dass Erlösung das Handeln Gottes ist.

Anders verhält es sich in der New Age-Religiosität, die ja vielfach ein Aufguss der antiken Gnosis ist. Hier ist Sünde das Herausfallen aus der Einheit des Seins, an dem unser Erkennen Schuld trägt. Der Mensch vergisst seine Einheit mit dem Ursprung und fällt in die „Polarität", in ein Denken und Fühlen in Gegensätzen. Die Lösung besteht dann in der Rückkehr: durch Meditation und Askese. Die Rückkehr in eine Alleinheit erfolgt aus eigenen Kräften. Ohne Trinität bleibt Erlösung immer Selbsterlösung.

Der Verdacht bleibt jedenfalls bestehen, dass es doch nicht Gott ist, der entsündigt, verzeiht und versöhnt, sondern dass der Mensch es durch sein eigenes Tun leisten muss. Von daher rührt in den beiden großen monotheistischen Religionen wohl die Unverzeihlichkeit; der Sünder muss seine Schuld selbst bis ins Letzte ableisten bzw. es muss ihm das Unrecht vergolten werden. Wie sollte ihm ein Mensch vergeben können, wo doch auch Gott nur aufgrund der menschlichen Sühneleistung vergibt? Ergo: Wo kein vergebender Gott, da auch kein vergebender Mitmensch.

Und Selbsterlösung ist auch die Mentalität der New Age-Religiosität: eigenes Tun, eigene Meditation, eigene Askese und eigene Technik sollen Heil schaffen. Und man wird auch vermuten dürfen, dass der fanatische und missionierende Eifer vieler Sekten daher rührt, dass die Mitglieder unter Druck stehen: unter dem Druck, sich das Heil selbst erwirken zu müssen.

5. Der dreifaltige Gott lässt Verschiedenheit
als etwas Positives gelten

Wir haben ja erst mit dem Jahr 1989 die politischen und gesellschaftlichen Folgen einer Irrlehre überwunden, die indirekt einer Missdeutung der Dreifaltigkeit entstammt. In Gott, so sagt uns das Trinitätsdogma, gibt es Gemeinschaft als bleibende Verschiedenheit: Vater und Sohn bilden im Heiligen Geist ein „Wir". Das „Wir" besteht eben bleibend aus einem „Ich" und „Du".[58] In Gott gibt es Verschiedenheit. Die Rolle, die Einheit in der Verschiedenheit zu wirken und die Verschiedenheit in der Einheit offenzuhalten, kommt in der innertrinitarischen Ordnung dem Heiligen Geist zu. Der Heilige Geist ist, wenn man so will, das dialektische Prinzip der Trinität, besser: er ist in Person die Dialektik des göttlichen Wesens. Dialektik bedeutet hier, dass der Geist im trinitarischen Liebesgeschehen immer zugleich das Eine, das Andere und die Einheit von beidem ist.[59]

Das klingt nach komplizierter Spekulation, lenkt aber unseren Blick direkt zu einem sehr dunklen Kapitel der Geistes- und Weltgeschichte. Es war nämlich eben die Missdeutung der Dialektik von Einheit und Verschiedenheit, also letztlich die Missdeutung des Heiligen Geistes, die mittelbar zu der Ideologie des Marxismus und zu dem perfiden System des Kommunismus führte. Gerade hier zeigt sich übrigens, dass es keine bedeutungslose Spekulation ist, was Theologen oder Philosophen über Gott und seine Dreifaltigkeit denken. Es gibt leider in der Geistesgeschichte immer wieder Attentäter auf die Menschheit, die mit der harmlosen Nickelbrille des Philosophen daherkommen … Im 19. Jahrhundert hatte nämlich der deutsche Philosoph Gottfried Wilhelm Friedrich Hegel († 1831) von der Trinität her sein Denksystem entwickelt.

Als Grundlage galten ihm die trinitarischen Beziehungen, wonach Gott sowohl der Eine (Vater) als auch der Andere (Sohn), als auch der Vereinende (Geist) ist. Hegel übersah, dass in den trinitarischen Beziehungen das Gesetz der freien Liebeshingabe waltet. Was er von der Dreifaltigkeit „abschaute", war aber nicht die Schönheit der Liebe, sondern eine Art Gesetzmäßigkeit, die unter dem Namen „Dialektik" in die Philosophiegeschichte einging: Das dialektische Gesetz lautet, dass alle Wirklichkeit sich immer zugleich in drei Schritten entwickelt: als These, als Antithese und als Synthese. So schreitet alles prozesshaft von der Entäußerung der These zur Antithese und über deren Aufhebung zur höheren Synthese voran. Die innergöttlichen Hervorgänge absolut freier Liebe von Vater – Sohn – Geist waren Anlass, ein brutales, gnadenloses Denkgesetz zu entwickeln.

Nun, Hegel selber wäre nicht so gefährlich gewesen, er war ein verschrobener weinlauniger Professor aus Berlin, den die Cholera im Jahr 1831 hinwegraffte. Aber er hatte einen Schüler namens Feuerbach, und dieser inspirierte wieder einen gewissen Karl Marx. Jedenfalls war Karl Marx vom Hegel'schen Strukturprinzip fasziniert. Es störte ihn nur, dass Hegel immer vom absoluten Geist und vom Weltgeist sprach; dies ließ Marx weg und ersetzte den Geist durch Materie. Dann wandte er den Dreischritt auf die materiellen gesellschaftlichen Verhältnisse und deren geschichtliche Entwicklung an: Die These ist der soziale Ungerechtigkeitszustand; dieser kann nur durch eine Antithese, eine radikale Veränderung, in eine Synthese, einen besseren Zustand, umgewandelt werden. Die Synthese ist das irdische Gerechtigkeitsparadies. Aber gefährlich war Marx deshalb, weil er für die Antithese den Begriff Revolution verwendete. Es muss also ständig Revolution gegen die Ungerechtigkeit stattfinden, damit es uns in Zukunft besser geht. Das ist der Kommunismus. In den kommunistischen Ländern wird daher die Revolution zum Dauerzustand erhoben, die Staatschefs nennen sich gerne „Revolutionsführer", obwohl sie in Wirklichkeit meist nichts anderes als ausbeuterische Diktatoren sind. Es ist bedrückend, dass hier gerade das heiligste innere Mysterium der christlichen Gottesoffenbarung zu einer zerstörerischen Ideologie pervertiert wurde.

Der Marxismus hat die Dreifaltigkeitslehre in noch einem Punkt zu Fatalem missbraucht, und dieser Missbrauch ist auch in unserer Zivilisation zu spüren: das ist die Nivellierung, die Gleichmacherei. Am Ende steht bei Marx die gesellschaftliche Synthese, die Aufhebung der Gegensätze in eine völlige Strukturlosigkeit. Im maoistischen Staatskommunismus wurde das so ausgedrückt, dass alle ein Einheitsgewand tragen mussten. Übrigens: Henri de Lubac, der größte französische Theologe des 20. Jahrhunderts, in hohem Alter von Papst Johannes Paul II. zum Kardinal erhoben, hat aufgezeigt, dass die Wurzel allen Übels in der westlichen Geistesgeschichte die Missdeutungen des Heiligen Geistes bis hin zu Hitler sind.[60]

Der Heilige Geist in Gottes Dreifaltigkeit ist jedenfalls nicht ein Gleichmacher! Ja, er ist die Einheit von Vater und Sohn, aber nicht so, dass dann der Vater plötzlich zum Sohn und der Sohn zum Vater geworden wäre! Die Einheit ereignet sich auf einer ganz anderen Ebene, die die Unterschiede nicht nivelliert. Und so wirkt der Geist auch in der Kirche. Wenn es bei Paulus heißt, dass es nicht mehr „Juden und Griechen, nicht Sklaven und Freie, nicht Mann und Frau gibt" (Gal 3,28; Röm 10,12), dann heißt das ja nicht, dass jetzt die Männer aufhören müssen, männlich zu sein, alle Arbeitenden beginnen sollen, Manager zu werden oder Ähnliches. Mit einer eigenartig

unkatholischen Naivität hört man solche Anschauungen
oft auch in der Kirche. Hier wird offensichtlich ein mar-
xistischer Begriff von Synthese auf das Christentum angewandt, der mit dem Heiligen Geist nichts zu tun hat.
Denn eine nivellierende Synthese ist nicht die Synthese des Heiligen Geistes. Der Heilige Geist hält die Unterschiede dort offen, wo sie Voraussetzung und Bedin-
gung zur höheren Einigung darstellen! Die Einheit, die
der Geist Gottes wirkt, ist nicht der gleichmacherische
Nebel der Utopie, sondern die Verbindung der Gegensätze in fruchtbarer Liebe.[61]

In Gott jedenfalls funktioniert Einheit in der Weise,
dass die Verschiedenheit nicht ausgelöscht, nicht über-
spielt, nicht nivelliert, sondern geheiligt wird! Zur göttlichen Form von Gemeinschaft gehört immer die bleibende
Verschiedenheit. Das göttliche „Wir" besteht eben bleibend aus einem „Ich" und „Du".[62] Darin ist die Dreifaltigkeit Abbild der ehelichen Gemeinschaft[63], in der Mann
und Frau in einem geistigen Bund vereint sind: Wenn
Mann und Frau zueinander Ja sagen bis zum Tod, so geschieht das auch in einem geistigen Bund, im Geist der
Einheit. Der Bund ist eine neue Wirklichkeit gegenüber
den beiden; gleichzeitig hören beide damit nicht auf, zur
persönlichen und freien Hingabe an den je anderen herausgefordert zu werden. Die Einheit im Bund ist vorhanden, und sie wird doch ständig erst aus dem Tun von Vater und Sohn hervorgebracht. Sie sind also im Bund eins,
indem sie in der Liebeshingabe beständig eins werden.
Vom Heiligen Geist bekennen wir, dass er die Einheit von
Vater und Sohn ist, indem er ihre Verschiedenheit – das
ist ihre liebende Bezogenheit aufeinander – offenhält.

Das hat für unseren Glauben zahlreiche Konsequenzen, die ich hier nur andeuten will: 1. Das Gegenüber
von Weiheamt und Laientum ist etwas Lebendiges und

Fruchtbares. 2. Die Kirche ist sowohl eine Institution, braucht aber ebenso die Charismen des Einzelnen. 3. Wir „entselbsten" uns beim Gebet nicht in ein Nirwana hinein, wie bei der östlichen Mystik, sondern 4. gerade je näher wir Gott kommen, desto mehr wird unser „Ich" in seiner Personalität Gott auch nach dem Tod in der Ewigkeit erhalten. Der Geist nimmt die Verschiedenheit nicht weg, aber er wirkt in ihr die größere Einheit. Beim Gebet ist er es, der unser „Ich" auf das „Wir" hin öffnet, auf die Liebe zu Gott und den Menschen.[64] Hans Urs von Balthasar drückte es so aus: „Der rechte Geist ist der, der die Diastase [Unterschiedenheit] zugleich mit der Einigung bekennt."[65] Am Beispiel der Ehe: Wir glauben eben, dass Mann und Frau nicht zufällig oder irrtümlich eine je-eigene geschlechtliche Identität haben, für uns ist das Frausein in sich positiv und das Mannsein ebenso. Deshalb wird die eheliche Gemeinschaft nicht dann tief, wenn sich die Frau vermännlicht und der Mann verfraulicht, sondern beide ihr Mannsein oder Frausein annehmen und in ihre Liebesgemeinschaft einbringen, sodass eine Lebenseinheit entsteht. Allerdings ist bei dem Beispiel anzumerken, dass es auch gesellschaftlich bedingt ist, was man gerade als spezifisch männlich oder weiblich ansieht, und dass es hier tatsächlich viele Ungerechtigkeiten zulasten der Frau gegeben hat und weiterhin gibt, denen der christliche Glaube den Kampf ansagen muss. Aber der dreifaltige Gott ist jedenfalls kein Gott der Gender-Nivellierung.

Diese Wertschätzung des dreifaltigen Gottes für die Differenz hat eine wichtige Konsequenz in der Art der christlichen Spiritualität. Ein Charakterzug der Postmoderne ist die Sehnsucht nach spiritueller Einigung mit Gott. Rahner hat vom Christen der Zukunft gefordert, dass er „Mystiker" sei. Doch „Mystik" ist nicht gleich „Mystik", „Spiritualität" ist nicht gleich „Spiritualität".

In manchen östlichen Techniken geht es um das innere Leer-Werden, um das Sich-Entleeren, ja um das Sich-
Vernichtigen. Gerade dort, wo das Göttliche so abstrakt
und übermächtig als undifferenzierte „Einheit" vorge-
stellt wird, muss das „Nicht-Eine", das *andere*, also auch
das „Ich", als ein Abfallen von dieser göttlichen Einheit
gesehen werden. Folglich muss dann der Meditierende
sich selbst als „Schein" durchschauen. Meditation ist die
Vernichtigung von Wirklichkeit. Am schärfsten hat hier
Hans Urs von Balthasar protestiert: Bei dieser „Entwer-
dung"[66] und „Ent-Ichung"[67] handle es sich schlicht um eine „Reduktion des Menschen".[68] Anders verhält es sich
beim christlich Meditierenden: Er wird in der Begegnung
mit Gott niemals vernichtigt oder entselbstet. Er wird
nicht in eine polaritätslos abstrakte Einheit hineinver-
schlungen. Warum? Der Grund dafür liegt wieder in der
Dreifaltigkeit Gottes selbst: Denn es gibt Andersheit und
Unterschiedenheit schon in Gott selbst, ja es ist das Wesen der Trinität, „Einheit in Geschiedenheit" zu sein. Differenz ist nichts Negatives, sondern etwas höchst Positives, *etwas göttlich Positives!* Christliche Meditation zielt
deshalb sehr wohl auf Einigung mit Gott ab, aber diese Einigung ist nicht ein Abheben in ein abstraktes Nirwana,
sondern Begegnung mit dem unendlichen „Du". Gebet ist
Dialog und nicht Selbstauflösung. In uns, als „Christen"
im Sohn, betet der Geist mit unaussprechlichem Seufzen.

Es wäre nicht nur reizvoll, diesen Gedanken, dass der
Geist die absolute Einheit gerade so ist, dass er die Verschiedenheit offenhält, weiterzuverfolgen, sondern auch
in der gegenwärtigen Geistlosigkeit innerkirchlicher Diskussionen durchaus notwendig. Diese heilige Dialektik,
die der Geist Gottes ist und wirkt, drückt sich im katholischen Prinzip des *et – et* aus, das heißt im Prinzip des
„Sowohl-also-auch". Bei uns heißt es nicht Glaube oder

Werke, Amt oder Laien, Institution oder Charismatik, Kirchenrecht oder Freiheit, Schrift oder Tradition usw., sondern das eine ist wegen des Heiligen Geistes immer *dialektisch* an das andere gebunden. Wo weggelassen oder nivelliert wird, da sind andere Geister am Werk, sicher nicht der Heilige Geist. Und wo die Liebe fehlt, da fehlt immer der Heilige Geist.

6. Der dreifaltige Gott ist die Liebe

Die Theodizeefrage ist bleibend die bedrängendste religiöse Frage der Menschen: Woher kommt das Leid? Wie ist ein gütiger Gott mit dem Elend der Welt zu vereinbaren? Der im Jahr 1947 verstorbene Dichter Wolfgang Borchert hat die Theodizeefrage eindrucksvoll formuliert: „Warst du in Stalingrad lieb, lieber Gott, warst du da lieb, wie? Ja, wann warst du eigentlich lieb, Gott, wann? Wann hast du dich jemals um uns gekümmert?"[69]

Viele neue Theologen haben die Trinität in den Mittelpunkt gestellt, um Antwort auf eben diese Frage zu geben: Wie ist ein Gott der Liebe mit dem Leiden in der Welt vereinbar? Vor allem Jürgen Moltmann, der Anfang der siebziger Jahre mit seinem Wechsel von der politischen Theologie zur Kreuzestheologie einen heilsamen Schock in der evangelischen Kirche auslöste, ist hier zu nennen; auf katholischer Seite natürlich Hans Urs von Balthasar.

Nur wenn Gott trinitarisch ist, dann kann er – unbeschadet seiner inneren göttlichen Absolutheit und Glückseligkeit – das Leiden mit dem Menschen teilen, ohne im Leiden oder Sterben seiner Gottheit verlustig zu gehen. Indem der Sohn im Gegenüber zum Vater stirbt und im Geist der gehorsame Sohn bleibt, hat unser Tod seinen Stachel verloren. Er ist nicht mehr der Tod ohne Gott, sondern der Tod in Gott.

Den Traurigen und Depressiven, den Verlassenen und Sterbenden können wir im Symbol des Kreuzes die Wahrheit des Gottes entgegenhalten, der in der tiefsten Tiefe und fernsten Ferne uns Endlichen auch noch nahe ist. Trinität ermöglicht zu bejahen, dass Gott den Tod, das Leid, die menschliche Ohnmacht usw. kennt. Mit Recht steht deshalb als Zusammenfassung der christlichen Offenbarung in 1 Joh 4,8.16 der Satz, dass „Gott die Liebe ist". In einer nichttrinitarischen Religiosität, die das Kreuz Gottes nicht kennt, ist ein solcher Satz zwar denkbar, aber ist er dort nicht bleibend eine inhaltsleere Floskel, weil er durch nichts gedeckt ist?

Tatsächlich steht der Begriff der Liebe Gottes auch nicht im Mittelpunkt anderer Religionsformen. Die Religiosität des New Age ist pantheistisch. Das *Deus sive natura* („Gott und Natur sind dasselbe") des Baruch Spinoza erlebt heute eine esoterische Popularität im New Age. Bei dem meditativen Einswerden mit der Weltseele geht es um gnostische Glückserfahrungen, aber nicht um personale Liebe. Und im Islam, wo sich Allah und Welt schroff gegenüberstehen, ist Gott vor allem dominant, erhaben, weil er eben „ganz anders" ist, „ganz draußen" steht. Vom Menschen fordert er nicht Liebe, sondern „Islam", der mit „Hingabe" oder „Unterwerfung" übersetzt werden muss.

Die Frage ist auch: Kann der nur erhabene Gott ebenso geliebt werden wie der Gott des Kreuzes? Und weiter: Kann die Liebe in einer solchen Religiosität überhaupt zum obersten moralischen Ideal werden? Schwerlich! Es wird wohl eher der Wille zur Macht und Souveränität sein, da man diesen ja vom Gottesbild als obersten Wert abliest.[70]

7. Der dreifaltige Gott verpflichtet uns,
die besseren „Humanisten" zu sein

Der Gedanke der Überlegenheit des trinitarischen Gottesbegriffes soll zum Schluss noch mit einem anthropologischen Argument unterstützt werden. Unsere Behauptung
lautet, dass wir als Christen gerade durch das Dogma der
Trinität und der von ihr ermöglichten Inkarnation immer verpflichtet sind, die „besseren Humanisten" zu sein.
Diese Behauptung stützt sich auf das Lehramt von Papst
Johannes Paul II. Man kann ihn in seinem Wirken nicht
verstehen, wenn man ihn nicht als „den" Papst des Konzils begreift. Vor allem ein Dokument des Konzils hat ihn
geprägt, an dem er selbst mit Yves Congar und Henri de
Lubac (beide hat er später zu Kardinälen erhoben) mitge-
arbeitet hat: Jenes einzigartige Dokument des kirchlichen
Lehramtes, mit dem die Kirche sich „pastoral" an die Welt
von heute wenden möchte. Gemeint ist die Pastoralkonstitution *Gaudium et Spes*, die – neben *Lumen Gentium*
– der am häufigsten zitierte Text aus den Enzykliken von
Papst Johannes Paul II. ist.[71]
  Warum diese Konzentration auf *Gaudium et Spes*? Die
Antwort liegt darin, dass Johannes Paul II. zutiefst die
Denkform teilte, die sich in der großen Pastoralkonstitution wiederfindet: Es ist eine Denkform die vom Menschen ausgeht und auf den Menschen zugeht. Nur so ist
es in unserer Zeit möglich, mit den Menschen einen „Dialog des Heiles"[72] zu führen.
  Die „Welt von heute", an die sich *Gaudium et Spes*
wendet, war ja seit Descartes' *Cogito ergo sum* („Ich denke, also bin ich") vom *Menschen* fasziniert. Der neuzeitliche Mensch begriff sich gleichsam als Mittelpunkt der
Welt. Die anthropozentrische Wende drängte aber fata-
lerweise gerade die Kirche in die Defensive, weil diese den

unpopulären Eindruck erweckte, nur den weltfernen Gott und nicht das lebensnahe *Humane* (Menschliche) zu verkünden. Jedenfalls entwickelte sich der „Humanismus" zunächst antikirchlich, ja antitheistisch. Das berühmte Schisma der Neuzeit lautete: Hier der Humanismus, der vorgab, liberal und antikirchlich für die Rechte des Menschen einzutreten, dort die Kirche, die die Rechte Gottes gleichsam „gegen" den Menschen zu verteidigen schien. Das war eine historisch tragische Situation, die im Letzten ganz und gar nicht der Identität und dem Selbstverständnis der Kirche entsprach. Denn eine Kirche, die einen Gott verkündigt, der *propter nostram salutem* („um unseres Heiles willen") Kreuz und Tod auf sich nimmt, ist im Wesen niemals antihumanistisch. Und doch fand sie sich permanent in der Rolle, der Inhumanität angeklagt zu werden!

Der selige Papst Johannes XXIII. († 1963) wollte dieser Tragik ein Ende bereiten, die Pastoralkonstitution entsprang – von seinem Sterbebett aus – seinem persönlichen Wunsch.[73] Er verstand den „Dialog" nicht, wie man ihn heute versteht: als eine Form der Hintansetzung des eigenen Glaubens. Vielmehr verstand Johannes XXIII. darunter gerade die missionarische Verkündigung des Christlichen in eine humanistische Welt hinein, um eben dieser Welt mitzuteilen: Der Mensch, der euch so wichtig ist, er steht auch für uns im Mittelpunkt, da Gott dem Menschen das Heil schenken möchte. Wir sind nicht antihumanistisch, weil wir an Christus glauben, sondern eben deshalb zutiefst humanistisch. Und eben diese Linie hat das Pontifikat Johannes Pauls II. klar fortgesetzt.

Mit dem Zweiten Vatikanum geschah etwas Neues. Die Kirche begann, sich auf ihre eigenen „humanistischen" Dimensionen zu besinnen. Das Konzil sagte etwa in *Gaudium et Spes*: „Der Mensch also, der eine und gan-

ze Mensch, mit Leib und Seele, Herz und Gewissen, Vernunft und Willen steht im Mittelpunkt unserer Ausführungen."[74] Das heißt aber nichts anderes, als dass in einer
Welt, in der der Mensch im Mittelpunkt steht, das Konzil in den Dialog mit der humanistischen Anthropozent-
rik trat. Dabei ist „Dialog" weder ein belangloses Kaffee-
geplauder noch die ideologische Selbstaufgabe, sondern
vielmehr die Heimholung der „verleugneten Kinder des
Christentums".[75] Die Kirche hat sich ihrer eigenen humanistischen Dimension besonnen, da es ihr ja wirklich um
das Heil des Menschen geht. In *Gaudium et Spes* findet
sich die bezeichnende Formulierung, dass sich „die Sendung der Kirche als eine religiöse und gerade dadurch
höchst humane erweist."[76] Weil wir religiös sind, ist unsere Sendung *summe humana*. Wir könnten durchaus
übersetzen: „Wir sind die ‚Allerhumansten'"!

In *Gaudium et Spes* nannte das Konzil seinen Vorsatz:
*Concilium [...] omnes alloqui intendit [...] ad mysteri-
um hominis illustrandum!*[77] („Das Konzil möchte alle ansprechen, um ihnen das Geheimnis des Menschen darzu-
legen"). Es geht um den Menschen! Einwand: Aber muss
es der Kirche nicht doch um Gott gehen? Tatsächlich wurde das Konzil wegen seiner Öffnung kritisiert und abgelehnt. An Missdeutungen durch Konservative oder Liberale fehlte es ja niemals. Wenn die Pastoralkonstitution
etwa formulierte: „Christus ist dazu da, dem Menschen
den Menschen kundzutun!"[78], so wurde das oft liberal
interpretiert, als hätte das Christliche nur noch eine Art
Dienstfunktion gegenüber dem Menschlichen, als könnte
der Mensch seine zeitgeistige Humanität zur Norm über
das Christliche machen. Das liberale Missverständnis des
Zweiten Vatikanums lautet kurz gesagt: „Christentum ist
Humanismus, einverstanden! Aber warum brauche ich
dann noch Christus, Dreifaltigkeit, Glauben?"

Das war die Gefahr der Theologie der 1970er- und 1980er-Jahre, und hier hat gerade Papst Johannes Paul II. seine große Bedeutung. Man kann rückblickend wohl schon sagen, dass er in geradezu genialer Weise die Denkform des Konzils weiterführte, aber die Humanität des Christlichen in das Geheimnis der konkreten Erlösung einband. Die Menschlichkeit, die Christus gebracht hat, ist keine beliebige Menschlichkeit. Sie ist kein „Tu, was dir gefällt!", sondern sie ist die Menschlichkeit Christi. Und, um hier gleich auf den Punkt zu kommen: Wir müssen diese konkrete heilsgeschichtliche Gestalt Christi annehmen, damit wir zu einer erlösten Menschlichkeit gelangen. Der Humanismus, den Johannes Paul II. verkündete, ist ein durch Christus – und sonst nichts und niemanden – erlöster Humanismus. Und deshalb nannte er seine erste Enzyklika: *Redemptor hominis* („Der Erlöser des Menschen").

Im Mittelpunkt der Theologie von Johannes Paul II. stand der Mensch, aber nicht irgendein Mensch, sondern der von Christus erlöste Mensch. Der Papst verstand schon das Konzil als zutiefst „christozentrisch" und sein ganzes Denken war dieser Christozentrik verpflichtet. Ja, es geht um den Menschen. Und deshalb geht es um Christus, denn er ist eben jener, welcher dem Menschen seine Humanität, die Würde seines Menschseins gibt und bewahrt. Christus, der „Erlöser des Menschen".[79] Wir können das Denken dieses Papstes in der Formel zusammenfassen: Radikales Ja zum Menschen, der in Christus erlöst ist! Voraussetzung dafür aber ist, dass Christus in seiner Göttlichkeit erkannt und als „einer aus der Dreifaltigkeit" geglaubt wird. Der Grund des christlichen Anthropozentrismus ist der in Christus sich offenbare Theozentrismus. Negativ formuliert: Ohne Glauben an den dreifaltigen Gott wird der christliche Humanismus schwach und blass.

Über den trinitarischen Gott, der der universale Gott ist, wäre noch vieles zu sagen. Im Psalm heißt es: „Du umschließt mich von allen Seiten und legst deine Hand auf mich" (Ps 139,5). Wenn ich eine Rückbesinnung auf die Trinität einmahne, dann heißt das natürlich, dass wir über die Bedeutung des Begriffes nachdenken. Aber noch mehr meine ich, dass wir zuvor die Freude des gläubigen Blickes auf das Faszinosum der christlichen Offenbarung brauchen. Vor luftleeren Trinitätsspekulationen muss man warnen, denn waren nicht sie es, die in der Vergangenheit selbst Theologen die Freude an der Trinität genommen, vor allem aber den Blick auf ihre grundlegende Bedeutung verstellt haben? Wir brauchen also weniger eine komplizierte Spekulation über das Innere Gottes, da vor der Theologik die Theoästhetik kommt, sondern das gläubige Staunen über die offenkundige Herrlichkeit.

Wenn wir in die Konfrontation oder besser gesagt in einen „Qualitätsvergleich" mit den anderen Religionen und religiösen Anschauungen eintreten – und dies wird in der Zukunft unverzichtbar sein –, müssen wir uns gläubig bewusst werden, was Trinität ist. Das leuchtende Geheimnis der Trinität erschließt sich nur dem Weisen. Das lateinische Wort für Weisheit – *sapientia* – kommt von *sapere* (schmecken). Zum „Verschmecken" der Trinität sind die Werke der großen Mystiker geeignet, besonders empfehle ich Adrienne von Speyr, die Schweizer Mystikerin, der Hans Urs von Balthasar die wichtigsten Inspirationen seiner Theologie verdankt. Das „Verschmecken" der Trinität kann aber auch schlicht mit einer erhöhten Achtsamkeit gegenüber der Liturgie beginnen, denn diese ist von ihrem Wesen her trinitarische Dramatik. Im anbetenden Einstimmen in das ewige Lob der Dreifaltigkeit sagt sich uns am tiefsten zu, dass unser Gott der *quo majus cogitari nequit* („über den hinaus nichts Größeres mehr gedacht werden kann") ist.

V. KAPITEL
WER IST GOTT, DER VATER?

1. Das Vergessen von Gott, dem Vater

Über den ersten Artikel des Glaubensbekenntnisses, über „Gott, den Vater, den Allmächtigen, den Schöpfer des Himmels und der Erde" wird kaum nachgedacht. Dabei handelt es sich hier um den springenden Punkt der christlichen Gottesoffenbarung, denn wenn wir Gott „unseren Vater" nennen, so beziehen wir uns dabei auf das innerste Wesen Gottes. Gott war und ist für die Menschen aller Zeiten ein großes Geheimnis, ein Rätsel. Deshalb trägt Gott in den Religionen und Vorstellungen der Menschen viele Namen. Sie nannten ihn Zeus oder Jupiter, Allah oder Jehova; die Philosophen bezeichnen ihn als „den letzten Grund" oder als „das höchste Gut"; für Platon ist dieser geheimnisvolle Gott ein ewiger *nous* (Geist); für Plotin ist er *hen* (das schlechthin Eine), für Aristoteles die reine, materielose „Form".

Alle Religionen und Philosophien suchen danach, ob sie nicht etwas von dem geheimnisvollen Letzten, das allgemein Gott genannt wird, „ertasten und finden könnten" (Apg 17,27). Wir Christen genießen nun das Privileg, im Glauben zu wissen, dass jener geheimnisvolle Gott „unser Vater" ist. Täglich rufen wir Gott unter dem Namen „Vater" an, wenn wir das Gebet sprechen, das Christus uns zu beten gelehrt hat. Das Vaterunser ist mit Recht das Hauptgebet der Christenheit. Keine andere Religion wagt es, Gott mit einem so vertrauten und liebevollen Namen anzureden: „Unser Vater im Himmel."

Aber woher wissen wir, dass Gott unser Vater ist? Die Antwort lautet: Allein durch die Offenbarung Jesu Christi. Er sagte: „Wer mich gesehen hat, hat den Vater gesehen" (Joh 14,9; 12,45). In Jesus Christus allein wurde das Wesen Gottes sichtbar, das sonst für menschliches Erkennen verborgen ist: Er allein ist „das Ebenbild [die Ikone] des unsichtbaren Gottes" (Kol 1,15). Der menschgewordene Sohn ist der „Abglanz seiner [göttlichen] Herrlichkeit und das Abbild seines Wesens" (Hebr 1,3). Weil er der Einzige ist, der „am Herzen des Vaters ruht", hat er vom Vater Kunde gebracht (Joh 1,18). Ohne Jesus Christus wüssten wir nicht, dass Gott unser Vater ist.

Wenn wir also über den Vater nachdenken, dann sind wir nicht auf luftleere Spekulationen, philosophische Grübeleien und Tüfteleien angewiesen. Wir Christen brauchen Gott nicht mehr krampfhaft zu suchen und herbeizumeditieren, denn er hat uns von sich aus in seinem Sohn sein liebendes Antlitz zugewendet. „Viele Propheten und Könige wollten sehen, was ihr seht, und haben es nicht gesehen, und wollten hören, was ihr hört, und haben es nicht gehört", sagte Jesus (Lk 10,24). Im Alten Testament durfte Moses Gott nicht von Angesicht zu Angesicht sprechen, er musste seine Augen mit einer Binde verhüllen, wenn er Gott auf dem Sinai gegenübertrat (vgl. Ex 34,33.35; 2 Kor 3,13). Im leeren Grab fanden die Jünger das Schweißtuch, das Jesu Antlitz verdeckte, zusammengefaltet liegen. Das soll besagen, dass jetzt das Antlitz Gottes endgültig enthüllt ist (vgl. Joh 20,7; vgl. Lk 24,12). In den drei synoptischen Evangelien wird geschildert, wie beim Tod Jesu der Vorhang vor dem Allerheiligsten des Tempels entzweiriss und der Ort der Gegenwart Gottes für alle Menschen zugänglich wurde (vgl. Mk 15,38; Mt 27,51; Lk 23,45). Mehr noch: Da hinter dem Vorhang, der das Allerheiligste verdeckte, der Hohepriester mit dem Blut eines Opfertieres die jährliche nationale Versöhnung des Volkes vollzog, bedeutet

der entzweigerissene Vorhang, dass Christus die ewige
Versöhnung aller Menschen gewirkt hat (vgl. Hebr 9,12;
10,20; Röm 3,25).

Der Kern der Offenbarung Jesu Christi liegt also darin,
dass er uns den unsichtbaren Gott, seinen Vater, als unseren Vater enthüllt. Ich bin überzeugt, dass wir Christen
diese Tatsache oft vergessen: Es gibt eine „Vater-Vergessenheit" unter uns Christen. Warum aber vergessen wir
die Vaterschaft Gottes so sehr, welches sind die Gründe
für dieses Verdrängen und Vergessen? Ich möchte dazu
einige Punkte nennen.

2. Gründe für das Vergessen von Gott, dem Vater

2. 1. Das Vergessen der liturgischen Gebetsrichtung

Unsere Vater-Vergessenheit rührt einmal daher, dass wir
in unserem Denken und Beten oft nicht „liturgisch" sind.
Die Liturgie mit ihren uralten Formeln und Riten ist ja
eine Lehrmeisterin des rechten Glaubens. *Lex credendi,
lex orandi* („Das Gesetz des Glaubens entspricht dem Gesetz des Betens"). Wem aber ist bewusst, dass sich alle
Gebete der heiligen Messe (mit wenigen Ausnahmen) an
den Vater, den allmächtigen Gott, richten? Dasselbe gilt
für das Stundengebet der Kirche, das erfreulicherwei-
se auch immer mehr Laien beten. Der Vater wird nicht
nur immer an erster Stelle genannt, er ist auch das Ziel
all unserer Gebete; zu ihm steigen unsere Bitten durch
den gottmenschlichen Mittler Jesus Christus im Heiligen
Geist auf.

Natürlich dürfen und sollen wir direkt zu Jesus Christus oder direkt zum Heiligen Geist beten; natürlich dürfen und sollen wir die Hilfe und Fürsprache der Gottesmutter, der Engel und Heiligen anrufen. Aber wir müssen

uns fragen: Sind wir uns bewusst, dass all unsere Gebete von diesen nur gleichsam „nach oben" getragen werden und ihren letzten Ort der Erhörung in Gott, dem Vater, dem Allmächtigen, haben?

Gerade bei der heiligen Messe wird deutlich, dass der Vater das letzte Ziel der Anbetung und Verherrlichung ist. Alle Gebete wenden sich an ihn. Christus wird als Sühneopfer auf dem Altar gegenwärtig. Am Schluss des Hochgebetes betet der Priester: „Durch ihn und mit ihm und in ihm ist Dir, Gott, allmächtiger Vater, in der Einheit des Heiligen Geistes alle Herrlichkeit und Ehre."

In der Liturgie stehen wir also immer vor dem allmächtigen Gott und dies ist uns oft zu wenig bewusst. Nach Hans Urs von Balthasar grenzt unser Geist unmittelbar an den göttlichen Geist. Deshalb müssen wir unsere Herzen zu ihm erheben. Im Heiligen Geist und durch den Sohn Jesus Christus erklingen unsere Gebete. Und wir Priester sollten bedenken, dass wir wie Moses niemand Geringerem als dem allmächtigen Gott unsere Arme entgegenbreiten, wenn wir die Gläubigen auffordern: „Lasset uns beten!"

2. 2. Die Irreführung durch bildliche Darstellungen

Ein Grund für das Vergessen von Gott, dem Vater, liegt vielleicht auch in der Naivität, mit der man die erste göttliche Person in früheren Zeiten in der Kunst dargestellt hat: der uralte Mann mit schlohweißem Haar, von Wolken und Engeln umgeben. Es handelt sich bei dieser Darstellung um ein Bild, eine Metapher, ein Symbol, das sich eigentlich auf die Ewigkeit und Zeitlosigkeit Gottes bezieht. Durch Bart und Alter wollte man in der Spätgotik und Barockzeit die Unendlichkeit Gottes symbolisieren. Doch auch wenn man die Motive versteht, die zu solchen künstlerischen Ausdrucksformen geführt haben, bleibt ein schlechtes Gefühl.

Im Alten Testament heißt es doch in Dtn 4,16: „Macht euch kein Gottesbildnis, das irgendetwas darstellt, keine Statue, kein Abbild eines männlichen oder weiblichen Wesens ..." Dieses Bilderverbot gilt im Neuen Testament freilich nicht mehr in derselben strikten Weise, weil Gott uns in Jesus Christus selbst das „Abbild" seines unsichtbaren Wesens (Kol 1,14; Hebr 1,3) geschenkt hat. Aber: Eben nur der Sohn ist das Abbild, sonst niemand. Man kann an Jesus zwar ablesen, wie der Vater wirklich ist, wir müssen uns aber hüten, uns den Vater in irgendeiner Weise vorzustellen. Die Theologie muss hier die Kunst kritisch korrigieren, denn Gott, der Vater, ist weder alt, noch ist er ein begrenztes Einzelindividuum, noch ist er geschlechtsspezifisch männlich oder Ähnliches, wie die genannten Darstellungen es nahelegen könnten.

Wenn solche Bilder allzu ernst genommen werden – Gott als ergrauter Weltenherrscher – dann drohen große Missverständnisse. Es ist noch relativ harmlos, wenn Antoine de Saint-Exupéry im *Kleinen Prinzen* Gott als lieben Opa auftreten lässt, der – auf einem Stern sitzend – Weisheiten von sich gibt und die Welt regiert. Schlimm wird es dann, wenn das Bild vom grauen Weltenvater psychologisch missdeutet wird. Es gibt das traurige Beispiel des Psychoanalytikers Carl Gustav Jung, der im New Age als Vater von Neugnosis und Esoterik gehandelt wird. Im Unterschied zu Sigmund Freud war Jung Christ und bekam als Kind eine völlig falsche Vorstellung von Gott, dem Vater. Er schreibt in seinen Memoiren, dass er sich Gott wirklich oben auf einem Thron sitzend vorstellte. Das war für ihn schon insofern beängstigend und bedrängend, da er Angst hatte, von den „Exkrementen" dieses übergroßen unsichtbaren Weltenvaters getroffen

zu werden. Diese – allerdings völlig absurde – Kindheits-
angst hat wesentlich zu seiner Abkehr vom christlichen
Glauben beigetragen.[80]

Wir müssen uns deshalb immer auch selbst fragen,
welche psychologischen Vorbedingungen wir mitbrin-
gen, also welche Vater- bzw. Elternerfahrungen bei uns
mitschwingen, wenn wir von Gott, dem „Vater", sprechen. Wenn jemand seinen Vater etwa nur als betrunke-
nen Randalierer und Familienzerstörer erlebt hat, dann
kann seine Vatervorstellung verbogen sein, und er wird
sich schwertun, Gott als den liebenden, sorgenden, barm-
herzigen Vater anzubeten.

2. 3. Die feministische Kritik am Vater-Gott

Ein dritter Grund, warum wir heute das Thema „Gott Vater" ein bisschen verdrängen, ist natürlich die feministi-
sche Theologie. Die macht uns Christen den Vorwurf, aus
dem unfassbaren Gott einen Mann gemacht zu haben,
eben den Vater-Gott, um so die Vormachtstellung des
Mannes zu begründen und abzusichern. Der Feminismus
hat viele Schattierungen; das gemeinsame Feindbild aller
extremen Feministinnen ist aber schon der Name „Vater"
an sich. Man möchte sich Gott lieber als Frau vorstellen.

Nun liegt in dieser Kritik ein Körnchen Wahrheit, denn
tatsächlich ist für die hohe Theologie immer klar gewesen, dass „Gott Vater" keine Geschlechtsbezeichnung be-
inhalten kann. Der Vater ist weder männlich noch weiblich! Wir nennen die erste göttliche Person Vater, weil
Jesus sie so genannt hat. Tatsache ist auch, dass die Fantasie dort, wo man Gott nach dem Bild des Weiblichen dachte, sehr bald in die Mythologie abgeglitten ist.

Den extremen Anhängern des Feminismus muss gesagt werden: Gerade der Bibel geht es nicht um eine ge-

schlechtliche Bestimmung Gottes. Alle anderen Götter des Altertums waren geschlechtlich bestimmt. In der
Götterwelt Homers, aber auch der Assyrer, Babyloni-
er usw. verhielten sich die Götter menschlich sexuell, ja
manchmal unmenschlich sexuell. Für den „Gott Vater"
der biblischen Offenbarung trifft dies aber gerade nicht
zu. Er ist in identischer Weise weder Mann noch Frau, er
ist Gott – der Urgrund von allem und sonst nichts anderes.

2. 4. Das Vergessen von Gott, dem Schöpfer

Schließlich möchte ich noch ein Argument dafür nennen,
warum wir nicht gerne oder zu wenig über Gott, den Vater, nachdenken: der Grund liegt darin, dass für uns die
Natur entmythologisiert, entzaubert ist. Als neuzeitliche,
naturwissenschaftliche Menschen sind unsere Augen
vielfach erblindet und wir sehen in den Werken der Natur
nicht mehr das Wirken dessen, der dies alles erschaffen
hat. Konkret: Wir vergessen, dass hinter alledem ein allmächtiger Schöpfergott steht. So bekennen wir im Glaubensbekenntnis als Erstes, dass der Vater der „allmächtige
Schöpfer" ist. Er ist der „allesvermögende Pantokrator",
wie es im griechischen Text heißt, denn er hat den Himmel und die Erde, die sichtbare und die unsichtbare Welt
erschaffen.

Menschen früherer Zeiten haben sich in dieser Beziehung leichter getan; sie waren unmittelbar den Gewalten
und Gefahren des Lebens ausgesetzt. Hinter dem Zyklus
der Gestirne und der Willkür des Wetters, hinter der Bedrohung durch Krankheit und dem Rhythmus von Geburt und Tod vermuteten sie ziemlich unmittelbar das
Walten Gottes. Für uns neuzeitliche Menschen ist dieses
Wirken Gottes nicht mehr so offensichtlich erkennbar.

Je mehr Phänomene wir erklären können, desto weniger denken wir über den allerletzten Grund nach. Und das ist schade, denn die Auffassung, dass die Naturwissenschaft alles erklären kann oder in Zukunft können wird, ist wider die Vernunft und in sich abergläubisch. Der letzte Grund und der letzte Sinn des Seins erschließt sich einer naturwissenschaftlichen Fragestellung nicht.

Heute spricht man viel von „Natur" und „Schöpfung". Typisch ist, dass man die beiden Begriffe in sich verabsolutiert, als wären „Natur" und „Schöpfung" etwas Ewiges, in sich Vorgegebenes. „Natur" kommt aber von *nasci* (geboren werden). Die Natur ist von jemandem geschaffen (geboren) worden, nämlich von Gott. Dasselbe gilt für das Wort „Schöpfung". Es gibt keine „Schöpfung", wenn es keinen „Schöpfer" gibt. Viele der großen, auf das Letzte hindenkenden Physiker und Naturwissenschaftler der Neuzeit waren gläubig, weil sie gerade durch ihr Forschen zum „Staunen" gekommen sind. Wir müssen zumindest festhalten, dass die Frage nach dem „Warum ist etwas und nicht nichts?" nicht naturwissenschaftlich beantwortet werden kann. Diese Frage mit dem Verweis auf den „Urknall" zu beantworten, verfehlt das Thema genauso, als würde ich die Frage: „Warum gibt es einen Zug und nicht keinen?", mit dem Hinweis auf den Fahrplan abtun wollen.

Es gibt keine Schöpfung ohne Schöpfer! Wir sehen ja aktuell, welch zwiespältige und widersprüchliche Folgen es in den ökologischen Bewegungen gibt, wenn man den Schöpfergott weglässt: Ja zum Bruder Baum und Nein zum ungeborenen Menschen?

2. 5. Das Verdrängen der Gottesfurcht

Der moderne Mensch fürchtet sich nicht mehr vor Gott.
Dabei ist die Gottesfurcht eine Grundhaltung, die der
Mensch gegenüber Gott einnehmen soll. Die Bibel spricht
von der Furcht vor dem Herrn und meint damit nicht die
„Angst" vor einem dunklen und bösartigen Gott, sondern vielmehr den ehr-fürchtigen Respekt vor einem
liebenden und sorgenden Gott. Wer Gott fürchtet, achtet
ihn in Ehrfurcht. An etlichen Stellen der Schrift heißt
es, dass die Gottesfurcht „der Anfang der Weisheit" ist
(Ps 111,10; Spr 1,7; 9,10; Ijob 28,28).

Hier ergeht auch ein Vorwurf an die christliche Verkündigung und Theologie, die zu fragen sind, ob sie den
biblischen Gott nicht zu sehr verharmlost haben. Es ist
zwar eine große und positive Errungenschaft der letzten
Jahrzehnte, dass man so viel über die Liebe Gottes gesprochen hat. Aber die Rede von der „Liebe" wird oft nicht biblisch verstanden: Als Liebe wird hier das belanglose und
unernste Tun, das einem gefällt und Lust und Spaß macht
bezeichnet. Die Liebe, die Gott uns aber erweist, ist keine
unernste Liebelei, sondern kommt in der blutigen Gestalt
des Gekreuzigten von Golgotha daher: „Denn Gott hat
die Welt so sehr geliebt, dass er seinen einzigen Sohn hin-
gab, damit jeder, der an ihn glaubt, nicht zugrunde geht,
sondern das ewige Leben hat" (Joh 3,16).

Der allmächtige Vater liebt uns nicht halbherzig, sondern radikal. Er bietet uns in seinem Sohn Rettung an,
aber wir müssen sie auch frei und ganz annehmen, sonst
wehe uns! Das Angebot der Barmherzigkeit gilt, der
barmherzige Vater hat das Kreuz seines Sohnes mitten in
der Weltgeschichte aufgerichtet. Wir bleiben weiter frei,
und der liebende Gott bleibt weiter gerecht.

Der Mensch der Moderne wollte keine transzendente

Autorität anerkennen, er wollte selbst mit dem Leben, mit den Weltproblemen, mit der Sinnfrage fertig werden. Dazu meinte er, Gott abschaffen zu müssen, um frei und furchtlos zu sein. Seit Voltaire wird die Kirche bekämpft: *Écrasez l'infame!* („Rottet die infame Kirche aus!"), um nicht daran erinnert zu werden, dass es einen Gott gibt, dem man einmal Rechenschaft ablegen muss. Diese aufklärerische Autonomie hat sich als gefährliche Täuschung erwiesen. Wir erleben ja gerade, wie die Menschen, die den liebenden Gott des Christentums nicht mehr kennen oder kennen wollen, neuen Ängsten anheimfallen: die Angst vor der Sinnlosigkeit treibt sie in postmodernen Aberglauben, esoterische Irrtümer, okkulte Praktiken oder hedonistische Beschwichtigungsrituale.

Wer sich vor Gott nicht mehr fürchtet und keine anderen Wirklichkeiten als die des Diesseits anerkennt, fällt viel schrecklicheren Ängsten anheim: der Angst vor dem Nichts. Vielleicht reden und denken wir deshalb nicht gerne über die erste göttliche Person nach, weil wir die biblische Wahrheit, dass Gott der allmächtige Herr ist, verdrängen wollen. Es ist uns geboten, ihn zu fürchten, natürlich nicht sklavisch, sondern aus freier Liebe, weil er die Liebe ist (vgl. Dtn 10,12.20; Mt 10,28; Röm 11,20f). Im *Magnificat* betet Maria, dass Gott sich über alle erbarmt, „die ihn fürchten" (Lk 1,50).

3. Die christliche Botschaft von Gott, dem Vater

3. 1. Der Name Gottes

Jesus offenbart einen neuen Namen Gottes: Dieser Name lautet: Gott ist „Vater". Hier müssen wir berücksichtigen, was „Name" im jüdischen bzw. orientalischen Denken bedeutet. „Name" ist nämlich etwas überaus Wichtiges

für den Juden. Dies kann leicht anhand der liturgischen
Formeln nachgeprüft werden, die ja aus der Bibel stam-
men und in denen so oft vom „Namen" Gottes die Rede
ist: So machen wir etwa das Kreuzzeichen „im Namen
des Vaters und des Sohnes und des Heiligen Geistes". Wir
beten: „Unsere Hilfe ist im Namen des Herrn." Übrigens
hatte Papst Paul VI. († 1978) den Wahlspruch *In nomine
Domini* („Im Namen des Herrn") gewählt. In den Psalmen wird unzählige Male „der Name" des Herrn gepries-
sen usw.

Schon diese Beispiele sind für uns ein Hinweis darauf,
dass der „Name" in biblischer Zeit – wie überhaupt im
Orient – nicht nur eine Ansprechfunktion hat, sondern
für Identität, für Wesen steht. Deshalb ist es auch so faszinierend, dass Gott bei der Schöpfung dem Menschen
das Recht einräumte, die Tiere zu benennen; hier durfte
der Mensch am Schöpfungswerk Gottes mitwirken (vgl.
Gen 2,19f). Wir sehen dies aber auch daran, dass im Alten
Testament die Namen, welche man Personen gibt, immer
eine Eigenschaft ausdrücken sollen. Oft steckt in diesen
Personennamen auch der Gottesname. Die Anfangssil-
be „J'" etwa ist die Kurzform für „Jahwe", sie steckt in
Joschua, Jesaja, Jeremia, Johannes, Jesus usw. Der Name
Jesus will schon in sich ein Programm besagen: „Gott/
Jahwe schafft Heil." Dasselbe gilt für die Kurzform „El"
des Gottesnamens „Elohim": Eljakim, Elischa, Samuel.
Die Bedeutung des Namens zeigt sich aber auch in der
Tatsache, dass ein Wechsel des Namens immer eine Än-
derung des Wesens mit sich bringt: Aus Abram wird Ab-
raham (Vater der Menge: Gen 17,5), aus Jakob wird Israel
(Gotteskämpfer: Gen 35,10), aus Sarai wird Sara (Herrin:
Gen 17,15); und im Neuen Testament setzt sich dies fort:
aus Simon wird Petrus, aus Saulus wird Paulus.

Wenn der Name also das Wesen bezeichnet, dann

verstehen wir auch, warum die Selbstoffenbarung Gottes auf dem Sinai vor allem in der Offenbarung des Namens Gottes besteht: Gott gibt sich vom brennenden Dornbusch aus den Namen: „Ich bin der ‚Ich-bin-da'" (Ex 3,14). Eine Art Kurzformel dieser Selbstbeschreibung ist der Gottesname *Jahwe*. Dieser besteht, da die hebräische Schrift keine Zeichen für die Vokale kannte, nur aus den vier Konsonanten JHWH. Niemand durfte den erhabenen Gottesnamen aussprechen, weshalb er absichtlich falsch vokalisiert wurde, indem man die Vokale des anderen Gottesnamens *Adonai* (Herr) einfügte. Nach den Lautregeln entstand daraus ein Wort, das als *Jehowah* geschrieben wurde. Diese absichtliche Falschschreibung sollte den gläubigen Juden davor bewahren, unabsichtlich den richtigen Gottesnamen auszusprechen.

Das Aufregende ist eigentlich die Ehrfurcht vor dem Gottesnamen. Wenn Gott seinen Namen nennt, so gibt er gleichsam sein Wesen preis. Er lüftet sein innerstes Geheimnis: *Jahwe* ist der Gott, der schlechthin ist. Gott ist der Gleichbleibende. Als die hebräische Bibel dann um 150 vor Christus von siebzig Weisen – so die Überlieferung – ins Griechische übersetzt wurde[81], gab man Ex 3,14 wieder mit: *Ego eimi ho oon* („Ich bin der Seiende"). In der Apokalypse nennt er sich „der ist und der war und der kommt" (Offb 1,8). Jedes Mal, wenn wir das „Ehre sei dem Vater" beten, sagen wir: „wie es war im Anfang, so auch jetzt und alle Zeit und in Ewigkeit". Eigentlich ist das eine Umschreibung für das *Jahwe*-Sein Gottes, für sein ewiges: „Ich bin der ‚Ich-bin-da'." Für die Juden war dieser ewig-seiende Gott, der nun mit seinem Volk einen Bund einging, der „Herrliche" und „Heilige", dem man Ehrfurcht, Anbetung und Furcht schuldete.

Das das Alte Testament zielt darauf ab, Gott als den Einzigen zu offenbaren und den Israeliten Ehrfurcht vor dem Namen Gottes einzuflößen. Die Kirchenväter haben das Alte Testament die Zeit der Pädagogik Gottes genannt: Gott erzieht die Menschen, dass sie ihn so annehmen, wie er wirklich ist. Der Name, unter dem Gott sich im Alten Testament offenbart, ist noch nicht der „Vatername". Sehr wohl aber offenbart er sich bereits in seinem Verhalten „wie ein Vater".

3. 2. Das Vater-Sein Gottes im Alten Testament

Wie bereits erwähnt, trägt der Gott des Alten Testamentes den erhabenen Namen „Jahwe", vor ihm neigt sich der ganze Erdkreis. Er ist der Schöpfer, der allmächtige Herrscher. Alle Hilfe Israels liegt im „Namen des Herrn", der „Himmel und Erde gemacht hat" (Ps 124,8). Aber im Alten Testament wird nur das väterliche Leiten und Sorgen Gottes geoffenbart, nicht aber, dass „Vater" die innerste Bezeichnung des Schöpfergottes selbst ist.

Gott selbst wird nur an seltenen Stellen mit dem Vaternamen bezeichnet. Das hebräische Wort *ab* (Vater) kommt etwa 1200 Mal im hebräischen Alten Testament vor. Aber nur an fünfzehn Stellen wird Gott „Vater" genannt.[82] Es geht in diesen Stellen auch nicht um den Namen „Vater", sondern um ein Bild für Gott, um einen Vergleich: Gott handelt sorgend wie ein Vater. Es soll dadurch ausgesagt werden: *Jahwe* handelt väterlich. Er will deshalb auch wie ein Vater geehrt werden: „Der Sohn ehrt seinen Vater und der Knecht seinen Herrn. Wenn ich der Vater bin, wo bleibt dann die Ehrerbietung? Wenn ich der Herr bin – wo bleibt dann die Furcht vor mir?, spricht der Herr der Heere" (Mal 1,6). Moses muss sich etwa vor das abtrünnige Volk hinstellen und es daran erinnern, dass Gott doch bisher wie ein Vater für sie gesorgt hat: „Ist er [Gott] nicht dein Vater, dein Schöpfer?" (Dtn 32,6).

Zusammenfassend kann gesagt werden: Der Vatername ist im Alten Testament eine Eigenschaftsbezeichnung
Jahwes, also ein Bild, ein Vergleich: Gott sorgt „wie ein
Vater". Deshalb ist es im Alten Testament auch gleichgültig, ob man den Vater oder die Mutter als Vergleichs-
punkt heranzieht. Es gibt etliche Stellen, in denen die
Sorge Gottes auch durch Vergleiche mit weiblich-mütter-
lichen Eigenschaften beschrieben wird. Durch einen Satz
wie: „Kann denn eine Frau ihr Kindlein vergessen, eine
Mutter ihren Sohn? Und selbst wenn sie ihn vergessen
würde, ich vergesse dich nicht" (Jes 49,15; vgl. Hos 11,1–
4; Jes 66,9.13), soll das Fürsorge-Verhältnis Gottes gegenüber Israel beschrieben werden. Wenn aber die Bezeichnung „Vater" auf Gott angewandt wird, handelt es
sich um ein „Beziehungswort".[83]

3. 3. Jesus offenbart Gott als seinen Vater

Durch Jesus Christus kommt nicht nur eine Vertiefung
des Verständnisses von Gott als Vater, sondern etwas völlig Neues. Dass Gott „väterlich", wie ein Vater, für die
Menschen sorgt, war vom Alten Testament her erkennbar.
Aber dass er von Ewigkeit einen Sohn hat und diesen im
Heiligen Geist uns hinschenken will, diese Offenbarung
erfolgt erst im Neuen Testament. Und erst hier wird auch
erkennbar, dass „Vater" nicht irgendeine Eigenschaft von
vielen ist, die man Gott zuerkennen kann, sondern hier
wird seine intimste und innerste Seite angesprochen. Hier
ist mit besonderer Aufmerksamkeit zu beachten, dass dies
eine Besonderheit der christlichen Offenbarung ist.
    Doch zunächst einmal müssen wir feststellen, dass Je-
sus die Linie des Alten Testamentes fortsetzt. Auch er
verkündigt, dass Gott „wie ein Vater" ist, dass er „väterlich sorgt". In seinen Gleichnissen vergleicht Jesus das

Verhalten Gottes ja sehr häufig mit dem eines gütigen
Vaters. „Denn euer Vater weiß, was ihr braucht, noch ehe
ihr ihn bittet" (Mt 6,8). 174 Mal nennt Jesus in den Evangelien Gott „Vater": Jesus möchte sagen: Gott sorgt sich
um euch, wie ein Vater um seinen verlorenen Sohn (vgl.
Lk 15,11–32); er gibt euch, seinen bettelnden Kindern, nur
Gutes wie ein Vater, wenn er durch Bitten bedrängt wird
(vgl. Mt 7,11; Lk 11,13).

Dabei fällt aber schon etwas auf und dem stimmen alle Bibelwissenschaftler zu: dass Jesus nämlich immer einen Unterschied macht zwischen „meinem Vater" und
„euerem Vater". Offensichtlich meint Jesus etwas Tieferes, wenn er den Gott Israels als *seinen Vater* anredet. Jedenfalls unterscheidet er eindeutig zwischen „mein Vater" (Mt 11,27par; Lk 22,29) und „euer Vater" (Lk 6,36
par; 12,30par; Mk 11,25 par; vgl. Mt 23,9; Joh 20,17), sehr
eindrucksvoll bei Joh 20,17, wo Jesus am Ostermorgen zu
Maria von Magdala sagt: „Ich gehe hinauf zu meinem
Vater und zu eurem Vater, zu meinem Gott und zu eurem Gott."

Warum macht Jesus eine solche Unterscheidung? Weil
sein Verhältnis zu Gott, dem Vater, etwas Einzigartiges
ist: Es ist das Verhältnis des eingeborenen Sohnes Gottes
zu seinem Vater, der ihn in die Welt gesandt hat, um alle
Menschen zu retten. Jesus ist der ewige Sohn des ewigen
Vaters, von Ewigkeit ist er aus der Wesenheit Gottes, des
Vaters, hervorgegangen und hat in der Zeit Menschengestalt angenommen. So bekennt es die Kirche feierlich gegen die Irrlehre des Arianismus.

Doch diese Häresie aus dem 4. Jahrhundert ist seit
Jahrzehnten wieder sehr populär. Der Arianismus wird
nach Arius benannt; der Priester und Leiter der Katechen-
tenschule von Alexandrien in Ägypten war. Seinen Beruf kann man mit dem eines heutigen Theologieprofes-

sors vergleichen. Arius lehrte damals, und er fand viele Anhänger, dass der Sohn nicht wahrhaft Gott sei; nur der Vater sei wahrer Gott, der Sohn aber sei ein Geschöpf. Jesus Christus sei folglich nur ein Prophet, es gebe kein besonderes Verhältnis zwischen ihm und Gott, dem Vater. Jesus habe sich nur in einem allgemeinen Sinn als „Sohn Gottes" bezeichnet, wie sich jeder von uns als „Sohn Gottes" bezeichnen könne.

Heute vertreten die Zeugen Jehovas diese Lehre mit großem Nachdruck, wonach Jesus Christus nicht Gott von Gott, Licht vom Licht, eines Wesens mit dem Vater ist, wie es der katholische Glaube lehrt. Die Zeugen Jehovas sind die Arianer unserer Zeit. Aber auch die liberale Bibeltheologie kann mit einer einzigartigen Gottessohnschaft Jesu Christi nichts anfangen. All die vielen Stellen in den Evangelien, vor allem bei Johannes oder in den Paulusbriefen, wo Jesus sich „Sohn" nennt und wo davon die Rede ist, dass er von Ewigkeit her existiert, lässt man nicht gelten. Dies seien Erfindungen der frühen Kirche, fromme Wunschfantasien, die man da im Neuen Testament zusammengeschrieben habe. Kurz gesagt: Falls Jesus überhaupt gelebt habe, dann sei er eben irgendein besonders frommer oder radikaler Wanderrabbi gewesen, aber nicht der ewige Sohn des ewigen Vaters, der Mensch geworden ist, um uns die barmherzige Liebe des Vaters zu schenken.

Gegen die neoarianischen Irrlehren lässt sich nun von der Heiligen Schrift her ein wichtiges Argument anführen. Es gibt im Evangelium eine Stelle, die sicher nicht Erfindung der Evangelisten ist, sondern aus dem Munde Jesu stammt. Und dort lässt uns Jesus gleichsam in die intimste Ausprägung seiner Beziehung zu Gott schauen. Es ist dies die Stelle im ältesten Evangelium, also bei Markus, und zwar in der Passionserzählung vom Ölberg:

Markus überliefert, dass Jesus in der Not von Getsemani mit folgenden Worten betete: „*Abba*, Vater, alles ist dir möglich. Nimm diesen Kelch von mir! Aber nicht, was ich will, sondern was du willst (soll geschehen)" (Mk 14,36).

Warum ist diese Stelle so bedeutungsvoll? Die Evangelien des Neuen Testaments sind in griechischer Sprache verfasst worden. Jesus aber hat aramäisch gesprochen. Nur ganz wenige aramäische Worte sind uns überliefert: z. B. *Amen, Kephas, Talitha Kum* oder *Maranatha* (1 Kor 16,22; Offb 22,20). Hier nun findet sich auch ein aramäisches Wort, mit dem Jesus Gott anredete: „*Abba*, Vater". Es fällt dabei auf, dass der auf Griechisch schreibende Markus dieses aramäische Fremdwort dort gerade in der extrem zugespitzten Todessituation am Ölberg für die Niederschrift benutzte. Sonst übersetzte er Vater immer mit *pater* und schrieb überhaupt wenige aramäische Wörter. Warum benutzte er gerade hier das Wort *abba*? Offensichtlich sagte Jesus auch und gerade in dieser Situation der äußersten Bedrängnis noch *abba*, weil dies seine Grundrelation auf Gott hin ausdrückt: Gott ist sein *abba*.

Was bedeutet *abba*? Lange Zeit hat man mit dem evangelischen Exegeten Joachim Jeremias[84] gemeint, dass es sich bei dem Ausdruck *abba* m eine völlig außergewöhnliche, diminutive und affektive Form von *ab* handelt. Sie sei etwa im Sinn von „Papi", „Papilein", „Papsch" oder „Daddy" zu verstehen. Joachim Jeremias hat dies später etwas korrigiert: *Abba* sei ein kindlicher, aber nicht kindischer Ausdruck, mit dem ein Kind den Vater anredete, etwa vergleichbar mit unserem „Papa". Wie auch immer: eindeutig schwingt in *abba* ein faszinierender Hauch von Intimität mit. Und eine solche Anrede Gottes ist für die Juden unerhört: Gott ist transzendent, Gott ist herrlich, Gott ist erhaben und heilig – heilig, dass man nicht einmal seinen Namen aussprechen darf. Und da kommt Jesus und spricht Gott als „Papa" an, noch dazu in der Situation, in der er sich von Gott eigentlich verraten und verlassen fühlen müsste.

Wir wissen heute, dass es für die Juden zur Zeit Jesu unvorstellbar gewesen wäre, Gott als „Vater" anzureden[85] (so als würde man den Bundespräsidenten mit „mein Schatz" begrüßen). Ein solch vertrauter, umgangssprachlicher Ton – und es handelt sich hier unbestreitbar um ein originales Jesuswort – bezeugt, wie vertraut der göttliche Vater Jesus war. Dies ist mehr als die Vertrautheit zwischen einem menschlichen Propheten und einem göttlichen Meister. Es ist vielmehr die Vertrautheit dessen, der von sich sagen kann: „Ich und der Vater sind eins" (Joh 10,30). „Wer mich sieht, sieht den, der mich gesandt hat." „Mir ist von meinem Vater alles übergeben worden; niemand kennt den Sohn, nur der Vater, und niemand kennt den Vater, nur der Sohn und der, dem es der Sohn offenbaren will" (Mt 11,27; vgl. Mt 28,18; Joh 3,35; 13,3; 10,15).

Halten wir also fest: Jesu Beziehung zu seinem Vater ist also einzigartig. Und mehr noch – er offenbart uns etwas Neues, Tieferes, als es je vom Alten Testament her erahnbar gewesen wäre: Er offenbart uns, dass der innerste Name Gottes, des Schöpfers und Herrschers über Himmel und Erde, dass dieser Name „Vater" ist: Und zwar nicht nur SEIN Vater, sondern sogar UNSER Vater. Jesus will diese Beziehung nicht für sich behalten, sondern er will, dass wir alle an ihr teilhaben. Er will, dass auch wir die Liebe Gottes erkennen, damit auch wir zu Gott „Vater, Abba" sagen können.

3. 4. Wir sind Kinder Gottes

Damit der Blick auf die Offenbarung, die Christus uns
über den erhabenen Gott, der sein und unser Vater ist, geschenkt hat, keine luftleeren Spekulation bleibt, müssen
wir noch auf das Eigentliche und Entscheidende des Glaubens an den göttlichen Vater eingehen: die Frage, was das
Vater-Sein Gottes konkret „für uns" bedeutet.

Es geht darum, dass wir erkennen, dass wir Kinder
Gottes sind. Jesus hat Gott, seinen „Vater", unendlich geliebt. Er wollte offenbaren, dass dieser Vater kein grau-
samer Tyrann ist, verborgen hinter Blitzen und Donner,
wie die Römer und Griechen dies dachten; er wollte offenbaren, dass Gott nicht nur eine abstrakte, mitleidslose
Schicksalsmacht ist, wie dies die Gnosis damals und New
Age heute lehren; er wollte offenbaren, dass Gott den
Sünder nicht verwirft, sondern ihn retten will, dass er
wie ein barmherziger Vater Ausschau nach der Rückkehr
des verlorenen Sohnes hält. – Daher antwortete Jesus, als
die Jünger ihn baten, sie beten zu lehren, mit den Worten: „So sollt ihr beten" (Mt 6,9). Und er lehrte sie, Gott
als „unseren Vater" (vgl. Lk 11,2) anzureden. Er will, dass
wir erkennen, dass sein Vater auch unser Vater sein will.
Anders gesagt: Er will, dass wir Kinder Gottes werden.

Wie wird man zum Kind des Vaters? Indem man Christus zugehörig wird, das heißt in die Gestalt Christi eintritt; dies geschieht durch die Taufe. In der Taufe ziehen
wir Christus wie ein Gewand an (Taufkleid), er wird zu
unserem inneren Licht (Taufkerze), wir werden gesalbt
(Chrisam), weil Christus ja „Gesalbter" heißt, und dürfen
fortan den Namen „Christ" tragen, was auch soviel wie
„Gesalbter" heißt. Durch die Taufe sind wir Kinder Gottes, genauer: wir sind Söhne im Sohn. Und weil der Sohn
den Heiligen Geist ausgießt, schreibt Paulus: „ihr habt den

Geist empfangen, der euch zu Söhnen macht, den Geist, in dem wir rufen: Abba, Vater!" (Röm 8,15; vgl. Gal 4,6).

Das ist eigentlich aufregend: Wir sterbliche Menschen haben durch den Sohn Gottes eine solche Salbung durch den Geist empfangen, dass wir in genau derselben Zutraulichkeit wie Jesus selbst zu Gott beten dürfen. Wir dürfen Gott ansprechen als „Abba", „Papa" – „unser lieber, guter Vater".

Und keine Angst: Dadurch verharmlosen wir Gott nicht, weil er ja weiterhin der Allmächtige bleibt, der Schöpfer, der erhabene Herrscher aller Mächte und Gewalten. Wir haben als Christen das Privileg, diesen Gott, den alle Religionen suchen, als unseren guten Vater zu kennen und anzubeten. Wir können mit dem Epheserbrief beten: „Gepriesen sei der Gott und Vater unseres Herrn Jesus Christus: Er hat uns mit allem Segen seines Geistes gesegnet durch unsere Gemeinschaft mit Christus im Himmel" (Eph 1,3; vgl. 1 Petr 1,3; 2 Kor 1,3).

3. 5. Geistliche Anregungen

Der Glaube an Gott als unseren Vater ist keine blutleere Redewendung, sondern die Grundlage der christlichen Spiritualität. Deshalb möchte ich hier noch einige Anregungen geben, wie wir unsere geistliche Beziehung zu Gott, dem Vater, tiefer und fruchtbarer gestalten können.

1. Erwecken wir in uns das Gefühl für die Größe und Erhabenheit Gottes. Das zweite Gebot ist weiterhin aktuell: Du sollst den Namen Gottes nicht verunehren. In einer Zeit, in der die Blasphemie in Kunst und Literatur schon allgemein geworden ist, müssen wir dieses Gefühl für die Größe Gottes in uns neu erwecken. Maria betete: *Magnificat anima mea Do-*

minum! Das heißt eigentlich: „Meine Seele macht
Gott groß, lässt Gott groß sein, erschaudert vor der
Größe Gottes!" Denken wir einmal nach, wie es
mit der Gottesfurcht bei uns steht. – Wie leicht und
oberflächlich sprechen wir oft das Vaterunser! Maria betete auch: „Der Mächtige hat Großes an mir
getan, und sein Name ist heilig!" Der Name Gottes
ist wahrhaft heilig.

2. Die liturgischen Gebete richten sich an Gott, den
Vater, an die Quelle des dreifaltigen Lebens. Beten
wir diese Gebete bewusst mit dem Herzen mit. Denken wir tiefer über das Heilswerk nach, das der ewige Gott durch seinen Sohn im Heiligen Geist an uns
gewirkt hat. Er, der Gott aller Menschen, hat uns die
Fülle seines Heiles geschenkt. Durch die Sakramente
der Kirche kommt er uns ganz nahe. Er, der Vater,
ist es, der in der Kirche an uns handelt. Am Ende der
Schöpfung wird Christus dem Vater alles zu Füßen
legen, und Gott wird, wie Paulus schreibt, alles in
allem sein.

3. Die Ehrfurcht vor der Schöpfung ergibt sich von
selbst, wenn wir den Schöpfer ehren. Aber es ist
nicht nur eine Ehrfurcht vor Hunden und Katzen,
Bäumen und Wiesen, sondern es ist eine Ehrfurcht
auch vor jenen Gesetzen, die der Schöpfer in seine
Schöpfung gelegt hat. Es gibt Gut und Böse, das Böse
widerspricht der Natur, dem Plan, den der Schöpfer
mit dem Menschen hat.

4. Jesus, der ewige Sohn des ewigen Vaters, ist deshalb Mensch geworden, damit wir die Sohnschaft erlangen, damit wir Kinder Gottes werden. Er sagte zu

seinem Vater noch in der Stunde seiner Todesangst: „Abba, lieber Vater, Papa!" Bedenken wir also, dass wir nie in den Abgrund des Nichts fallen können, weil uns durch Jesus geschenkt wurde, Kinder Gottes sein zu dürfen. Wir dürfen „durch ihn und mit ihm und in ihm" Gott unseren Vater, ja unseren Papa nennen.

5. Ich beschließe dieses Kapitel mit einem Gebet von Charles de Foucauld: „Mein Vater, ich überlasse mich Dir, mit Deinem Sohne, ganz und gar, für alle, damit sie den Weg finden zu Dir. Mach mit mir, was Dir gefällt. Was immer Du mit mir tust, ich danke Dir. Ich bin zu allem bereit, ich nehme alles an. Wenn nur Dein Wille an mir geschehe und an allen Deinen Geschöpfen, so wünsche ich nichts anderes, mein Gott. Ich lege mich in Deine Hände. Ich schenke mich Dir, mein Gott, mit der ganzen Liebe meines Herzens. Weil ich Dich liebe und es mich aus Liebe danach verlangt, mich zu geben, mich in Deine Hände zu geben, ohne Maßen, mit unendlichem Vertrauen. Denn Du bist mein Vater. Amen."

VI. KAPITEL
WER IST GOTT, DER SOHN?

1. Der Anspruch Christi

Uns trennen nunmehr bereits zwei Jahrtausende von dem, der von sich behauptete, „der Weg, die Wahrheit und das Leben" (Joh 14,6) zu sein. Wir wollen hier nicht die Frage stellen, *ob* das Christentum es sich heute noch leisten kann, Christus als „einzigartig" zu bekennen. Unsere Frage zielt vielmehr auf den Inhalt des Anspruches, den der Glaube an Jesus Christus bedeutet. Wir stellen also die Frage, die der Herr selbst seinen Jüngern vorgelegt hat, nachdem sie ihm eingestehen mussten, dass die Menschen, die anderen, ihn für „irgendeinen Propheten" hielten. „Ihr aber, für wen haltet ihr mich?" (Mt 16,15). Ist Jesus Christus nur irgendeiner aus dem Kosmos der religiösen Gestalten der Weltgeschichte, wie die pluralistische Religionstheologie es fordert?[86]

Die Frage, ob es einen Anspruch auf die Einzigartigkeit Jesu Christi gibt, ist schnell beantwortet: Ja! Die Kirche hat ihren Glauben an den einen Herrn und Retter Jesus Christus schon früh in *Doxologien* (Lobpreisungsformeln) zum Ausdruck gebracht. Jesus redet nicht irgendwelche Worte, die er sich als religiöser Mensch in seiner Geistigkeit ersonnen hat; er ist auch nicht nur irgendein Prophet, durch den ein irgendwie mitteilungswilliger Gott der Welt irgendetwas medial kundtun will. Jesus Christus – und kein anderer – ist *ho logos*, „der *Logos*" schlechthin, wie es im Prolog zum Johannesevangelium heißt, das Wort, das unter uns „zelten" wollte (Joh 1,14). „Niemand hat Gott je gesehen. Der Einzige, der Gott ist und am Herzen des Vaters ruht, er hat Kunde gebracht" (Joh 1,18).

Wir könnten hier das Neue Testament durchgehen, in dem Christus ganz häufig in einer devotionalen Sprache als Inbegriff aller Herrlichkeit und als Quelle allen Heiles gepriesen wird. Man denke an den alten Hymnus, den Paulus im Philipperbrief zitiert (vgl. Phil 2,6–11). Weil Christus sich seiner göttlichen Herrlichkeit entäußert hat, da er Menschen-, ja Sklavengestalt annahm, hat ihn Gott „über alle erhöht"; jedes Knie wird sich beugen – selbst die überirdischen und unterirdischen Mächte – und jede Zunge wird bekennen, dass Jesus Christus der *Kýrios*, der Herr, ist. Paulus schreibt an die Korinther: „Selbst wenn es im Himmel oder auf der Erde sogenannte Götter gibt – und solche Götter und Herren gibt es viele –, so haben doch wir nur einen Gott, den Vater. Von ihm stammt alles, und wir leben auf ihn hin. Und einer ist der Herr: Jesus Christus. Durch ihn ist alles, und wir sind durch ihn" (1 Kor 8,5–6). Ein anderes wichtiges Bekenntnis zur Hoheit und Macht Christi findet sich in der Apostelgeschichte, wo Petrus von Christus sagt: „Und in keinem anderen ist das Heil zu finden. Denn es ist uns Menschen kein anderer Name unter dem Himmel gegeben, durch den wir gerettet werden sollen" (Apg 4,12; vgl. 1 Kor 3,11).

Die Hervorhebung der Einzigkeit und Universalität Christi und des von ihm gewirkten Heiles setzt sich bei den Kirchenvätern fort, wenn etwa Irenäus von Lyon den biblischen Jesustitel „Erstgeborener" (Röm 8,29; Kol 1,15.18; Offb 1,5) folgendermaßen deutet: „Im Himmel lenkt und leitet das vollkommene Wort als der Erstgeborene aus dem Gedanken des Vaters persönlich alle Dinge; auf der Erde ist er als der Erstgeborene der Jungfrau der Gerechte und Heilige, der Knecht Gottes, Gott wohlgefällig, vollkommen in allem; indem er alle, die ihm folgen, aus dem Reich des Todes rettet, ist er als der Erstgeborene der Toten das Haupt und die Quelle des

göttlichen Lebens."[87] Und Augustinus schreibt: Außerhalb von Christus, „dem universalen Heilsweg […] der
dem menschlichen Geschlecht niemals fehlte […] hat niemand das Heil erlangt, erlangt es niemand und wird es
niemand je erlangen!"[88]

Dieser Lobpreis der Einzigartigkeit Christi hat sich von
der Schrift her über die Kirchenväter in den Bekenntnis-
und Gebetsformeln niedergeschlagen. Manche *Doxologien* steigern im liturgischen Rahmen die Lobpreisung
Christi geradezu im Überschwang. Hier erwähne ich nur
jenen griechischen Hymnus des 7. Jahrhunderts, der als
Gloria in excelsis Deo („Ehre sei Gott in der Höhe") in
der feierlichen lateinischen Messliturgie bis heute verwendet wird.[89] „Du allein bist der Heilige, Du allein der
Herr, Du allein der Höchste, Jesus Christus."

Natürlich kann man diese konfessorischen und liturgischen Formeln abwertend als *language of lovers*[90] abtun – als superlativistische Sprache, derer sich Kinder und
Verliebte bedienen – im Stil von: „*Mein* Papa ist der Beste!" Doch die Tatsache bleibt bestehen, dass die Christen
tatsächlich diesen hohen Anspruch stellen: einen einzigen
Herrn zu haben, einen einzigartigen Retter. Wir wollen
hier lieber nicht vom „Absolutheitsanspruch" sprechen,
denn „absolut" ist ein philosophisches Wort, das vor allem vom deutschen Idealismus strapaziert wurde.[91] Die
biblische Begrifflichkeit ist schlichter, sie bekennt Christus einfach als den einen *Kýrios* (Herrn), *Sotér* (Retter)
usw. Und die frühe Kirche hat das Wort „ökumenisch"
und „katholisch" gewählt, um auszudrücken, dass es hier
um das ganze, umfassende Heil geht.

Halten wir also fest, dass der Anspruch von Anfang an
da war. Ein Blick in die Geschichte zeigt, dass die junge
Gemeinde ohne ihre Überzeugung von der Einzigartigkeit
Christi niemals zur umprägenden Kraft der heidnischen

Antike hätte werden können; und ohne diese Überzeugung hätte sie andererseits auch niemals diese aposto-
lisch-missionarische Vitalität entfaltet. Wir müssen auch
unumwunden zugeben, dass der Anspruch des Christentums auf den allein in Christus eröffneten Heilsweg Gottes zu fatalen Folgen geführt hat.[92] Gerechterweise muss
man hinzufügen, dass dies vor allem dann der Fall war,
wenn der Anspruch „säkularisiert" wurde, das heißt:
wenn sich der religiöse Anspruch auf einzigartiges Heil
unglückseligerweise mit staatsideologischen Vorstellungen verbunden hat. Die an sich politische Idee, dass eine
Gesellschaft nur dann funktionieren kann, wenn sie ein
geistig geschlossenes religiöses Gefüge und Gepräge hat,
führte zu verabscheuungswürdigen Phänomenen wie
Ketzerverfolgung und Inquisition im Mittelalter. Ohne
die Mitschuld unserer Vorfahren hier zu verharmlosen,
wird man doch vehement bestreiten müssen, dass diese
Verfehlungen sich direkt aus dem Programm des Evangeliums ergeben. Im Gegenteil! Gerade das Evangelium
half den Christen durch die Jahrhunderte immer wieder,
zeitgeistige Verfehlungen zu korrigieren. Und gerade die
Überzeugung von Christus als „Gottes letztem Wort"[93]
gab den Glaubenden immer wieder die Kraft zum Widerstand gegen Totalitarismen. Eine Barmer Erklärung von
1934 wäre anders nicht denkbar, ebenso wenig die vielen
Martyrien des vergangenen 20. Jahrhunderts und aller
Zeiten. Wer von all den Märtyrern hätte Jesu Wort ernst
genommen, dass es sinnvoll ist, sein Leben für ihn zu verlieren, wenn er ihn selbst nur für eine beliebige religiöse
Gestalt gehalten hätte? (vgl. Mk 8,35par).

2. Gibt es eine oder viele religiöse Wahrheiten?

Die Christen haben also tatsächlich den Glaubensanspruch
auf den einzigen und einzigartigen Erlöser Jesus Christus
gestellt. Bleibt noch die Frage, ob dieser Anspruch auf
dem Zweiten Vatikanum nicht etwa lehramtlich aufgegeben oder relativiert wurde? Die Antwort lautet: Nein,
denn das Konzil lehrt in der Offenbarungskonstitution,
dass die in Christus aufgerichtete Heilsordnung „der
neue und endgültige Bund" ist, „der niemals vorübergehen wird", sodass „keine neue öffentliche Offenbarung
mehr zu erwarten" ist.[94] Christus ist „die Fülle der ganzen Offenbarung".[95] Das Konzil bekräftigt zwar die alte
und urchristliche Lehre, dass auch jene, die ohne Schuld
das Evangelium Christi nicht kennen, jedoch aufrichtig
Gott suchen und versuchen, seinen Willen zu erfüllen,
das ewige Heil erlangen können.[96] Zugleich aber lehrt es,
„dass jene Menschen nicht gerettet werden, die sehr wohl
wissen, dass die katholische Kirche von Gott durch Jesus
Christus als eine notwendige gegründet wurde, jedoch
nicht in sie eintreten oder in ihr ausharren wollten."[97]

Der Anspruch auf eine einzigartige Religiosität, den
die Kirche im Blick auf Christus stellt, wird heute als immer unerträglicher empfunden, auch von Christen. Seit
der Aufklärung herrscht ein massiver Widerstand gegen
alles Endgültige, Einzigartige und Absolute. Und die ge-
scheiterten ideologischen Absolutismen des vorigen Jahrhunderts, die ihre Menschenverachtung in triumphale
Propaganda hüllten, haben die Abneigung gegen jeden
Gestus der Endgültigkeit noch verstärkt. Der liberale Wi-
derwille hat sich in der Gegenwart zur „Verneinung alles
Unbedingten"[98] hochgesteigert. Wir leben in einer Atmosphäre des subjektivistischen Relativismus. Wehe dem,
der eine letzte Wahrheit beansprucht! Heil aber dem, der

„seine Meinung", „seinen Standpunkt", „seine Überzeugung", eben das, was er „für sich als gut empfindet", pa-
thetisch als Lösung verkündet. Das letzte Erkenntniskri-
terium des relativistischen Subjektivismus lautet einfach:
„*Ich* denke *mir*, also habe ich recht!", um Descartes abzu-
wandeln. Wir leben in einer Zeit, die von Trendforschern
als „Ego-Ära" charakterisiert wird.[99]

In der Theologie findet diese Stimmung ihren Ausdruck in der sogenannten „pluralistischen Religionstheologie", die aus dem angloamerikanischen Raum stammt.
Deren Hauptvertreter, John Hick und Paul F. Knitter, treten programmatisch gegen den christlichen Anspruch an.
Noch als Präfekt der Glaubenskongregation hatte Kardinal Joseph Ratzinger, nunmehr Papst Benedikt XVI.,
in einer vielbeachteten Ansprache im Mai 1996 vor den
Glaubenskommissionen der Bischofskonferenzen Latein-
amerikas[100] Widerstand dagegen angemeldet. Erstaun-
lich viele christliche Theologen schlossen sich an. Im Jahr
2000, das die Kirche als Christusjubiläum gefeiert hat,
gab die Glaubenskongregation unter Joseph Ratzinger die
Erklärung *Dominus Jesus* heraus, die leider vor allem wegen ihrer Aussagen über das Verhältnis der katholischen
Kirche zu den getrennten Kirchen bzw. kirchlichen Gemeinschaften auf Beachtung stieß bzw. für Polemik sorg-
te. Wichtiger, doch weit weniger beachtet wurde der erste Teil, der vielfach auch von den evangelischen Kirchen
und noch mehr von den Freikirchen begrüßt wurde, der
sich aber gegen „eine relativistische Mentalität" richtete und die Einzigkeit und Heilsuniversalität Christi ver-
teidigte. Die Erklärung argumentierte frontal gegen die
Auffassung, dass Jesus Christus nur eine von vielen anderen möglichen „Erscheinungsformen" des Göttlichen in
der Welt und dass er nur einer von vielen anderen möglichen Heilswegen sei. Sie kann sich dabei mit Recht auf

das Zweite Vatikanische Konzil berufen.[101] Wörtlich heißt
es in *Dominus Jesus*: „Es ist nämlich fest zu glauben, dass
im Mysterium Jesu Christi, des fleischgewordenen Sohnes Gottes, der ‚der Weg, die Wahrheit und das Leben'
(Joh 14,6) ist, die Fülle der göttlichen Wahrheit geoffenbart ist."[102] Und: „Es gehört nämlich zum beständigen
Glaubensgut der Kirche und ist fest zu glauben, dass Jesus
Christus, der Sohn Gottes, der Herr und der einzige Erlöser ist, der durch seine Menschwerdung, seinen Tod und
seine Auferstehung die Heilsgeschichte, die in ihm ihre
Fülle und ihren Mittelpunkt findet, zur Vollendung gebracht hat."[103] Und schließlich: „Es ist deshalb als Wahrheit des katholischen Glaubens fest zu glauben, dass der
universale Heilswille des einen und dreifaltigen Gottes
ein für allemal im Mysterium der Inkarnation, des Todes
und der Auferstehung des Sohnes Gottes angeboten und
Wirklichkeit geworden ist."[104]

Diese „Erklärung" war eine notwendige Klarstellung,
denn zu eindeutig ist die Absage der Pluralisten gegen
die Grundlagen des Glaubens: Trinität, Inkarnation und
Rechtfertigung in Christus werden als Mythen qualifi-
ziert, die aufzugeben sind, um zu den eigentlichen Werten zu kommen, für die Jesus – wie alle anderen Religionen – einsteht: Frieden, Gerechtigkeit und Liebe.[105] Das
Ziel ist, die vielen Religionen zu einem einzigen Ethos zu
versöhnen, so Paul Knitter in seinem Buch: *One Earth,
Many Religions*.[106] Das Vorwort dazu hat Hans Küng
verfasst, der im europäischen Raum ja schon lange für
ein „Weltethos" plädiert, dessen Voraussetzung ebenfalls
der religiöse Relativismus ist.

Es gibt dazu eine mittlerweile ausufernde theologische
Diskussion. Doch bedrohlicher ist, dass sich bereits inner-
halb des kirchlichen Lebens eine neblige Atmosphäre des
Relativismus und folglich der religiösen Gleichgültigkeit

ausgebreitet hat. Die praktischen Folgen sind evident: Der Missionsauftrag des Herrn ist für viele Christen kein Imperativ mehr. Warum soll man „in die Welt hinausgehen", warum „sein Leben um Christi willen verlieren" usw., wenn das Heil auch andersreligiös erlangt werden kann? Jenes Dekret des Zweiten Vatikanums über das Laienapostolat, *Apostolicam Actuositatem*, das die Getauften und Gefirmten ermutigt, Christus apostolisch in die Welt hineinzutragen, hätte der Kirche neue Schwungkraft geben können. Das Dokument wird völlig ignoriert und die Bewegung geht in eine ganz andere Richtung. Heinz Robert Schlette schreibt in (s)einem Artikel *Zur Theologie der Religionen*: „Ehrlicherweise sollte man heute die Mission als eine geschichtliche Form christlich-kirchlichen Lebensvollzuges verstehen, die inzwischen an ihr Ende gekommen ist und auf die jetzt eine andere Form des Verhaltens zu den Religionen, ja zu den Nichtchristen überhaupt folgt, eben der Dialog."[107]

Die pastorale Frage, die wir uns stellen müssten, ist nicht die, ob wir es uns leisten können, Christus als etwas Einzigartiges zu bekennen; die pastorale Frage ist vielmehr die, was noch vom Christentum übrig bleibt, wenn wir das grundlegende Element des Anspruches Christi weglassen, das im Johannesevangelium formuliert wird: „Ich bin der Weg und die Wahrheit und das Leben; niemand kommt zum Vater außer durch mich" (Joh 14,6). Gilt das Wort Christi noch: „Wer mich aber vor den Menschen verleugnet, den werde auch ich vor meinem Vater im Himmel verleugnen?" (Mt 10,33par).

Wir stellen uns hier aber nicht pastorale und spirituelle Fragen, sondern Fragen nach dem Inhalt unseres Glaubens, der heute immer weniger gekannt wird. Es geht also nicht um eine Auseinandersetzung mit der pluralistischen Religionstheologie, sondern um eine Schneise

durch die Fülle des Mysteriums. Es soll eine Art höhere
Katechese sein, damit wir das Grundsätzliche verstehen.
Kurz: Ich möchte eben jenes dogmatische Fundament des
Christusglaubens darstellen, das vom Religionspluralis-
mus vorausgesetzt und bekämpft wird. Dazu müssen wir
zuerst aber klären, was das Allgemeine der Religiosität
ist, danach können wir das unterscheidend und spezifisch
Christliche herausarbeiten.

4. Lässt sich die letzte Wahrheit Gottes finden?

Nach katholischer Auffassung ist der Mensch von Natur
aus auf Gott hin ausgerichtet. Das ist auch der Grund,
warum wir Philosophien und Religionen in grundsätz-
licher Hinsicht positiv bewerten: Dass der Mensch die
Frage nach dem Letzten mit seinem Denken – also philosophisch – stellt, ist positiv; dass er mit seinen Sinnen und
Gefühlen eine Antwort auf die Fragen: „Woher komme
ich? Wohin gehe ich? Was ist der Sinn des Lebens?", zu
geben versucht, wie es die Religionen tun, ist ebenfalls
grundsätzlich positiv zu beurteilen. Denn diese Frage-
und Suchbewegungen des menschlichen Geistes sind eine Gabe Gottes des Schöpfers selbst. Das berühmte Zitat
des heiligen Augustinus vom unruhigen Herzen, das nur
in Gott erfüllt werden kann, beginnt eigentlich mit den
Worten: *Fecisti nos ad te: et inquietum es cor nostrum,
donec requiescat in te.* Der erste Satzteil wird meistens
weggelassen, obwohl er den Grund angibt, warum das
Herz unruhig ist, warum wir also so sehnsüchtig nach
einem letzten ganzen Lebensgrund sind. Augustinus
ruft hier zu Gott: „Du hast uns auf Dich hin geschaffen.
Darum ist unser Herz unruhig, bis es ruht in Dir." Der
Schöpfergott hat den Menschen als *ens religiosum* („religiös veranlagtes Wesen") geschaffen, die religiöse Natur

ist sein originäres Geschenk. Das Zweite Vatikanum lehrt deshalb, dass die katholische Kirche nichts verwirft, was in den anderen Religionen „wahr und heilig"[108] ist. Nach Thomas von Aquin ist die − noch gar nicht christliche − *religio* (Religiosität) sogar eine Pflicht des Menschen gegenüber Gott, ein *debitum*, also eine Bringschuld des Geschöpfes gegenüber seinem Schöpfer.[109]

Der Mensch ist jedenfalls gewissermaßen *religionsproduktiv*. Aber genau hier setzt die Schwierigkeit ein: Religion entsteht dort, wo sich die Gottessehnsucht in Bilder, Erzählungen und Vorstellungen über Gott umsetzt, wo sie sich zur Anschauung, zur Lehre fixiert. Die Frage lautet aber: Ist es dem Menschen erlaubt, *seine persönliche* religiöse Anschauung als authentisch auszugeben? Ist das nicht vermessen? Ist der Mensch berechtigt, das unendliche Geheimnis in begrenzte Begriffe zu fassen? Und noch drängender ist die Frage nach der Gewissheit: Welche Garantien gibt es, dass gerade *die* Vorstellung von Gott, welche diese oder jene Religion vertritt, die richtige ist?

Ludwig Feuerbach hat im 19. Jahrhundert diese Frage aufgegriffen. Angestoßen wurde Feuerbach von Gottfried Friedrich Wilhelm Hegel, für den alle Wirklichkeit darin besteht, dass sich der absolute Geist im endlichen Geist denkt. Für Feuerbach ist es umgekehrt: der absolute Geist, den der Mensch denkt, ist er selbst! Für ihn ist Religion die Projektion des menschlichen Denkens über sich selbst in eine imaginäre Übergröße. „Gott" ist nichts anderes, als die Aufblähung dieses Denkens über sich selbst. Den Ausdruck „Projektion" hat Feuerbach übrigens nie verwendet, denn auch das würde ja noch bedeuten, „Gott" irgendeine objektive Existenzform außerhalb der eigenen Imagination zuzugestehen. Gott ist aber nach seiner Überzeugung nichts anderes, als das Leiden des eigenen Ich an seiner großen Sehnsucht nach Unendlichkeit:

„Gott ist ... die rücksichtslose Allmacht des Gefühls, das
sich selbst erhörende Gebet, das sich selbst vernehmende
Gemüt, das Echo unserer Schmerzenslaute. Äußern muss
sich der Schmerz; unwillkürlich greift der Künstler nach
der Laute, um in ihren Tönen seinen eignen Schmerz aus-
zuhauchen. Er befriedigt seinen Schmerz, indem er ihn
vernimmt, indem er ihn vergegenständlicht; er erleich-
tert die Last, die auf seinem Herzen ruht, indem er sie
der Luft mitteilt, seinen Schmerz zu einem allgemeinen Wesen macht. Aber die Natur erhört nicht die Kla-
gen des Menschen – sie ist gefühllos gegen seine Leiden.
Der Mensch wendet sich daher weg von der Natur, weg
von den sichtbaren Gegenständen überhaupt – er kehrt
sich nach innen, um hier, verborgen und geborgen vor
den gefühllosen Mächten, Gehör für seine Leiden zu finden. Hier spricht er seine drückenden Geheimnisse aus,
hier macht er seinem gepressten Herzen Luft. Diese freie
Luft des Herzens, dieses ausgesprochene Geheimnis, dieser entäußerte Seelenschmerz ist Gott. Gott ist eine Trä-
ne der Liebe, in tiefster Verborgenheit vergossen über das
menschliche Elend."[110]

Könnten Xenophanes und Feuerbach nicht wirklich
recht haben? Könnte es nicht wirklich sein, dass der
Mensch zwar sehnsüchtig auf ein Göttliches hingeordnet ist, dass er zwar erkennen kann, dass er ohne dieses
Letzte, Große, Ganze, Göttliche immer unerfüllt bleiben wird, dass er aber das Wesen dieses Zieles und seine mögliche Erfüllung nicht mehr erkennen kann? Hier
können wir Christen durchaus aus dem Glauben heraus
ein Stück des Weges mit den großen Religionskritikern
gehen, denn auch wenn wir es bejahen, dass die Vernunft
„gottfähig" ist, so bleibt doch der Versuch, das *totum Dei*
(„das Ganze Gottes"), die Fülle der Gotteserkenntnis auszuschöpfen, tatsächlich immer ein fragwürdiges Unter-

fangen. Steht nicht im Alten Testament das apodiktische Gebot, sich kein Bild von Gott zu machen?! (vgl. Ex 20,4). Sosehr wir das philosophische Nachdenken über Gott bejahen, so überzeugt sind wir gleichzeitig, dass die christliche Gotteserkenntnis nicht nur aus einem menschenförmigen Tasten und Suchen besteht. Wir müssen uns unser Gottesbild nicht aus Fragmenten zusammenbasteln, wir müssen uns unseren Gott nicht aus den Versatzstücken unseres fragmentarischen Erkennens zusammendenken, wir stehen vor etwas viel Größerem, Einmaligem, Einzigartigem.

Exkurs 1: Derzeit wird ein Bild propagiert, das scheinbar der letzten Unbegreiflichkeit Gottes, seiner unfasslichen Größe, Rechnung trägt. Dieses Bild findet sich mittlerweile in zahlreichen katechetischen Behelfen, auch kirchlichen, weil es dazu angetan erscheint, ein tolerantes Verständnis für die Verschiedenheit der Religionen zu propagieren. Es handelt sich um die *Elefantenparabel*, die sich in der Lehre von *Buddha* findet.[111] Diese Lehrerzählung, die es in verschiedenen Varianten gibt, soll die Verschiedenheit der Religionen erklären. In der Parabel begegnen Menschen, denen die Augen verbunden sind, zum ersten Mal einem riesigen Tier, einem Elefanten. Da die Menschen nichts sehen können, müssen sie tasten und suchen, um sich eine Vorstellung vom Elefanten zu machen. Jeder betastet also das ihm nahe liegende Teil: Der eine umfasst die Füße, der andere den Rüssel, der eine die Ohren, der andere den Bauch usw. Danach müssen alle, die den ganzen Elefanten nicht sehen konnten, erklären, wie ein Elefant aussieht: Für den einen ist ein Elefant eine Säule, weil er die Füße umfasste; für den anderen

ist er ein Rohr, weil er den Rüssel ertastet hatte; für
den Nächsten wieder ist er ein Fass, weil er es mit
dem Bauch zu tun hatte usw. Jeder behauptet, dass
das, was er erkannt habe, das Ganze und Wahre sei.
Und ebenso – so die Pointe dieser Erzählung, die eine
Art Neuauflage der Lessing'schen Ringparabel ist –
sei es mit Gott: Alle suchen ihn, jeder erkennt aber
bestenfalls etwas, ein bisschen etwas. So ist alles Religiöse Fragment und niemand kann den Anspruch
auf den ganzen Elefanten – sprich auf die wahre Erkenntnis Gottes – stellen.

Das Allgemeine der Religiosität mag hierin getroffen worden sein, jedoch das Wesen des Christlichen
eben gerade nicht. Es stimmt schon: „Gott hat viele
Namen", so lautet der Titel einer frühen Publikation
des pluralistischen Religionstheologen John Hick[112],
aber eben nur der nach menschlichen Maßstäben
vorgestellte „Gott". Der Gott der Offenbarung hat
sich selber aber einen Namen gegeben, einen einzigen Namen, nämlich „Jesus Christus". Die eben an-
geführte Parabel vom Elefanten ist dem christlichen
Offenbarungsverständnis entgegengesetzt und für
die katechetische Begründung des Christentums ungeeignet. Den von uns geglaubten Gott müssen wir
nicht blind suchen und ertasten, er hat sich uns in
Christus geoffenbart.

5. Der Einbruch Gottes

Das Christentum ist die Offenbarungsreligion schlechthin. Alle anderen Religionen lassen etwas erahnen, sie
richten den menschlichen Geist auf das Göttliche hin, aber

sie können ihm nicht die letzte Sicherheit des Erkennens geben. Das Wesen der Religiosität ist die Hinordnung auf Gott, so formuliert es schon Thomas von Aquin. Das Wesen des Christentums aber ist etwas anderes, nämlich der Eintritt Gottes in diese Welt. Nach unserem Verständnis gibt es einen Unterschied zwischen dem Christentum und den anderen Religionen, der geradezu *fundamental* ist. Er betrifft nicht nur Nebensächlichkeiten, etwa die kultischen Formen, die Liturgie, die Riten oder die Art des Gebetes. Der Unterschied liegt in der „Struktur". Auf eine Formel gebracht: Religion ist „Mensch zu Gott", Christentum ist „Gott zum Menschen".[113]

Deshalb sind die jüdischen Wurzeln für unser christliches Selbstverständnis unverzichtbar, denn mit dem Herantreten Gottes an die ersten Männer der Offenbarung beginnt der Weg Gottes zu uns Menschen. Eindrucksvoll schildert schon das Alte Testament, dass Gott „von sich", also selbstinitiativ und unerwartet kam. Die Gottesmänner des Alten Testamentes rezitierten keineswegs Mantren, versenkten sich keineswegs in Meditation und waren weit davon entfernt, sich gnostischer Erbauung hinzugeben, als sie von Gott ereilt wurden. Im Johannesevangelium sagte Jesus ein Wort, das gleichsam die gesamte Struktur der jüdisch-christlichen Offenbarung zusammenfasst: „Nicht ihr habt mich erwählt, sondern ich habe euch erwählt" (Joh 15,16).

Die vielfach geschilderte menschliche Reaktion des Überrumpelt-Werdens verbürgt uns etwas Wichtiges: dass nämlich *wirklich Gott es ist,* der mit Souveränität den Menschen *von sich her* anspricht. Die Initiative liegt bei Gott. Er handelt, er ist aktiv, er bricht in die Alltagswelt des Menschen ein. *Hier sucht nicht der Mensch nach Gott, sondern Gott sucht nach dem Menschen.* Und dieser Gott bricht mitten hinein in die Welt. Allerdings liegt in diesem Handeln Gottes auch immer eine Einladung für den Menschen zur freien Mitarbeit, zum Bund. Das Zweite Vatikanische Konzil formuliert treffend, dass in der Offenbarung „der unsichtbare Gott aus überströmender Liebe die Menschen wie Freunde anredet und mit ihnen freundschaftlichen Umgang pflegt [...]"[114]

Das Buch Jona, das nach dem Exil im 5./4. Jahrhundert vor Christus entstanden ist, enthält eine der bedeutendsten Prophetenerzählungen des Alten Testamentes. Diese Erzählung beinhaltet eine klare Lehre über den berufenden Gott, denn im Mittelpunkt steht der Prophet Jona, der eine Sendung von Gott erhielt und dieser davonlief. Die midraschartige Erzählung voll anmutiger Heiterkeit schildert einen widerspenstigen Propheten, der darüber hinaus noch engherzig war, denn er lief nicht nur vor der Größe seiner Sendung davon, sondern auch vor deren Inhalt: Er sollte nämlich der heidnischen Stadt Ninive die Bekehrung verkünden, also zu den *Gojim* (Nichtjuden) gehen. Die Adressaten waren also die *Gojim*, denen das Heil auch zugedacht war, wenn sie Buße tun und auf Gott hören. Doch Jona machte sich mit seinem Starrsinn lächerlich: Lächerlich war sein Versuch, vor Gott davonzulaufen; lächerlich war die Demütigung, die ihm im Bauch des Fisches widerfuhr; lächerlich war seine unfreiwillige Bußpredigt und das faule Ausruhen unter dem Rizinusstrauch; und wenig rühmlich ist auch sein Ärger über die Bekehrung der Niniviten und über das Welken des Rizinusstrauches. Die Lehre der Erzählung ist, dass Gott sich auch untauglicher, ja widerspenstiger Werkzeuge bedienen kann, um seine Barmherzigkeit in dieser Welt zu verkünden. Er ist ein Gott, „gnädig und barmherzig, langmütig und reich an Huld" (Jona 4,2). Der widerspenstige Gesandte muss sich von Gottes Barmherzigkeit immer wieder belehren und einholen lassen.

Gott liebt jenen Dialog, in dem der Mensch seine Antwort gibt, sein *Adsum!* („Hier bin ich!") spricht. Das Pa-
radigma der Antwort liegt in dem Wort Mariens: „Ich bin
die Magd des Herrn" (Lk 1,38). Maria ist für uns Christen
deshalb so wichtig, weil sie für die menschliche Freiheit
steht, die dann ganz und restlos Ja zum Willen Gottes
sagt. Die Verehrung Mariens ist kein privater Frömmig-
keitsspleen der Katholiken (sowie der altorientalischen
und orthodoxen Kirchen), sondern in Maria wird die einzig richtige Reaktion des Menschen auf den Ruf Gottes
betrachtet und geehrt. Maria war eine Tochter Israels, also jenes auserwählten Volkes, das über Jahrhunderte in
dieses heilige Spiel des souveränen Rufens Gottes und des
freien Antwortens des Menschen eingeübt wurde. Ihr Ja-
wort geschah in der „Fülle der Zeit" (Gal 4,4), denn es
ermöglichte, dass Gott nun nicht nur „etwas" von sich
gab, sondern „sich selbst" gab. Gott will nicht mehr durch
prophetische Worte und geschichtsmächtige Taten in diese Welt einwirken, sondern er will selbst in dieser Welt
anwesend sein. Das Wort, das Gott durch Maria hindurch
der Welt gibt, ist sein letztes Wort, sein unerfindliches
Wort, das Wort, das er selbst ist und das das Heil aller be-
wirkt. Daher lehrt das Zweite Vatikanische Konzil: „Gottes Wort, durch das alles geschaffen ist, ist selbst Fleisch
geworden, um in vollkommenem Menschsein alle zu retten und das All zusammenzufassen. Der Herr ist das Ziel
der menschlichen Geschichte, der Punkt auf den hin alle Bestrebungen der Geschichte und der Kultur konver-
gieren, der Mittelpunkt der Menschheit, die Freude aller
Herzen und die Erfüllung ihrer Sehnsüchte."[115]
   In Christus offenbart sich Gott nicht nur *durch* Menschen, sondern *als* Mensch; nicht nur *durch* Worte, sondern *als* fleischgewordenes Wort. Gott erscheint in der
Dramatik des Lebensschicksals Jesu Christi, und eben da-

rin sagt er sich ganz und endgültig in die Welt hinein
aus. Gott betritt die Bühne der Welt. Offenbarungsträger
und Offenbarungsinhalt sind im fleischgewordenen *Logos* identisch.[116] Weil Gott in Christus der Welt alles gesagt und gegeben hat, was er geben konnte, nämlich sich
selbst, lehrt die Kirche, dass mit Christus die Offenbarung endgültig abgeschlossen ist.[117] Mehr als sich selbst
kann Gott nicht geben, in seinem *Logos* hat er sich ganz
ausgesprochen. Eine weitere Offenbarung, wie sie etwa
die Mormonen lehren, für die das *Buch Mormon* ein wei-
teres gleichwertiges Zeugnis zu Altem und Neuem Testament darstellt, ist für uns unvorstellbar. Wenn wir im katholischen Bereich von „Privatoffenbarungen" sprechen,
so ist der Begriff eigentlich schon in sich missverständ-
lich, denn diese „Offenbarungen" sind bloß „Erhellun-
gen" der schon erfolgten Offenbarung. So wertvoll solche
übernatürlichen Phänomene, mit denen uns Gott und seine Heiligen beschenken können, sind, so sicher ist doch,
dass sie der einen Christusoffenbarung kein Jota mehr
hinzufügen. In Christus ist uns schon alles geschenkt.
„Privatoffenbarungen" erhellen nur einzelne Details der
schon geschenkten Wahrheit; sie sind vergleichbar mit
dem Lichtkegel eines Schweinwerfers, der bereits geschenkte Aspekte der Offenbarung neu oder deutlicher
beleuchtet.

6. *Jesus Christus: das Unendliche in der Gestalt des Endlichen*

Die Frage, ob es Gott gibt, ist nach unserem Verständnis eigentlich keine Frage des Glaubens und der Religion,
sondern eine Frage des Denkens bzw. der Vernunft. Zur
Erkenntnis der Existenz Gottes gelangt der Mensch schon
kraft seiner natürlichen Erkenntnisfähigkeit. Es gibt nicht

nur eine allgemeine naturhafte Sehnsucht, das Letzte, Ewige, Endgültige, Grundlegende – eben „Gott" – zu erkennen, sondern diese Religiosität, die allen Menschen konstitutiv zu eigen ist, kann mittels des bloßen Denkens sogar zu einer grundlegenden Antwort gelangen. Das Dogma der Kirche sprach auf dem Ersten Vatikanischen Konzil im Jahr 1870 der richtig angewendeten menschlichen Vernunft die Fähigkeit zu, von sich aus – also wiederum noch vor aller übernatürlichen Offenbarung – Gott „mit Sicherheit erkennen zu können".[118] Johannes Paul II. hat diese Lehre in der Enzyklika *Fides et Ratio* im Jahr 1998 wiederholt und entfaltet. Und Papst Benedikt XVI. hat die „Vernunft" in seiner berühmten Regensburger Rede als eine Gabe des Schöpfergottes bezeichnet, die uns nicht nur dazu gegeben ist, ihn zu erkennen, sondern auch um im Dialog der Religionen miteinander kommunizieren zu können. Aus dieser Rede vom 12. September 2006 ist der Öffentlichkeit leider nur die vielfach missinterpretierte Stelle in Erinnerung, bei der der Papst den byzantinischen Kaiser Manuel II. Palaeologos († 1425) mit islamkritischen Äußerungen zitierte. Das ist schade, denn dem großen Theologenpapst ging es dabei um ein feuriges Plädoyer für das Denken, für die Vernunft.[119] Am Schluss seiner Rede erwähnte der Papst das eigentlich viel wichtigere Zitat von Kaiser Manuel II.: „Nicht vernunftgemäß, nicht mit dem *Logos* handeln ist dem Wesen Gottes zuwider." Die katholische Glaubenslehre ist jedenfalls zutiefst vernunftsoptimistisch; sie ist davon überzeugt, dass schon das natürliche Denken den Zugang zu dem Geheimnis Gottes eröffnet und dass wir die Vernunft heilighalten müssen. Daher ist für uns die Schöpfung in sich schon eine „natürliche Offenbarung", weil sich in ihr Gott als Schöpfer gegenüber uns erkenntnisfähigen Geschöpfen bezeugt.[120] In Christus definiert Gott seine Göttlichkeit für uns Menschen. Das ist unerfindlich und einzigartig im pluralen Konzert der verschiedenen Religionen.

Welche Argumente gibt es, um die Unerfindlichkeit und Einzigartigkeit der Selbstoffenbarung zu begründen? Wir müssen wieder einen Blick auf die anderen Religionen werfen, die ja Folge der allgemeinen Gottfähigkeit des Menschen sind. Ihnen allen ist nun gemeinsam, dass sie zur Idee einer größtmöglichen Größe dieses Letzten, dieses Göttlichen, dieses Ursprungs und Zieles gelangen. Man kann sagen: Der kleinste gemeinsame Nenner aller Religionen liegt darin, dass sie gleichsam eine „Maximalitätsvorstellung" von Gott entwickeln. Sie bilden sich die Idee von Gott als das größte, mächtigste, allgegenwärtigste Wesen, das man sich vorstellen kann. Die religiöse Sehnsucht endet stets irgendwie bei der Idee von *id quo majus cogitari nequit* („ das, worüber hinaus nichts Größeres gedacht werden kann"), um den heiligen Anselm von Canterbury zu zitieren. Mohammed etwa versteht Gott als den erhabenen Allah, der jenseits der Welt unberührbar in Macht und Herrlichkeit thront. Auch in den abstrahierenden östlichen Religionen findet man dieses Denken an eine Maximalität, ja, dort ist sie philosophisch noch viel subtiler entfaltet. Im Buddhismus gibt es ausdrücklich keinen Namen für „Gott", denn jeder „Begriff" würde das Allesumfassend-Ganze begrenzen und in die Enge des Denkens eingrenzen. Der Buddhismus ist für viele Menschen heute faszinierend, weil hier anscheinend der Unfasslichkeit des Göttlichen besser Rechnung getragen wird als etwa im christlichen oder auch im islamischen Denken: Der „Gott" der Buddhisten ist nicht nur namensfrei, er ist auch personfrei, grenzfrei, endlichkeitsfrei. Er ist die Unbegrenztheit *per definitionem*, mit dem man sich vereinigt, indem man meditativ die eige-

nen, durch das diskursive Denken gesetzten Grenzen abstreift. Das entleerende Meditieren soll die Vereinigung
mit dem Allesumfassend-Ganzen herbeiführen. Die Maximalität dieser Vorstellung des Ganzen ist erkauft durch
Apersonalität und Namenlosigkeit.

Der springende Punkt des christlichen Glaubens liegt
nun darin, dass Gott seine Größe – nämlich die absolute Liebe zu sein (vgl. 1 Joh 4,8.16) – eben darin offenbart,
dass er sich gleichsam ins Gegenteil seiner Größe begibt.
Inkarnation bedeutet: Gott verendlicht sich, verzeitlicht
sich, konkretisiert sich. Gott wird Mensch, die universale
Fülle erscheint in der individuellen und punktuellen Gestalt des Jesus von Nazareth. Jesus Christus ist in Person
das *Universale concretum*. Das zentrale Mysterium des
Christentums ist die Konkretionsfähigkeit Gottes „im
Gegenteil seiner selbst", Luther formulierte *sub contrario*: Der Punkt, an dem sich die göttliche Fülle konkretisiert, ist die Person Jesu Christi. Er ist nach der dogmatischen Definition des Konzils von Chalcedon Gott und
Mensch zugleich in der unverbrüchlichen Einheit einer
Person.

Die Kirche hat in den ersten fünfhundert Jahren theologisch um ihren Begriff von Jesus Christus gerungen
und ist in der genialen Lehrentscheidung des Konzils von
Chalcedon zu einer Art „Formel" gekommen.[121] Dort wird
Jesus Christus als die Einheit dessen definiert, was sich
von der Sache her inkompatibel gegenübersteht: Göttliche Umfassendheit (das Konzil spricht hier von „göttlicher Natur") und menschliche Begrenztheit (das Konzil
spricht hier von „menschlicher Natur") sind hier in einer
unauflöslichen Seins- und Handlungseinheit verbunden
(das Konzil spricht hier von „Person"). Jesus Christus ist
eine Person in zwei Naturen. Gegen Nestorius definiert
das Konzil von Chalcedon, dass sich Gottheit und Mensch-

heit keinesfalls als zwei getrennte Teile gegenüberstehen,
sie sind vielmehr ungetrennt und unteilbar. Zugleich besagt die geniale Formel gegen den Monophysitismus, dass
göttliche und menschliche Natur auch keinesfalls ineinander verschmelzen. Eine solche Verschmelzung würde
ja immer zuungunsten der Menschheit ausgehen, da diese von der Gottheit verschlungen würde. Vielmehr gilt:
Gottheit und Menschheit sind unvermischt und unverändert beisammen. Dem *Chalcedonense* ging es in dieser
fast mathematischen Formel der beiden Naturen in der
einen Person Jesu Christi um die Einheit bei gleichzeitiger Wahrung der Identität der Naturen. Unendlichkeit
und Endlichkeit, Absolutheit und Konkretheit, Allmalig-
keit und Einmaligkeit, Umfassendheit und Partikularität
liegen hier in einem zusammen. In Jesus Christus ist Gott
selbst an einem bestimmten Punkt aus seiner abstrakten
Unendlichkeit herausgetreten und hat seiner unendlichen
Liebe die Gestalt einer konkreten irdischen Existenz gegeben: Jesus von Nazareth.

Der Christusglaube ist wegen des chalcedonensischen
Zusammenfalls der Gegensätze – *coincidentia opposito-
rum* – einzigartig. Jesus Christus ist nicht weniger Gott,
als er Mensch ist, nicht weniger Mensch, als er Gott ist.
Die Einheit des Unvereinbaren ist in sich eine Provokation des natürlichen philosophisch-religiösen Denkens:
Gott ist nicht die abstrakte Maximalität des Weltgeistes,
des unnahbaren Allah, des namenlos Göttlichen des buddhistischen Nirwana, sondern Gott konkretisiert sich in
einem geschichtlich punktuellen Ereignis, in der Lebensgeschichte von Jesus von Nazareth. Gott, der Ganz-An-
dere, wird zum Nicht-Anderen. Das Absolute betritt die
Welt als geschichtliches Subjekt. Der Weltkatechismus
formuliert: „Wir glauben und bekennen: Jesus von Nazareth, ein Jude, zur Zeit des Königs Herodes des Gro-

ßen und des Kaisers Augustus von einer Tochter Israels in Betlehem geboren, von Beruf Zimmermann und während der Herrschaft des Kaisers Tiberius unter dem Statthalter Pontius Pilatus in Jerusalem am Kreuz hingerichtet, ist der menschgewordene ewige Sohn Gottes ..."[122]

Im Glaubensbekenntnis des Christentums liegt eine unerhörte philosophische Torheit: Die letztgültige Gottesoffenbarung, die Synthese von Gott und Mensch, ist eine lebendige historische Person – ein „Galiläer", den wir genau in die Geschichte und in die Zeit einordnen können: *sub Pontio Pilato* (unter Pontius Pilatus). Tertullian konnte nur staunend sagen: *Credo, quia absurdum* („Ich glaube, weil es unausdenklich ist"). In der zweiten Hälfte des 4. Jahrhunderts fiel Kaiser Julian vom Christentum ab, nachdem seine Vorgänger es seit Konstantin so triumphal protegiert hatten. Kaiser Julianus Apostata (361–363) wollte das Heidentum wieder etablieren, weil er sich des Anspruchs des Christentums voll bewusst war, schließlich war er doch christlich erzogen worden. Doch als 20-Jähriger hatte Julian begonnen, für die Mitrasmysterien und den *Sol invictus* ‚den unbesiegbaren Sonnengott‚ zu schwärmen. Christus nannte er verächtlich „den Galiläer". In einem galiläischen Wanderprediger den ewigen Gott zu erkennen, war ihm ungeheuerlich. Wie kann das Teilchen Form des Ganzen sein, wie kann das relative Partikel Träger der Absolutheit sein? Ist da nicht die Macht des Sonnengottes stärker? Julian starb, so die christliche Geschichtsschreibung, unglücklich auf einem Persienfeldzug, wobei er die aus seinem durchbohrten Bauch hervorquellenden Eingeweide zornig der Sonne, die ihm keineswegs geholfen hatte, mit den Worten entgegenschleuderte: „Galiläer, du hast gesiegt!"

7. Gott erweist seine Größe im
Kleinwerden-Können

Jesus Christus ist die Selbstdefinition Gottes als geschichtliche Konkretion, das *Universale Concretum*. Aber ist
das nicht einfach metaphysische Spekulation? Hegel etwa
konnte das Christentum auf diese Weise auffassen: als
großartige Idee, als Anschauung, als Ausdruck der Genialität des „Geistes". Für Hegel ist das Christentum auch
die „absolute Religion", aber eben nur in der Weise der
Anschauung absolut, denn Christus ist für ihn kein his-
torisches Faktum.[123] Was begründet im Glauben letztlich
die Wahrheit, dass hier Gott und Mensch, Unendliches
und Endliches, in chalcedonensisch-unverbrüchlicher Einheit bei gleichzeitiger Wahrung der Eigenart der Naturen
beisammen sind?

Die Antwort lautet: Es ist der Aspekt des Heiles, der in
eben dieser Anschauung begründet liegt und der unerfindlich ist! Die Kirche bekennt die Menschwerdung Gottes nicht aus lustvollem Trieb philosophischer Spekulation, sondern, wie es im *Nicänum* heißt: *propter nostram
salutem* („um unseres Heiles willen"). Das Aufregende – besser: das *skandalon* (Ärgernis) (1 Kor 1,23) – an
Christus liegt nicht zuerst in seiner ontologischen Seinsweise. Dogmengeschichtlich gesehen folgt die Erkenntnis der wahren Gottheit und Menschheit, wie das Konzil
von Chalcedon sie 451 definiert hat, ja auch erst einer anderen, fundamentaleren Erkenntnis nach. Diese andere,
vorausliegende Einsicht ist die Erkenntnis, dass Gott uns
Menschen im Lebens- und Leidensgeschick Jesus Christi
absolutes Heil anbietet. Die Einheit von Göttlichkeit und
Menschlichkeit, Unendlichkeit und Endlichkeit, *Universale* und *Concretum*, ist in Christus nicht zuerst ontolo-
gisch-statisch, sondern biografisch-ereignishaft offenbar.

Gott offenbart sich als unser Heil in der Lebensgeschichte eines Gekreuzigten. Keine religiöse Fantasie reicht hin, sich das auszudenken.

Wie bereits erwähnt, ist der denkerische gemeinsame Nenner aller religiösen Gottesvorstellungen, dass Gott „maximal" ist; dass Gott aber so „maximal" ist, dass er in die Partikularität eingehen kann, ja, dass er gerade am tiefsten Punkt „alle" – im universalen Sinne – liebend umfasst, das ist christlich, und eben das ist unerfindlich und einzigartig. Der tiefste Punkt ist der Tod am Kreuz, der in die Lebendigkeit der Auferstehung und in die Entsühnung des Menschen mündet. Gott tritt so in die Welt, dass er selbst jenen Punkt, wo sich die Endlichkeit zum Schaurigsten zusammenkrampft, auf sich zu nehmen vermag: den Tod und die Sünde. Die Umfassendheit der Liebe Gottes offenbart sich in einem Partikel der Unheilsgeschichte dieser Welt. Alles, was von Gott im Alten Testament noch verschleiert war, tritt am Kreuz ans Licht: Der Herr haucht seinen Geist in die Welt aus, aus seiner aufgestoßenen Seite strömen Blut und Wasser (vgl. Joh 19,34); im gleichen Augenblick zerreißt der Vorhang im Tempel, welcher bisher den Blick auf das Allerheiligste versperrte (vgl. Lk 23,45).

Und am Ostermorgen finden die Jünger jenes Tuch, das das Antlitz des gekreuzigten Herrn verhüllt hatte, sorgfältig zusammengefaltet und weggelegt vor (vgl. Joh 20,7). Denn in Tod und Auferstehung Christi liegt alles an Gott offen. Es gibt nichts an Heil, Gnade und Wahrheit, das er nicht ausströmen lassen hätte. Aber nicht nur das Wesen Gottes ist enthüllt: Mit der letzten Wahrheit über Gott, der sündenvergebende und lebensspendende Liebe ist, wird auch die letzte Wahrheit über den Menschen geoffenbart. Denn wo das Abgründig-Menschliche zur Ausdrucksgestalt des Erhaben-Göttlichen wird, da steht der

Mensch in seiner letzten Größe und Würde da. Hans Urs von Balthasar formulierte: „Wenn Gott Mensch wird, so wird der Mensch als solcher Ausdruck, gültige und authentische Übersetzung des göttlichen Mysteriums. Indem Gott dem Menschen sein göttliches Antlitz offenbarte, hat er ihm auch das eigene menschliche Antlitz enthüllt."[124] Das Fundament des christlichen Glaubens – in seiner Ehrfurcht vor Gott und in seinem Einstehen für die unantastbare Würde des Menschen – ist daher die „Erkenntnis des göttlichen Glanzes auf dem Antlitz Christi" (2 Kor 4,6).

Warum ist die Einzigartigkeit des Christusereignisses durchaus plausibel, warum konnte ein solcher Glaube die Weltgeschichte nunmehr schon fast 2000 Jahre mit seiner Einladung zur Liebe prägen? Doch deshalb, weil hier sich etwas anderes ereignete, als das von den anderen Religionen Verkündete. Balthasar spricht sogar von der Isoliertheit des Christentums gegenüber den anderen Religionen. Gott erweist sich hier nicht nur als der Größte, sondern als der komparativisch „Immer-Größere" in seiner Liebe, indem er sich uns als das „Immer-Kleinere" schenkt. Anselm von Canterbury hatte Gott definiert, wie bereits erwähnt, als: *id quo majus cogitari nequit* („das, worüber hinaus nichts Größeres gedacht werden kann"). Wir müssten im Angesicht der sich entäußernden, menschwerdenden und bis in den Tod gehenden Christusoffenbarung eigentlich neu definieren: Gott ist die Liebe, die sich in dem unausdenkbaren „Kleingeworden-Sein" offenbart: *id quo* minus *cogitari nequit*.

Hier wäre noch viel über die stellvertretende Sühne zu sagen, die wir im Kreuz Christi erkennen. Ich möchte dies aber einfach in Form einer katechetischen Erzählung, die vor allem im freikirchlichen Milieu weit verbreitet ist, veranschaulichen:

Exkurs 2: In einem Land des Fernen Ostens fand ein Gespräch über die Weltreligionen statt. Auch ein Christ war bei dem Gespräch anwesend. Die anderen fragten ihn: „Warum bist du Christ? Hat das einen besonderen Sinn?" Der Christ antwortete: „Ich möchte euch die Antwort in einer Erzählung geben." – Das ist übrigens typisch orientalisch und zugleich christlich, denn auch Christus benutzte Gleichnisse, um das Schwer-Verständliche darzustellen.

Der Christ fing also an zu erzählen: „Es ging ein Mann über Land und fiel in eine tiefe Grube. Er schrie um Hilfe, denn von selbst kam er nicht mehr aus dem Loch heraus. Die Wände waren glatt und steil. Er schrie also und schrie.

Da kam ein Mann vorbei, ein Brahmane aus der obersten Kaste in Indien. Dieser hörte das Schreien, beugte sich über den Rand und rief: ‚Du bist selber schuld, dass du in die Grube gefallen bist, es ist dein Karma. Jetzt kann dir niemand helfen. Du musst die Folgen deiner Unvorsichtigkeit selbst ertragen.' – Der Hinduismus sagt nämlich: Alles, was mir zustößt, habe ich selbst verursacht. Es ist das Karma. Deshalb glauben die Hinduisten, dass sie auf Erden wiedergeboren werden, um das Karma zu verbessern. Wenn es jemandem schlecht geht, ist das ein Zeichen, dass er im früheren Leben gesündigt hat und dies jetzt ausleiden muss. Deshalb wäre es gar nicht gut für ihn, wenn man ihm zu sehr hilft. – Und so blieb der Mann trostlos in der Grube zurück.

Nun kam ein anderer Mann des Weges, ein Buddhist. Er hörte das Schreien, beugte sich über den

Rand und rief: ‚Ja, es ist traurig, dass du in die Grube gefallen bist. Aber ich gebe dir einen Rat: Habe edle Gedanken und edle Gefühle. Versuche zu meditieren und dich in das Wesen der Grube zu versenken. Dein Schmerz ist ein Teil des Ganzen, deine Angst gehört ebenso wie die Freude zu dir.' – Das ist die Lehre des Buddhismus: Es gibt dort wunderbare Gedanken, Meditationen, Praktiken und Methoden, mit denen man sich geistig beruhigen und in die man sich versenken kann. Der Buddhismus lehrt, über den Dingen zu schweben, denn das Böse in der Welt ist nur Schein. Dann ging der Buddhist weiter seines Weges.

Danach kam wieder jemand daher, ein Moslem. Er hörte das Schreien des Mannes in der Grube, beugte sich über den Rand und rief: ‚Du armer Mann. Ja, man muss dir sofort helfen. Warte, ich reiche meinen Arm hinunter. Ach, er ist zu kurz, ich erreiche dich nicht. Ist denn kein Seil in der Nähe? – Nein, es ist einfach nichts da. Nun, dann kann man nichts machen. Allah hat es so gewollt. Wir dürfen seine Pläne nicht durchkreuzen.' – Dieser Fatalismus entspricht dem Islam. Moslems befolgen die Vorschriften Gottes mit größtem Eifer, denn sie halten Gott für sehr groß und mächtig. Doch gerade dies führt zum Fatalismus, als ob Gott von seinem Thron aus wie ein Dirigent die Welt genau dirigieren wollte und der Mensch nicht wirklich frei wäre. Der Mensch kann nichts tun, als sich dem unabänderlichen Willen Allahs zu unterwerfen, Unterwerfung aber heißt Islam. So zuckte auch der Moslem mit den Achseln und ging seines Weges.

Da schrie der Mann in der Grube in seiner Todesangst voller Verzweiflung. Wer würde ihn vor dem
Tod erretten? Schließlich kam noch jemand. Er sah
den Mann in der Grube, stieg selbst hinunter in die
Finsternis und Tiefe und sagte: ‚Steig auf meine
Schultern, so wirst du frei und gerettet sein.' Der
Mann tat es, stieg auf die Schultern seines Retters
und kletterte aus der Grube. Doch der Mann, der in
die Grube hinabgestiegen war, stieg nun selbst nicht
hinauf, sondern er nahm den Tod auf sich. Und das
ist die Lehre des Christentums: Der göttliche Retter, der in die Grube hinabgestiegen ist, ist Christus.
Er ist für uns gestorben, damit wir leben können.
Er ist der, bei dem ich mir sicher bin, dass er mich
liebt. – Und der Christ endete: ‚Und seht, darum bin
ich Christ.' So sprach der Christ und in der Runde
herrschte betroffenes Schweigen."

8. Toleranz und Apologetik

Wir stellen nach diesen Betrachtungen abschließend zwei
Fragen. Zuerst die Frage nach der Toleranzfähigkeit einer exklusiven Religion. Führt ein solcher Anspruch
nicht zu Intoleranz und Fanatismus? Wenn er vom Inhalt
her vertreten wird, lautet die Antwort: Nein! Religiöse
Überzeugung mag in vielen Fällen zu Intoleranz und Fanatismus führen, doch beim christlichen Offenbarungsglauben dürfte es nicht so sein. Je überzeugter ein Christ
von der christlichen Gottesoffenbarung ist, desto überzeugter müsste er auch das nachvollziehen können, wofür
das Kreuz steht, nämlich hingebende Liebe zum anderen,
auch zum Andersdenkenden und Andersglaubenden.
Die Liebe des Gekreuzigten ist ja inklusiv.[125] Je tiefer ein

Christ das Wesen seines Glaubens erfasst und verinnerlicht, desto mehr muss er sich zu Toleranz verpflichtet
wissen. Denn das Wesen des Christentums liegt darin,
dass Gott sich in Christus als absolute Liebe offenbart
und die an ihn Glaubenden zur Liebe verpflichtet: Diese
Liebe aber ist eine missionarische Liebe, eine apostolische
Liebe, weil sie den anderen teilhaben lassen möchte. Im
Epheserbrief heißt es, dass es eine Gnade ist, den Heiden
„als Evangelium den unergründlichen Reichtum Christi
zu verkündigen" (Eph 3,8).

Es gibt keinen Grund, warum sich der Christ nicht
über die einzigartige Erkenntnis Gottes freuen sollte, die
ihm in Jesus Christus geschenkt ist. Gerade der Christ
bräuchte sich für seine Überzeugung nicht zu schämen.
Religiöser Stolz ist ihm vom Inhalt seines Glaubens her
fremd, denn die einzige Form des „Ruhmes", die ihm erlaubt ist, ist das Kreuz (Gal 6,14). Und wer könnte sich
guten Gewissens des Kreuzes rühmen, der nicht zugleich
bereit wäre, das zu tun, wofür das Kreuz steht, nämlich
zu lieben, ja ohne Maß zu lieben.

Die zweite Frage: Wie sollen wir uns als Christen in
einer pluralistischen Welt verhalten, der jeder Anspruch
unerträglich ist? Meine Antwort: Gemäß dem Auftrag
des Herrn, demütig missionarisch und – apologetisch
den Anspruch Christi, Gottes Liebe und Heil, allen Menschen zu bringen, in die Welt hinein zu verkünden, nicht
aus eigenem Machtdenken heraus, sondern um der Menschen willen. Alle Strömungen, die den Anspruch Christi auf Einzigartigkeit relativieren, geben ja vor, dies um
des Menschen willen zu tun. Schon das *Écrasez l'infame!*
Voltaires hätte das Präludium zu einem neuen Humanismus werden sollen, ebenso der programmatische Atheismus eines Karl Marx usw. Auch der Pluralist Paul Knitter gibt vor, den Anspruch der Religion um des Heiles

der Menschen willen zu bekämpfen. Er schreibt: „Unser
‚Absolutes' ist nicht Christus, noch nicht einmal Gott.
Es ist vielmehr *soteria* (menschliche Erlösung oder Rettung)."[126]
  Hier ist Verteidigung angesagt. Die Erfahrung lehrt,
dass gerade jene Ideologien, die sich seit der Aufklärung
allein auf ihre *humanité* (Menschlichkeit) berufen wollen, zu den größten Verbrechen der Menschheitsgeschichte geführt haben. Dass man dem Christentum alle Übel
der letzten 2000 Jahre anlasten möchte, ist eine „Hal-
tet-den-Dieb-Mentalität" des antitheistischen und anti-
christlichen Humanismus. Hier wird die Sache Christi
angegriffen, deshalb dürfen und müssen wir uns verteidigen. Es gibt die offene Konfrontation, wie sie vom deutschen Verein „Internationaler Bund der Konfessionslosen
und Atheisten (IBKA) e. V." geführt wird. Und es gibt die
subtile Kritik, die versteckte Propaganda. Ich möchte ein
abschreckendes Beispiel anführen.

Exkurs 3: Unlängst fiel mir der Roman der amerikanischen Erfolgsautorin Barbara Wood in die Hände,
dessen Titel verheißungsvoll klang: *The Prophetess*
(„Die Prophetin"), mittlerweile auch in deutscher
Übersetzung erhältlich.[127] Verheißungsvoll war vor
allem das Bild auf dem Cover: eine Innenansicht des
Petersdomes. Es ist ein Krimi, der von der chilias-
tischen Hysterie der Menschen handelt. Wenn ich
anfangs noch erwartet hatte, dass es hier um eine
spannende „Action" ginge, so wurde ich bald ent-
täuscht. Eine amerikanische Forscherin findet in der
Wüste Ägyptens sechs Papyrusrollen, ausgerechnet
zwei Wochen vor dem Jahreswechsel auf das Jahr
2000. Die siebte Rolle fehlt. Bald entwickelt sich
ein Machtkampf um die unentzifferten Rollen, die

von einer Frau namens Aemiliana zeitgleich mit den
Evangelien verfasst wurden und von Jesus handeln.
Ein verrückter Antiquitätensammler und der Vatikan verfolgen die arme Entdeckerin, die mit den
Rollen flieht. Ein junger attraktiver Priester, der
Kampfsportler ist und einen „Waschbrettbauch" hat
(woraus ersichtlich ist, dass die Autorin die Reali-
täten des Klerus in keiner Weise kennt), stellt ihr
nach, steht aber bald auf der Seite der verfolgten
Entdeckerin. Während der dramatischen Flucht zusammen mit dem Bodybuilder-Priester übersetzt
die Forscherin mithilfe von Internet und Interchat
die Rollen. Siehe da: Wir werden aufgeklärt, dass
es im 1. Jahrhundert ganz selbstverständlich Pries-
terinnen und Diakonissinnen gab, bis die böse Pe-
truskirche diese ausschaltete; außerdem hatte die
alte Aemiliana zufällig alle Kontinente bereist, und
es stellte sich heraus, dass es zur Zeit Jesu in jedem
Land eine Gottheit gab, die von einer Jungfrau geboren wurde, am Kreuz starb und am dritten Tag
auferstand –, überall Heilande, von der Einzigkeit
Jesu keine Spur. Eine solche Vielzahl von Heilan-
den stellt natürlich automatisch die Bedeutung des
einen Heilandes Jesus Christus in Frage. Der Leser
versteht sofort, warum der monopolistische Vatikan
die Rollen beseitigen wollte. Die Archäologin aber
hatte ein edles Motiv für die Veröffentlichung dieser
feministisch-religionspluralistischen Papyrusrollen:
Ihre arme Mutter seligen Andenkens war nämlich
Theologieprofessorin, verlor aber ihren Lehrauftrag,
weil sie ein Buch über die Bedeutung von Frauen in
der Bibel verfasst hatte. Die arme Theologieprofessorin durfte dann nicht einmal an der Seite ihres
christlichen Mannes in geweihter Erde begraben

werden. Zur Steigerung der „Action" geschehen einige Morde, endlich kommt es zum *Finish* in Rom
mit einem Kardinal Lefebvre, der die heilige Inquisition leitet: Der Priester mit den Muskeln geht mit
der attraktiven Forscherin ins Bett, weil er ohnehin nur aus einem Schuldkomplex heraus unfrei-
willig Priester geworden war. Die gesuchte siebte
Rolle wird in einem Nonnenkloster entdeckt und
per Internet wird alles weltweit veröffentlicht. Der
fanatische Antiquitätensammler, der übrigens so
nebenbei der größte Computerproduzent der Welt
ist, wird entlarvt. Ebenso entlarvt wird am Schluss
der Vatikan. Er ist, wie nicht anders zu erwarten,
eine frauenfeindliche und religionsmonopolistische
Diktatur. Der Priester und die aufgeklärte Archäologin entschwinden schließlich händchenhaltend in
der Abendröte infamer Dummheit. Die religiösen
Botschaften sind die Grundaussagen von New Age
und keineswegs tiefschürfend: „Du bist im Univer-
sum nicht allein." – „Wir alle sind göttlich!" usw.
Dieser Roman ist gleichsam nur die „Veranschaulichung" der Vorurteile, die ohnehin jeder aufgeklärte
Mensch „immer schon" gegen die Kirche hatte.

Warum stelle ich etwas derart Unseriöses so ausführlich
dar? Um für eine verstärkte Apologetik Christi zu plä-
dieren. Wir leben heute in einer ähnlichen Zeit wie damals, als die ersten Denker der Kirche, zumeist bekehrte
Philosophen wie etwa Justinus († 165) oder Tertullian
(† um 220), klar und deutlich das Christentum gegen die
übelsten Unterstellungen verteidigten. Diese Männer,
„Apologeten" genannt, hatten zugleich keine Scheu, das
Christentum als „Licht der Welt", „Stadt auf dem Berg"
und „Salz der Erde" (Mt 5,13f) zu bekennen.

Und dessen müssen wir uns eben bewusst sein, dass das Christentum einzigartig ist. Das Einmalige aber ist immer eine Provokation des Allmaligen und Austauschbaren. Christlicher Glaube ist Provokation: nicht nur von der Peripherie her, sondern in seiner innersten Mitte „den Juden ein empörendes Ärgernis, den Heiden eine Torheit" (1 Kor 1,23). Die Bedrohung durch den religionstheologischen Synkretismus könnte für uns zum Impuls werden, wieder die innerste Mitte unseres Glaubens in Jesus zu finden. In seinem stellvertretenden Sterben und Auferstehen entdeckt der Christ die „Fülle Gottes" (Kol 2,9; vgl. 1,19). Mit der Tatsache, dass wir für den Zeitgeist „unverdaulich" sind, müssen wir uns abfinden, denn daran führt kein Weg vorbei. Wie Balthasar einmal formuliert hat: „Der Fall, dass einer Christus wirklich begegnet und ihn nicht entweder anbetet oder Steine aufhebt, ist im Evangelium nicht vorgesehen."

VII. KAPITEL
WER IST DER HEILIGE GEIST?

1. Der große Unbekannte

Der Heilige Geist – das geheimnisvollste der Geheimnisse Gottes. Das Bekenntnis zum Heiligen Geist ist die abstrakteste aller abstrakten Glaubenswahrheiten und doch ist es gerade der Heilige Geist, der sich am konkretesten auswirkt: denn ohne ihn gäbe es kein sichtbares kirchliches Leben, ohne ihn gäbe es keine Kirche. Im *Apostolischen Glaubensbekenntnis* heißt es ja: „Ich glaube an den Heiligen Geist, die heilige katholische Kirche, Gemeinschaft der Heiligen, Vergebung der Sünden, Auferstehung der Toten und an das ewige Leben." Alles, was wir *nach* dem Heiligen Geist bekennen, so hat Kardinal Henri de Lubac festgestellt, ist keine lose Zusammenwürfelung von irgendwelchen Glaubenssätzen – Kirche, ewiges Leben, Sündenvergebung usw. –, sondern es sind die Werke des Heiligen Geistes. Vom Vater bekennen wir, dass er der Schöpfer, vom Sohn, dass er der Erlöser ist, vom Heiligen Geist, dass er ganz konkrete Wirkungen hat. Sein schönstes Werk ist die Kirche, das sind wir. Deshalb haben die Väter des Zweiten Vatikanischen Konzils gleich in der ersten Konstitution, die sie beschlossen, schlicht ausgedrückt, dass *alles* Leben der Kirche im Heiligen Geist geschieht.[128]

Wir Christen werden seit den Zeiten der Apostel (vgl. Apg 11,26) weder nach Gott, dem Vater, noch nach Gott, dem Heiligen Geist, sondern nach der zweiten göttlichen Person, nach Jesus Christus, benannt, von dem wir bekennen, dass er Gottes Sohn in Menschengestalt, fleischgewordene göttliche Person ist: wahrer Gott und wahrer Mensch. Die Logik liegt auf der Hand, denn durch die Menschwerdung ist ja die Wirklichkeit Gottes, des *Logos*, sichtbar und anschaubar in diese Welt eingetreten. Jesus Christus ist Gott in Menschengestalt. Er hat den großen „Vorteil", dass wir ihn uns vorstellen können, weil er wirklich ein Teil unserer Geschichte, unserer Lebensrealität geworden ist. Jesus Christus ist anschaulich, der Vater und vor allem der Heilige Geist sind es nicht. Jesus Christus hat als Mensch zu einer bestimmten Zeit an einem bestimmten Ort und in einer bestimmten Kultur gelebt. Er hat konkrete Taten und Wunder vollbracht und konkrete Worte formuliert. Jesus ist fassbar, vorstellbar, anschaulich. Weil Gott uns in Jesus Christus selbst ein Bild seiner unsichtbaren Wirklichkeit vor Augen gestellt hat (vgl. Kol 1,15), gilt das Bilderverbot für uns nicht mehr in der drastischen Weise, wie Gott es noch vor seiner endgültigen Selbstoffenbarung eingefordert hatte (vgl. Ex 20,4). Deshalb ist es richtig, wenn wir in unseren Wohnungen und Kirchen Bilder von Jesus Christus verehren, sei es als Kruzifix oder als Herz-Jesu-Bild.

Doch beim Heiligen Geist müssen wir auf diese Anschaulichkeit verzichten. Hans Urs von Balthasar hat ihn den „Unfassbaren jenseits des Wortes" genannt. Wir, die wir uns so gerne etwas vorstellen, müssen beim Heiligen Geist mit unserer Fantasie kapitulieren. Schon in der Schrift gibt es nur Bilder von ihm, Symbole seines Wirkens: Sturm und Feuerzungen am Pfingsttag, Taube bei der Taufe Jesu im Jordan, Salböl und Handauflegung in der Liturgie. Ich finde es schade, dass das Symbol der Taube sich so in den Vordergrund gedrängt hat. Allerdings findet sich dieses Bild im Evangelium, wo von der Taufe Jesu erzählt wird. Aber dort heißt es nur, dass der Geist „wie eine Taube" auf Jesus herabgekommen sei. Er ist nicht *als* Taube gekommen, sondern *wie* ein Taube. Der

Geist hat nicht die Gestalt einer Taube, sondern es geht um die Spontaneität, das Überraschende! Und es geht darum, dass der Geist von oben kommt. Er ist der, der vom Himmel her über uns hereinbricht, überraschend und unerwartet! (Jeder, der schon über den Markusplatz in Venedig gegangen ist und plötzlich von einer Taube als Landeplatz auserwählt wurde, weiß, warum die Taube hier Symbol des Geistes Gottes ist!).

Die vielen Bilder zeigen: Der Geist ist unfasslich! Auch die Theologie, die doch so viel sinniert und spekuliert, konnte den Heiligen Geist nicht auf eine schlüssige Formel bringen. Auf dem Ersten Ökumenischen Konzil, das Kaiser Konstantin im Jahr 325 in das kleinasiatische Dorf Nizäa einberufen hatte, wusste man sehr viel über den Sohn zu sagen: darüber, was die zweite göttliche Person ist: „Gott von Gott, Licht vom Licht, gezeugt nicht geschaffen, eines Wesens mit dem Vater ..." Man formulierte ein eigenes Glaubensbekenntnis, das wir heute noch beten. Also sagte man viel über den Sohn. Doch als man dann schließlich zum Heiligen Geist kam, verstummte man: Das berühmte Glaubensbekenntnis von Nizäa endet mit dem schlichten Satz: „Und wir glauben an den Heiligen Geist." Punkt! Aus! Ende! Erst ein halbes Jahrhundert später hat dann das Zweite Ökumenische Konzil, das im Jahr 381 in Konstantinopel stattfand, dieses Schweigen beseitigt und das Credo erweitert: „Wir glauben an den Heiligen Geist, der Herr ist und lebendig macht, der aus dem Vater und dem Sohn hervorgeht, der mit dem Vater und dem Sohn angebetet und verherrlicht wird, der gesprochen hat durch die Propheten."[129]

Die Unfasslichkeit des Heiligen Geistes wird auch durch eine sprachliche Auffälligkeit unterstrichen, nämlich die offensichtliche *Geschlechtslosigkeit*, die ihm zu eigen ist. Im Deutschen sagen wir „der Geist" mit männlichem Artikel. Im Griechischen, also in der Sprache, in der das ganze Neue Testament verfasst wurde, heißt Geist *to pneuma*, das ist ein Neutrum, *das pneuma*. Auch schon in den hebräischen Texten des Alten Testaments ist vom Geist die Rede und das entsprechende hebräische Wort heißt *ruach;* das wieder ist ein Femininum: *die ruach elohim.* Etwa bei der Schöpfung: „Die *ruach* Gottes schwebte über der Urflut" (Gen 1,2). Der Heilige Geist erweist sich also sogar von dieser Auffälligkeit her als unfassbar! Er ist „der-die-das" in einem: *die* ruach, *das* pneuma, *der* Geist. Vielleicht ist das sein Wesen, dass er jedes und alles zugleich ist und doch weder noch, jedenfalls sehr kompliziert!

Am leichtesten ist der Heilige Geist jedoch an seinen Wirkungen festzumachen. Es ist ja grundsätzlich festzustellen, dass man den Charakter einer Person am leichtesten an seinen Werken erkennt: „Sag mir, was du tust, und ich sage dir, wer du bist." Über das Wirken des Geistes wird uns in der Heiligen Schrift ausführlich berichtet, vor allem in den Abschiedsreden bei Johannes und dann sehr eindrucksvoll bei Paulus, der den Geist immer dem Fleisch gegenüberstellt. Eindrucksvoll hat Papst Johannes Paul II. im Jahr 1986 diese Wirkungen des Geistes in seiner Enzyklika *Dominum et vivificantem* ausgelegt. Er hat jedoch dort auch höchst spekulative Gedanken vorgelegt, wenn er etwa tatsächlich vom „Leiden im Herzen der Dreifaltigkeit" spricht.[130]

Ich möchte Ihnen die Kompliziertheit des Heiligen Geistes, die zugleich seine Einfachheit ist, nicht ersparen, denn der Heilige Geist ist für unseren Verstand einfach „unfasslich", auch wenn er gleichsam die „Logik" Gottes ist. Ich möchte daher bruchstückhaft versuchen, die Kompliziertheit ein wenig aufzuschlüsseln, weil eine Theologie des Heiligen Geistes[131] von großer Bedeutung ist: Erstens müssen wir den Heiligen Geist kennen, damit wir ihn von den Weltgeistern unterscheiden können. Es gibt viele Geister, die heute herumschwirren, aber es gibt nur einen Heiligen Geist. Und zweitens müssen wir den Heiligen Geist kennen, weil sich auch in der Kirche viele auf den „Heiligen Geist" berufen. Das gilt sowohl für die am linken als auch für die am rechten Flügel des Glaubens. Wie schnell wird heute der Anspruch erhoben, Gottes Geist zu haben, und oft ist das nur ein Vorwand für jede Form von liebloser Rechthaberei. Man sagt in Österreich ja auch humorvoll, dass manch einer seinen eigenen „Vogel" gerne als Heiligen Geist ausgibt.

Wir müssen also den Heiligen Geist kennen, um auf der katholischen Linie zu bleiben. Aber mehr noch: Man kann aufzeigen, dass ein Missverstehen des Geistes erschreckende Konsequenzen haben kann, bis hin zur Ideologie des Marxismus.

2. Im innersten Leben der Dreifaltigkeit

Wer ist der Heilige Geist? Zunächst ist bei aller Unbegreiflichkeit des Geistes festzuhalten, dass der Heilige Geist *Gott* ist. Wir nennen ja vieles „Geist". Da gibt es ein breites Begriffsspektrum: den „Zeitgeist", der heute alles dominiert; den „Weltgeist" Hegels, der die Selbstentwicklung des Göttlichen im endlichen Bewusstsein bedeutet. Goethe hat durch seinen Zauberlehrling den modernen Menschen darauf hingewiesen, dass manche „Geister" beschworen werden können, die man dann nicht mehr los wird. Im weltlichen Bereich gibt es die „Begeisterung", oft auch für Dinge, die es nicht wert sind. Viele beschwören heute wieder Totengeister. In der Kirche redet man viel vom „Geist" des Konzils. Aber auch ganz ernsthaft: Von uns selbst glauben wir, dass wir aus einer Geistsee-

le und einem materiellen Leib bestehen. Und der Glaube
der Kirche lehrt, dass es immaterielle Geister gibt, die in
der Anschauung Gottes leben, das sind die heiligen Engel.
Nicht vergessen dürfen wir die Ungeister, die es auch gibt.
Dies sind die reinen Geister, deren Wesen das Verwirren
und Verkehren ist: das ist der Durcheinanderwerfer, der
diabolos mit den gefallenen Engeln.

Es gibt also viele Begriffe, auf die wir den Ausdruck
„Geist" anwenden. Was den Heiligen Geist von allen unterscheidet, ist, dass er unerschaffen, dass er Gott ist. Einzigartig ist der Heilige Geist ein unerschaffener, ewiger
Geist. Alle anderen „Geister", auch Engel und Seelen,
sind geschaffen und deshalb nicht göttlich.

Da der Heilige Geist also nicht geschaffen ist, ist er
ewiger Gott. Ewig besagt, dass die Kategorien von Raum
und Zeit nicht gelten, dass er diese Kategorien übersteigt,
transzendiert. Nur Gott ist ewig; das bedeutet, dass er vor
den Zeiten ist. „Bevor" Gott Himmel und Erde erschaffen
hat, gibt es ihn schon, den Ewigen. Das klingt selbstverständlich, wird aber meistens nicht durchdacht. Wir wollen über die Ewigkeit Gottes nachdenken, darüber, dass es
Gott „vor der Erschaffung von Himmel und Erde", vor allen Zeiten gegeben hat und gibt.

Die Offenbarung durch Jesus Christus zeigt uns nicht
nur, dass Gott ewig ist, sondern auch, wie Gott in seiner
Ewigkeit ist. Er ist nämlich auch vor der Erschaffung des
Kosmos kein einsamer Gott! Manche Philosophen waren der Auffassung, dass Gott gleichsam notwendigerweise etwas schaffen muss, damit es ihm in seiner Ewigkeit nicht langweilig ist! Hegel meinte, dass Gott die Welt
braucht, damit ihn überhaupt jemand anbetet, ohne Welt
wäre er gar nicht Gott, weil niemand davon wüsste. Und
in der griechischen Antike nahmen die neuplatonischen
Denker an, dass Gott zwar ewig ist, aber irgendwann

gleichsam notwendigerweise überfließen muss, schöpfen muss. Man stelle sich den ewigen Gott wie kochende Milch vor, die naturgemäß übergehen muss vor lauter innerer Glut. *Bonum diffusivum sui* („Das Gute fließt von Natur aus unweigerlich über").

Der Glaube lehrt uns, dass Gott vor dem Schöpfungsakt schon selig und glücklich ist und dass er die Welt nicht braucht. Er schafft nicht gezwungenermaßen, sondern frei, aus Liebe. Warum er wirklich etwas Zeitliches neben seiner Ewigkeit geschaffen hat, bleibt freilich immer ein Geheimnis! Der Glaube lehrt uns aber, mit Sicherheit zu sagen: Gott hat den Kosmos sicher nicht deshalb geschaffen, weil er hier irgendeiner Notwendigkeit unterlegen ist. Der Grund liegt darin, dass Gott von Ewigkeit nicht einsam ist, sondern in ihm gibt es eine innere Lebendigkeit, die wir Dreifaltigkeit nennen. Der eine Gott ist von Ewigkeit in seinem Wesen dreifaltig. Ja, er ist ganz und gar eins, aber diese Einheit selbst lebt in sich. Wir bezeichnen das als die innere oder ewige Dreifaltigkeit, die „immanente Trinität".

Die Lehre über diese innere Trinität ist den Gläubigen heute ziemlich fremd, sie ist auch ein wenig abstrakt und kompliziert. Wir Zisterzienser hatten, wie gesagt, sogar das Privileg, am Dreifaltigkeitssonntag nicht predigen zu müssen. Und doch ist das Verständnis von der Dreifaltigkeit Gottes für jeden, der bereit ist nachzudenken, nicht nur einleuchtend, sondern gleichsam der Schlüssel zu aller christlichen Gotteserkenntnis. Um die Dreifaltigkeit zu verstehen, ist es wichtig, dass wir in Gott eine Lebendigkeit, eine Bewegung denken, aber keinesfalls ein zeitliches Nacheinander. Nichts ist vorher, nichts nachher. Also ist in Gott alles in Bewegung, aber völlig zeitlos und raumlos. In der ewigen Einheit des einen göttlichen Wesens bewegt sich eine dreifache Liebe, die wir Vater, Sohn und Geist nennen.

Jetzt wird es komplex, wir wenden nämlich unseren Blick diesem dreifaltigen Liebesleben zu: Im Inneren Gottes ist der Vater von Ewigkeit die schenkende Liebe, das reine Verschenken! Es ist eine berechnungslose Liebe, mit der er sich hingibt. Die Theologie nennt diese Hingabe „Zeugung", denn aus ihr geht eine zweite göttliche Person hervor, das ist der Sohn. Der Sohn ist von Ewigkeit aus dem Vater gezeugt, er ist nicht geschaffen, wie dies der Häretiker Arius behauptete. Bitte beachten: Mit „Sohn" meinen wir hier noch nicht „Christus", denn Christus nennen wir den Sohn erst in dem Augenblick, in dem er Mensch wird und in die Geschichte eingeht. Vor der Menschwerdung ist der Sohn reine, ewige, göttliche Person, wir nennen ihn auch *Logos* (Wort). Johannes beginnt sein Evangelium mit der Verkündigung der Menschwerdung. Er sagt: „Und das Wort [der *Logos*] ist Fleisch geworden" (Joh 1,14). Der innergöttliche *Logos* wird vom Vater gezeugt, er ist der Gezeugte. Auch dieser Ausdruck findet sich bei Johannes: *monogenes* (Joh 1,18). Also: Vater und Sohn sind eins in der Liebe, aber sie sind in der Form dieser Liebe völlig verschieden: Der Vater ist das reine Verschenken, der Sohn das reine Empfangen. Aber was empfängt der Sohn? Er empfängt vom Vater ja die verschenkende Liebe, sodass er im Empfangen sogleich wieder verschenkt. Der Sohn verschenkt sein Empfangen dem Vater. Wir nennen dies: er verdankt sich dem Vater.

Bis jetzt scheint es so zu sein, als würde das göttliche Wesen nur aus zwei Liebenden bestehen, aus Vater und Sohn. Wichtig ist es zu verstehen, dass die göttlichen Personen radikal voneinander verschieden sind. Man kann sagen, dass der Vater dadurch Vater ist, dass er nicht Sohn ist. Der Sohn ist dadurch Sohn, dass er nicht Vater ist. Der Vater ist Verschenken, der Sohn ist Empfangen. Der

Vater ist Zeugung, der Sohn ist Gezeugt-Sein. Das ist ein entscheidender Punkt in der Lehre über die Dreifaltigkeit, die auf den heiligen Thomas zurückgeht. Das Konzil von Florenz hat diese Lehre im Jahr 1442 dogmatisiert.[132] Sie besagt: Es gibt in der absoluten Einheit Gottes eine „Opposition", eine „Differenz".[133] Das stößt uns ziemlich vor den Kopf! Wie ist das möglich: Eine absolute Einheit und in dieser Einheit eine „Opposition" von Vater und Sohn?

Und hier kommt etwas ganz Entscheidendes, nämlich die Wahrheit des Geistes! Wir haben beim Begriff der Einheit immer die Vorstellung eines eingekochten Breies, in dem alles ganz gleich ist. Wenn wir sagen, Gott ist „eins", dann denken wir vielleicht an eine Einheit nach der Art eines milchigen Yin-Yang-Nebels, wo alle Konturen verschwimmen! Die Offenbarung lehrt aber das Gegenteil, dass nämlich in Gott die „Opposition" oder benutzen wir den besseren Ausdruck: das Gegenüber, eine Form der Einheit ist! Warum ist Gott nicht ein Einheitsbrei, sondern das Gegenüber von Vater und Sohn? Die Lösung lautet: Weil er die Liebe ist (vgl. 1 Joh 4,8.16). Und Liebe gibt es nur, wo es ein Gegenüber gibt. Wir können mit Balthasar sagen: „Nur Getrenntes kann sich lieben!" Vater und Sohn sind deshalb voneinander verschieden (in der Richtung, in der sie die Liebe vollziehen) – die griechischen Kirchenväter nannten dies den *tropos tes hyparxeos*, die Lateiner seit Augustinus *relatio* (Beziehung) –, damit sie in der Liebe völlig eins sein können. Und diese Einheit der Verschiedenen in absoluter Liebe trägt den Namen Heiliger Geist. Der Heilige Geist ist die Einheit der Verschiedenheit von Vater und Sohn in der Gestalt einer neuen göttlichen Person.

3. Die „Wir-Person" in der Dreifaltigkeit

Wir fragen weiter: Wie ist das in Gott zu denken: Vater und
Sohn und der Heilige Geist als deren Einheit als neue Person?
Ein Vergleich, der sich hier geradezu aufdrängt, ist die
Beziehung zwischen Mann und Frau. Ich muss dazu sagen: Es gab einige Kirchenväter, die in der Mann-Frau-Be-
ziehung ein Abbild der Dreifaltigkeit gesehen haben, aber
diese haben sich nicht wirklich durchgesetzt. „Schuld"
daran ist der große heilige Augustinus, der lieber abstrakt
denken wollte und ein viel komplizierteres Bild gefunden
hatte, um die Dreifaltigkeit zu erklären. Und weil Augustinus eben ein ganz großer Denker war, hat die Theologie
sich an sein kompliziertes Modell gehalten.

Übrigens war der heilige Augustinus vor 1600 Jahren der Erste, der über das innere Leben der Dreifaltigkeit spekuliert hat. Er hinterließ ein umfangreiches Werk
über die ewige Dreifaltigkeit: *De Trinitate Libri XV.*
Schon seine Zeitgenossen meinten, dass er da ein bisschen zu viel über Gott spekuliert hatte und so erfanden
sie die bekannte liebenswürdige Legende: Augustinus
geht in Gedanken versunken am Meeresstrand spazie-
ren. Er denkt gerade über die innergöttlichen Hervorgänge nach. Da sieht er ein Kind am Strand, das Wasser aus
dem Meer in eine Grube schöpft, beharrlich, unaufhör-
lich. „Was machst du denn da?", fragt er neugierig. „Ich
schöpfe das Meer aus." „Aber das ist doch unmöglich!"
Da antwortet das Kind: „Es ist genauso unmöglich, das
Meer auszuschöpfen, wie es unmöglich ist, das Geheimnis der Dreifaltigkeit zu ergründen." Mit diesen Worten
war das Kind verschwunden. – Ich meine, dass diese Legende nur scheinbar liebenswürdig ist. Sie beinhaltet in
Wirklichkeit eine scharfe Kritik daran, dass Augustinus
allzu viel über das Innere Gottes wissen wollte!

Jedenfalls hat Augustinus sich mit seiner Kompliziertheit durchgesetzt. Leider fiel dadurch auch das einfachere Bild des Mann-Frau-Verhältnisses der Vergessenheit anheim. Erst in der heutigen Theologie entdeckt man langsam dieses Bild wieder. In der sogenannten „Theologie des Leibes", zu der Johannes Paul II. den Anstoß gab, und die sich erst langsam entfaltet, nimmt man auch die Stelle im Buch Genesis ernst, wo es heißt: „Gott schuf den Menschen nach seinem Bilde, als Mann und Frau schuf er sie!" Uns ist dies jedenfalls eine Hilfe, den Heiligen Geist ein bisschen zu verstehen: Mann und Frau sind verschieden, biologisch und psychisch. Warum? Ein Konstruktionsfehler des Schöpfers? Nein! Sie sind verschieden, weil sie auf Einheit hin angelegt sind. Die Verschiedenheit ist eine Chance, eine Gnade: Sie ermöglicht Einigung, sie ermöglicht Liebe, sie erlaubt ein Einswerden in der gegenseitigen Hingabe. Ich meine hier nicht nur die leibliche Vereinigung, sondern die ganzmenschliche, in der Mann und Frau in einem Bund vereint sind. Der Bund ist eine geistige Größe, die zum ganzmenschlichen Zusammenwachsen der beiden führt. Jeder, der ein altes Ehepaar sieht, das lange zusammengelebt hat, weiß, was damit gemeint ist. Und dieser Bund ist vergleichbar mit dem Heiligen Geist.

Zurück zu Gott, zu Vater und Sohn. Diese sind *deshalb* als Personen verschieden, um im Wesen ganz eins zu sein. Und der Heilige Geist? Der Glaube lehrt uns, dass der Heilige Geist aus dieser Einheit von Vater und Sohn als dritte Gottperson entsteigt. Der Geist geht aus dem Vater und dem Sohn hervor. Das geistige Einssein von Vater und Sohn „realisiert" sich plötzlich in Gestalt eines Dritten.[134] So wie aus dem Zweierbund von Mann und Frau plötzlich ein Drittes hervorgeht: das Kind. Jedes Kind bezeugt damit, dass die Eltern in der Liebe eins gewesen sind. Ebenso entsteigt der Geist als Zeuge und Bürge der Liebeseinheit von Vater und Sohn.

Der Geist geht also von Ewigkeit aus der Liebeseinheit von Vater und Sohn hervor. Bitte denken Sie nicht, dass dies nur Spekulationen sind, die sonst weiter niemanden interessieren! Denn genau um diese Frage, wie der Heilige Geist im ewigen göttlichen Leben aus den anderen Personen hervorgeht, entbrannte ab dem 8. Jahrhundert ein heftiger Streit zwischen den Gelehrten im Westen und den Theologen im Osten. Im ersten Jahrtausend war die katholische Kirche eins und ungeteilt. Freilich fühlte sich der Patriarch von Konstantinopel – dort befand sich die Residenz des Kaisers – immer ein wenig benachteiligt gegenüber dem Bischof von Rom und umgekehrt. Und die Historiker berichten uns, dass diese weltlichen Rivalitäten eigentlich der Motor des Unglücks waren. Der theologische Streit war nur ein Vorwand. Und worum ging es? Man stritt sich eben um den Hervorgang des Heiligen Geistes in Gott! Der Osten behauptete: „Der Heilige Geist geht nur vom Vater allein aus." Der Westen erwiderte: „Das ist unlogisch! Denn schon der Sohn geht allein vom Vater aus. Wenn auch der Geist nur vom Vater allein ausgeht, dann wäre er ja gleich mit dem Sohn."

Deshalb meinte man im Westen, dass der Geist in Gott nicht vom Vater allein hervorgehe, sondern von Vater und Sohn. In dem alten Glaubensbekenntnis von Nizäa und Konstantinopel, das man auf der ganzen Welt betete, hieß es aber nur, der Geist, *qui a Patre procedit* („der vom Vater ausgeht"). Im Westen fügte man deshalb einfach ein „und vom Sohn" (lat. *Filioque*). Natürlich ist dies richtiger und logischer: Der Geist ist ja die Einheit von Vater und Sohn. Beide sind eins in der Liebe, ihre verschenkende und empfangende Liebe bildet eine Einheit. Trotzdem wurde diese Einfügung des *Filioque* im Osten als Frevel betrachtet. Dies war ein ausschlaggebender Grund, warum sich die Ostkirche dann im Jahr 1054 von der Gemeinschaft mit dem Papst trennte. Seither gibt es die Orthodoxie. Diese ist dann allerdings, da ihr das Einheitsprinzip des Papstes fehlte, in viele territoriale Landeskirchen zerfallen. Im Laufe der Zeit haben sich aber einige solcher orthodoxen Teilkirchen wieder mit der katholischen Kirche unter dem Papst verbunden; das sind die unierten Ostkirchen.

Wir sehen also, welche Folgen der Streit über den Heiligen Geist schon gezeitigt hat. Übrigens wurde das *Filioque* im Credo des im Jahr 1978 approbierten griechisch-katholischen Messbuchs wieder weggelassen; Papst Johannes Paul II. hatte den unierten Ostkirchen im Jahr 1981 anlässlich der 1600-Jahr-Feier des Konzils von Konstantinopel gestattet, dass das *Filioque* im Glaubensbekenntnis dort nicht mehr gebetet werden muss, um nicht weiter einen Grund zum Ärgernis zu geben. Die Orthodoxen halten uns wegen des *Filioque* für Häretiker und nennen sich deshalb *orthodox*, das heißt übersetzt „rechtgläubig".

Wieder zurück zum Geist: Er ist also die Einheit von Vater und Sohn in Gestalt einer neuen Person. Fallen die beiden jetzt in einen Brei zusammen? Ist der Geist eine Art Mixer, der jetzt alles zu einem Einheitsteig vermischt? Nein! Heribert Mühlen, Joseph Ratzinger/Papst Benedikt XVI., Hans Urs von Balthasar und andere einflussreiche Theologen haben den Heiligen Geist gerne das „Wir" in Person genannt, die „Wir-Person". Balthasar formulierte: Der Geist ist „Person als Gemeinschaft".[135]

4. Das schöpferische „Außen Gottes"

Doch wieder müssen wir zur Persongestalt des Heiligen Geistes in Gott zurückkehren: In Gott ist er wirklich die Einheit von Vater und Sohn in der Liebe, deren absolute Vollendung. In ihm erreicht das väterliche Schenken und das sohnliche Empfangen seine Fülle. Deshalb ist er die Liebe als Person, die Heiligkeit als Person, ja (man muss es wagen zu sagen), die Geistigkeit Gottes als Person!

Doch was bedeutet es, dass die Liebe von Vater und Sohn im Geist *vollendet* ist? Was bedeutet Vollendung der innergöttlichen Liebe? Sind Vater und Sohn hier „am Ende"? Ist dann einmal Schluss mit dem Lieben? Wir dürfen hier nicht unsere menschliche Vorstellung einsetzen: Bei uns bedeutet „Vollendung" ein Abschluss, ein Ende: Das Kunstwerk ist vollendet, jetzt ist es fertig und statisch vorhanden. Der dreifaltige Gott aber ist Leben, ewiges Leben, bei ihm gibt es kein „Punkt-Schluss-Stopp-Aus". Daher ist dort, wo Gottes innere Liebe vollendet ist, zugleich ein neuer Anfang. Der Geist ist die Liebeseinheit von Vater und Sohn, nicht im Sinne eines „der-Eine-plus-der-Andere". Vater und Sohn fallen nicht additiv zu einer Summe zusammen, sondern ihre Einheit ist zugleich etwas Neues, ein Überstieg, ein Überfluss.[136]

Die Liturgie der Kirche hat dieses schöpferische „Nach-Außen" des Geistes sehr gut begriffen und es in einen Hymnus gefasst, den wir in den neun Tagen zwischen Christi Himmelfahrt und Pfingsten mit Inbrunst beten: *Veni Creator Spiritus* („Komm, Schöpfer Geist"). Der Geist ist der *Creator Spiritus!* Überall, wo ein göttliches Schaffen, Erneuern und Umwandeln stattfindet, ist der Geist am Wirken. Die Kirche ruft den Schöpfergeist besonders dann an, wenn etwas sakramental umgestaltet werden soll. Zum Beispiel bei der Ordensprofess oder bei der Spendung der Weihe. Aber auch bei jeder heiligen Messe kommt die umwandelnde Schöpfungskraft des Heiligen Geistes zum Tragen: Zu Beginn des Eucharistischen Hochgebetes breitet der Priester die Hände über die Gaben von Brot und Wein. In manchen anderen Riten wird dabei sogar dramatisch mit Fächern geschwenkt, um das Wehen des Heiligen Geistes zu versinnbildlichen. Der Gestus heißt „Epiklese", was soviel wie „Herabrufung" bedeutet; ausdrücklich bittet der Priester den Geist um die Umwandlung der Gaben: „Sende Deinen Geist auf diese Gaben herab, damit sie uns werden Leib und Blut Deines Sohnes, unseres Herrn Jesus Christus!"

Der dreifaltige Gott ist in der zweiten göttlichen Person durch den Heiligen Geist Mensch geworden. Gott geht aus sich heraus, damit wir in Gott hineingehen können. Am eindrucksvollsten geschieht dies in der Feier der heiligsten Eucharistie. Das Vierte Laterankonzil von 1215 drückte den heiligen Wechsel und Tausch, der in der Wesenswandlung von Brot und Wein geschieht, durch folgende geniale Formulierung aus: *ut ad perficiendum mysterium unitatis accipiamus ipsi de suo, quod accepit ipse de nostro* („damit wir selbst zur Vollendung des Geheimnisses der Einheit von dem Seinigen empfangen, was er selbst von dem Unsrigen empfangen hat").[137] Die Väter des Mittelalters waren keine „Charismatiker", die dauernd den Heiligen Geist auf ihren Lippen getragen haben, und deshalb ist der Heilige Geist in diesem Lehrtext nicht wörtlich erwähnt. Und es gilt ja, dass der Heilige Geist ein stiller und dezenter Geist ist, der kein Aufhebens von sich macht und auch dann wirkt, wenn er nicht explizit mit Worten genannt wird. Jedenfalls ist genau er es, der in den Sakramenten Christus vergegenwärtigt, besonders in der Eucharistie, damit wir auf diese Weise mit Christus vereinigt werden. Indem er aus der trinitarischen Liebesbeziehung von Vater und Sohn herausweht, zieht er uns durch die Sakramente in diese Liebesbeziehung hinein: *ad perficiendum mysterium unitatis* („um das Geheimnis unserer Vereinigung zu vollenden"). Oder anders gesagt: Der Geist kehrt Gottes innerstes Wesen nach außen, damit dieses „Außen Gottes" zugleich unser Innerstes werde. Darum betrachten wir in einem letzten Punkt, wie der Sohn uns dieses „Innere Gottes" ins Herz hineinschenken will, wie er uns den Heiligen Geist geben will.

5. Christus, in unseren Herzen gestaltet

In Jesus Christus lebte Gott in Menschengestalt in dieser Welt. Man konnte ihn anschauen, anfassen, bestaunen, ja betasten. Maria hat den Gottmenschen ganz wirklich und real in sich getragen, geboren, seine Windeln gewechselt. Die blutflüssige Frau konnte Jesus ganz real berühren. Er war kein Phantom, kein Geist, weil das göttliche Wort wirklich „Fleisch" geworden ist. Beim letzten Abendmahl legte Johannes sein Haupt an die Brust Christi; am Tag vor dem Pascha, am 14. Nisan, das ist der 7. April des Jahres 30, ist Jesus Christus gestorben. Alles, was Jesus tat, hatte Kontur und Profil; es ist kein Märchen, sondern Geschichte.

Es ist interessant, dass Jesus laut den johanneischen Abschiedsreden solch großen Wert darauf legt, dass er „fortgeht" (Joh 16,7). In Österreich haben wir das Glück, dieses Ereignis des Fortganges Christi als staatlichen Feiertag begehen zu können, genau vierzig Tage nach der Auferstehung an Ostern: es ist das Fest „Christi Himmelfahrt". Das Fortgehen Christi ist eigentlich ein trauriges Ereignis, unter dem wir leiden müssten. Wie schön wäre es, wenn der auferstandene Herr auch heute noch inmitten seiner Kirche in der Weise gegenwärtig wäre, wie damals in den vierzig Tagen nach Ostern. Und doch spricht Jesus in seinen Abschiedsreden davon, dass in diesem Fortgang ein Element der „Freude" liegt. Jesus verheißt seinen Jüngern, dass ihr Kummer sich in Freude verwandeln werde (vgl. Joh 16,20).

Warum? Jesus geht heim, um den Geist zu senden, Jesus nennt ihn den *parákletos* („Beistand oder Anwalt"). Und siehe da, der Geist kommt am Pfingsttag auf alle herab in Sturm und Feuerzungen. Was jetzt vom Himmel herabkommt, das ist kein einzelner Jesus. Es ist keine konkrete Gestalt, bei der die Teilhabe auf wenige begrenzt wäre. Denn so schön die Gegenwart des Gottessohnes Jesus Christus auf Erden war, er ist doch nur ganz wenigen Menschen begegnet. Nur Johannes durfte sein Haupt an seine Brust legen, nur Thomas durfte seine Wundmale berühren … Am Pfingsttag kam der Geist aber auf alle herab, es ist der allgemeine Geist, der umfassende Geist. Paulus schreibt: „Denn die Liebe Gottes ist ausgegossen in unsere Herzen durch den Heiligen Geist, der uns gegeben ist" (Röm 5,5).

Und was wirkt dieser Geist, der in uns ausgegossen ist, konkret? Wie ich schon erwähnte: Er kehrt immer das Innerste Gottes nach außen. Und jetzt kehrt er die verklärte Gestalt Christi aus Gott heraus und prägt sie in unsere Herzen ein. Der Geist kommt auf uns herab und macht uns zu Christen, er formt in uns Christus. Wo der Geist eindringt, da wird der Betreffende in Christus umgewandelt, der Geist macht ihn zu einer „neuen Schöpfung", sodass er jetzt sogar einen neuen Namen trägt: „Christ". Das Taufkleid drückt dieses Neugeschaffen-Sein aus. Die Ordensleute tragen deshalb ein Leben lang ein Taufkleid, um auf diese Weise auch nach außen hin ihr Umgestaltet-Sein zu bezeugen. Jedenfalls formt uns der Geist, der in unseren Herzen wohnt, zur Gestalt Christi um. Jetzt sind wir Adoptivsöhne, wir dürfen in Christus durch den Heiligen Geist zu Gott wirklich sagen: „Abba, Vater" und „unser Vater im Himmel".[138] „Denn alle, die sich vom Geist Gottes leiten lassen, sind Söhne Gottes" (Röm 8,14).

Es scheint mir wichtig zu betonen, dass der Geist durch

den verklärten Jesus gesendet wird. Er ist deshalb nicht ein Allerweltsgeist, sondern ein Geist, der vom konkreten Jesus und seinem Evangelium nicht zu trennen ist. Er ist immer der Geist Christi (vgl. Gal 4,6; Phil 1,19; Röm 8,11). Paulus schreibt: „Keiner, der aus dem Geist Gottes redet, sagt: Jesus sei verflucht! Und keiner kann sagen: Jesus ist der Herr!, wenn er nicht aus dem Heiligen Geist redet" (1 Kor 12,3). Das ist wichtig für die Unterscheidung der Geister: Niemand kann sich auf den Heiligen Geist berufen, der nicht auf Biegen und Brechen zu Jesu Wort und Tat steht!

Der Geist ist Gott, der ins Äußere seiner selbst geht! Das ist gewagt, aber für die Liturgie ist das ganz selbstverständlich, weil sie als tiefstes Symbol für den Heiligen Geist das Salböl verwendet. Es ist das Öl, das an Christus, den Gesalbten, den Messias Gottes erinnert. Messias heißt auf Griechisch *Christos*, das Öl heißt deshalb *Chrisam*. Bei der Taufe und Firmung wird man mit diesem *Chrisam* gesalbt. Öl hat die Eigenschaft, in einem osmotischen Prozess in die Haut einzudringen, wir sagen dazu „einziehen". Das ist ein wunderbares Symbol für den Heiligen Geist, der in das Innere des Menschen „einzieht". So heißt es bei Paulus im 2. Korintherbrief: „Gott aber, der uns und euch in Treue zu Christus festigt und der uns alle *gesalbt* hat, er ist es auch, der uns sein Siegel aufdrückt und uns … den Geist in unser Herz gegeben hat" (2 Kor 1,21f).

Gott ist eingegossen in unsere Herzen; Gott ist anwesend in unserem Ich! Diese Wirklichkeit ist ja vielleicht das Geheimnisvollste und Überraschendste an unserem katholischen Glauben: Dass Gott, der *Vater*, in der Verborgenheit der Ewigkeit wohnt – wir nennen das „Himmel –, wir glauben daran!; dass Gott, der *Sohn*, in unserer Welt gelebt hat – dort in dem Land, das wir seither

das „Heilige Land" nennen –, an den Gedanken haben
wir uns schon gewöhnt!; aber dass Gott als *Heiliger Geist*
in unseren Herzen wohnen möchte, das ist doch ein starkes Stück! Und doch ist gerade dies die Wahrheit, welche
die Urkirche fasziniert hatte: „Wisst ihr nicht, dass ihr
Gottes Tempel seid und der Geist Gottes in euch wohnt?"
(1 Kor 3,16; vgl. Röm 5,5; 8,11; 1 Kor 6,19).

Im Barnabasbrief, einer frühchristlichen Schrift, heißt
es, dass Gott uns in der Taufe die Sünden vergeben hat:
„Deshalb wohnt in uns, in unserem Inneren, wahrhaf-
tig Gott."[139] Die Väter haben dann immer wieder formuliert, dass der Heilige Geist *donum* (Gabe) ist, die in uns
hineingelegt wird. Und was ist das für eine Gabe? Im
Westen hat man sie „Gnade" genannt: die unerschaffene bzw. heiligmachende Gnade. Die heiligmachende Gnade ist aber der Heilige Geist selbst in Person, der im Herzen Wohnung nimmt (vgl. Joh 14,23). – Hier müssen wir
verstummen! So groß ist der Mensch, so groß ist meine
Würde als Mensch, den Gott liebt, dass er in mir selbst
wohnen will!

Es fällt schon schwer zu glauben, dass der Heilige Geist
in der Kirche, in dieser oft so wirren Gemeinschaft, wie
wir sie heute erleben, zu Hause ist. Aber noch weit aben-
teuerlicher ist es doch zu glauben, dass der Geist in meinem eigenen Ich ein Zuhause finden will. Und doch ist
dies die tiefste Sicht des Menschen, die es gibt: Gott im
Innersten seines Inneren zu tragen: *Interior intimo meo*
– „Gott ist mir innerlicher, als ich es mir selbst bin", sagte Augustinus.[140] Wenn wir auf Maria, die Geisterfüllte,
schauen, die von einer Sphäre des Geistes wie von einen
Mantel eingehüllt ist, wird uns dieses Geheimnis vielleicht begreiflicher.

Und was macht der Heilige Geist in unserem Inneren? Er wirkt die Einheit, die er in der Dreifaltigkeit ist,

jetzt auch in uns: unsere Einheit mit dem Vater und dem
Sohn, unsere Einheit in der heiligen Kirche. Er drängt
und treibt uns, uns bewusst mit Gott zu vereinigen, ja,
er nimmt sich unserer Schwachheit an und betet selbst in
uns (vgl. Röm 8,26). Er ist der Geist, der uns zur Hingabe
anleitet, weil er uns in die ganze Wahrheit einführt; er ist
der Geist, der uns Gehorsam gegenüber Gott lehrt, weil
er uns lieben lässt, was Gott geboten und der uns ver-
abscheuen lässt, was Gott verboten hat; er ist der Geist,
der uns in der Kirche zusammenfügt und ausharren lässt.
Und schließlich ist er der Geist, der in uns die Sehnsucht
nach Gottes Ewigkeit offenhält. Der heilige Märtyrerbi-
schof Ignatius schrieb, als er gerade nach Rom deportiert
wurde, um dort den Löwen vorgeworfen zu werden: „Ein
lebendiges Wasser murmelt in mir, das sagt mir inner-
lich: Auf zum Vater!"[141] Dieses murmelnde Wasser der
Sehnsucht ist der Heilige Geist.

Unerschöpflich ist das innerste der Geheimnisse Gottes, welches der Heilige Geist ist. Am Pfingsttag ist dieser
Geist aber nicht deshalb herabgekommen, weil er theologisch diskutiert worden ist, sondern weil er von den
Jüngern und Frauen, die im Abendmahlsaal mit Maria
vereint waren, erbetet worden ist. Dieses Gebet um die
Erneuerung der Kirche brauchen wir heute ganz besonders. Dazu gehört allerdings zuerst die Bitte, dass er uns
selbst erneuere und die Abgründe unseres Herzens für
die Liebe Gottes öffne.

VIII. KAPITEL
GOTTES GEIST KONKRET:
MARIA UND DIE FASSLICHKEIT DES
UNFASSBAREN

1. Der Geist als die Dimension des
Unfassbaren in Gott

Unser Interesse richtet sich auf das Verhältnis zwischen dem Heiligen Geist und Maria. Es geht also vordergründig um jenen Aspekt, dass Maria, wie das Zweiten Vatikanische Konzil es lehrt, nicht nur Mutter des Sohnes und Tochter des Vaters, sondern auch „Heiligtum des Heiligen Geistes" ist.[142] Wir gehen dabei aber nicht von der anschaulichen Gestalt Mariens aus, sondern von der *Unfasslichkeit* des Gottesgeistes. Diese Unfasslichkeit des Heiligen Geistes ist sein eigentliches trinitarisches Wesen, sodass Hans Urs von Balthasar ihn den „Unbekannten jenseits des Wortes"[143] genannt hat.

Diese Unfasslichkeit des Heiligen Geistes hat die Denker in der Kirche immer schon fasziniert. Bereits der große Origenes, der im 3. Jahrhundert als erster *de principiis*, also über die grundlegenden Glaubenswahrheiten nachdenkt, bringt die Geheimnishaftigkeit des Gottesgeistes zur Sprache.[144] Origenes stellt fest, dass der göttliche *Vater* als Schöpfer ohnehin allen denkenden Menschen bekannt ist, denn der Blick auf die Schöpfung zeigt ja, dass es „einen ungewordenen Gott gibt, der alles geschaffen und geordnet hat". Deshalb, so Origenes, erkennen alle Menschen einen „Vater des Alls" an. Aber auch der *Sohn*, der *Logos*, ist zur Zeit des Origenes nicht ein *Proprium* (Eigentümlichkeit) der Christen, da es in der damaligen Philosophie die gängige Vorstellung gab, dass

der ewige Gott durch ein schöpfungsmittelndes Wort –
logos prophoriko – das Geschaffene hervorbringt. Und
darüber hinaus ist den Christen natürlich die genaueste
Erkenntnis des *Logos*-Sohnes deshalb gegeben, weil dieser *Logos* in Jesus Christus Mensch geworden ist. Doch
der *Heilige Geist* muss als der große Unbekannte gelten.
Nur die Schrift, so Origenes, belehrt uns darüber, dass es
ihn überhaupt gibt und wie er wirkt.

Was Origenes hier anfanghaft erkannt hat, gilt auch
nach zweitausend Jahren Nachdenkens über das Geheimnis Gottes: Der Vater ist erkennbar aus seinen Schöp-
fungswerken, der Sohn aus seinem Erlösungswirken. Gerade bei Jesus Christus haben wir den Vorteil, dass wir
ihn uns vorstellen können, er ist anschaulich und konkret, weil er ja Mensch und menschlich geworden ist. Das
ist der Grund, warum durch Christus sogar das heilige
Bilderverbot des Alten Testamentes aufgehoben ist! Wie
das Zweite Konzil von Nizäa im Jahr 787 gegen die Ikono-
klasten definierte, sind bildhafte Darstellungen des Herrn
nichts Götzenhaftes, weil sich ja Gott selbst im Endlichen
abgebildet hat.[145]

Doch beim Heiligen Geist müssen wir auf diese Anschaulichkeit verzichten. Der Heilige Geist ist wirklich
bleibend der „Unbekannte jenseits des Wortes" hinter
dem menschgewordenen *Logos*. Seine Gestalt ist die Ge-
staltlosigkeit, seine Fasslichkeit die Unfasslichkeit. Unser Verstand, der sich so gerne etwas veranschaulichen
will, muss kapitulieren, denn die Schrift verweist unsere Fantasie allein auf Bilder und Symbole: etwa auf den
Sturm und die Feuerzungen am Pfingsttag, die Taube bei
der Taufe Jesu im Jordan, das Salböl und die Handauflegung in der Liturgie, den „Finger Gottes, der uns führt"
in den hymnischen Gesängen. Während Jesus durch seine Menschwerdung wirklich zum „Ebenbild des unsicht-

baren Gottes" (Kol 1,15) geworden ist, muss man bei den
Bildern vom Geist sagen, dass sie allein Symbole für sein
Wirken sind. Der Geist ist weder Taube noch Feuersturm,
noch Salböl oder Ähnliches geworden. Die Bilder ver-
deutlichen nur bestimmte Sinndimensionen des Wirkens
des Geistes!

Der Geist ist unfasslich, er „weht, wo er will" (Joh 3,8),
das zeigt auch die Theologiegeschichte, die doch so viel
sinniert und spekuliert hat. Man beginnt erst sehr spät,
überhaupt über den Heiligen Geist nachzudenken. Die
ersten Glaubensbekenntnisse beschränken sich darauf,
den Geist zu nennen und seine Wirkungen aufzählen. Etwa im *Apostolicum* (Apostolischen Glaubensbekenntnis):
„Ich glaube an den Heiligen Geist, die heilige katholische Kirche usw." Im 4. Jahrhundert musste zunächst die
Stellung des Sohnes, des *Logos*, im Verhältnis zur Gottheit des Vaters geklärt werden. Dies geschah im Jahr 325
auf dem Ersten Ökumenischen Konzil von Nizäa, das die
Wesensgleichheit des Sohnes mit dem Vater definierte:
„Gott von Gott, Licht vom Licht, eines Wesens mit dem
Vater [...]" Die arianischen Streitigkeiten hatten die Kirche heftig erschüttert, sie konzentrierten sich aber ganz
auf die Gottheit des Sohnes. Über die Gottheit des Heiligen Geistes gab es noch keine Diskussionen, sodass das
Glaubensbekenntnis des *Nizänums* vermutlich deshalb
schlicht mit dem Satz endete: „Wir glauben an den Heiligen Geist." Erst in der zweiten Hälfte des 4. Jahrhunderts
muss die nun eingetretene „Asymmetrie" im Bekenntnis
zum Sohn und zum Heiligen Geist aufgearbeitet werden.

Damals tauchte die Irrlehre der *Pneumatomachen*
(„Geisträuber"), fälschlicherweise auch *Macedonianer*
genannt, auf, die die Gottheit des Geistes leugneten. Die
Pneumatomachen behaupteten, der Geist stehe nicht
gleichwertig „neben" Vater und Sohn, sondern er sei nur

deren Kraft. Diese ziemlich bedeutungslose Irrlehre, die kaum weite Wellen schlug, führte immerhin dazu, dass das erste Mal ein theologisches Werk verfasst wurde, das sich nur mit dem Heiligen Geist beschäftigte: Basilius der Große († 379) mit seinem Werk *De Spiritu Sancto* („Über den Heiligen Geist"). Das Konzil von Konstantinopel schließlich, das im Jahr 381 unter Kaiser Theodosius abgehalten wurde, erweiterte einfach die Glaubensformel von Nizäa mit einem umfangreichen Bekenntnis zum Heiligen Geist: „Wir glauben an den Heiligen Geist, der Herr ist und lebendig macht, der aus dem Vater hervorgeht, der mit dem Vater und dem Sohn zugleich angebetet und verherrlicht wird, der gesprochen hat durch die Propheten."[146]

Wie sehr man über die unfassliche Dimension des Geistes spekuliert hat, zeigt auch die Tatsache, dass man im Westen ein halbes Jahrtausend später meinte, das *Filioque* einfügen zu müssen: dass der Heilige Geist nicht nur vom Vater, sondern aus der Einheit von Vater und Sohn (*a Patre Filioque*) hervorgeht. Die Unfasslichkeit des Geistes hat aber nicht nur immer wieder den Ehrgeiz der Theologen zu noch schärferen Spekulationen angestachelt, sondern auch manche Verlegenheit bereitet. Eine Verlegenheit etwa besteht etwa darin, dass wir für diese göttliche Person nicht einmal einen eigenen Namen haben, wie übrigens schon dem genannten Origenes aufgefallen ist.[147] Der Name, den die dritte göttliche Person trägt, lautet „Heiliger Geist". Doch dies könne nicht wirklich ein Eigenname für nur eine der göttlichen Personen sein, da doch auch der Vater heilig ist und ebenso gilt vom Heiligen Geist, dass er heilig ist! Und göttlicher Geist ist auch der Vater; und gleichermaßen wird der Sohn vor seiner Menschwerdung mit Recht göttlicher Geist genannt. Origines macht uns jedenfalls darauf aufmerksam, dass der Name „Heiliger Geist" nur die Verknüpfung zweier Eigenschaften des göttlichen Wesens ist. Darin dürfen wir vor allem einen Hinweis auf das Geheimnisvolle der dritten göttlichen Person sehen: dass ihr Namensproprium zugleich die beiden erhabensten Eigenschaften des göttlichen Wesens bezeichnet: Gottes Heiligkeit und Gottes transzendente Geistigkeit.

2. Der postmoderne Kult um das Geistige

Die Unfasslichkeit des Heiligen Geistes müsste eigentlich gut in die gegenwärtige religiöse Situation passen. Tatsache ist, dass mit geradezu atemberaubender Geschwindigkeit die Moderne in die Postmoderne übergegangen, der kritische Rationalismus in einen abergläubischen Irrationalismus umgekippt ist. Das „Neue Zeitalter" ist schon lange eine gesellschaftliche Realität, die statistisch nachweisbar ist. So bezeichnen sich bei Umfragen in den westlichen Ländern immer mehr Menschen als „religiös", während in Korrelation dazu die kirchliche Praxis zurückgeht. Die Religiosität der Postmoderne ist postsäkular, das heißt: Sie gründet in einer Faszination gegenüber allem, was jenseits des Weltlich-Säkularen und Materiell-Rationellen liegt. Kurz: Es ist die Faszination am „Geistlichen". Der Ausdruck „Spiritualität" kommt ja vom lateinischen Wort *spiritus* („Geist"). „Spiritualität" begegnet uns heute überall, fast mehr im außerkirchlichen Bereich als im kirchlichen. Es gibt einen regelrechten Markt „spiritueller" Angebote sonderlichster Art: von Schnellkursen in Astrologie bis zu östlichen Meditationsübungen und esoterischem Mentaltraining.

Wenn die Postmoderne also das Zeitalter der Spiritualität – der „Geistigkeit" – ist, dann könnten wir Christen uns doch eigentlich darüber freuen, denn wir gehören doch der Religion an, die aus dem Feuersturm des *Spiritus Paraclitus* („Beistand, Tröster, Anwalt") geboren worden ist. Weht nicht der Geist Gottes durch die Kirche und deren Geschichte schon seit fast 2000 Jahren?! Doch leider profitieren wir nicht viel von der Sehnsucht nach Spiritualität. Im Gegenteil. Der Trendforscher Matthias Horx übertitelte das Religionskapitel seines Buches, in dem er die Megatrends der neunziger Jahre analysierte, mit folgenden Worten: „Wie die Gläubigen aus den Kirchen ausziehen und wie sich unsere Gesellschaft langsam, aber sicher spiritualisiert."[149] Die Dialektik dieser Formulierung schmerzt, trifft aber leider genau den Punkt. Horx stellt das Wachsen von „Spiritualität" proportional dem Verlust der Christlichkeit gegenüber. Was ist hier mit „Spiritualisierung" der Gesellschaft gemeint? Offensichtlich die neue, östliche, was Horx auch klar anspricht, wenn er von einer „Veröstlichung des Westens" spricht. Der *Spiritus*, dem das Neue Zeitalter huldigt, ist also nicht der Heilige Geist, sondern der, welcher aus der östlichen Religiosität herüberweht.

Es geht in der postmodernen „Spiritualität" um das Erfassen des Unfassbaren, des Göttlichen. Und weil heute das Mystisch-Geistige so sehr fasziniert, scheint eine Theologie des Heiligen Geistes von entscheidender Bedeutung. Die Frage ist doch: Ist wirklich jede Spiritualität schon gleich christliche Spiritualität, erfasst jede Spiritualität schon automatisch den *Spiritus Sanctus*, den Heiligen Geist? Es ist ein Gebot der Stunde für uns Christen, dass wir den Heiligen Geist kennen; nicht nur, damit er unser Sinnen und Denken auf das richten möge, „was im Himmel ist, wo Christus zur Rechten Gottes sitzt" (Kol 3,1), sondern noch mehr, damit wir den Heiligen Geist von den Weltgeistern, Zeitgeistern und Lügengeistern unterscheiden können: „Traut nicht jedem Geist, sondern prüft die

Geister, ob sie aus Gott sind", heißt es schon im 1. Johannesbrief (1 Joh 4,1). Den frühen Mönchsvätern galt die „Unterscheidung der Geister" als grundlegendste Tugend auf dem Weg der Christusnachfolge. – Aber wie lässt sich der Heilige Geist erkennen, wo lässt er sich erfassen, da er doch der „Unfassbare" schlechthin ist?

3. Der Heilige Geist als das „Nach-Außen" des Inneren Gottes

Wir fragen also, wie der unfassliche Gottesgeist erfasst werden kann. *Dass* er erfasst werden will, ist eine fundamentale Glaubenswahrheit. Wir glauben, dass unser Gott kein Wesen ist, das sich vor den Menschen verbergen oder sich ihnen entziehen will. Der Gott der Bibel sucht vielmehr die Nähe des Menschen, er will sich zu erkennen geben und sich finden lassen. Es gibt ein grundsätzliches Zugehen Gottes auf den Menschen, dieses nennen wir Offenbarung.[150] Und so klar uns diese Offenbarung lehrt, dass der Heilige Geist der Unfassliche in Gott ist, ebenso klar schenkt sie uns auch die Erkenntnis, *warum* der Geist unfasslich ist. Die Offenbarung zeigt uns gleichsam die „Struktur" der Unfasslichkeit Gottes!

Wir wollen diese Offenbarungslehre über den Heiligen Geist kurz aufschlüsseln: Zunächst zeichnet den Heiligen Geist seine Göttlichkeit aus, er ist Gott, also unerschaffene Geistigkeit von Ewigkeit. Die Offenbarung zeigt uns nun auch, *wie* Gott in seiner Ewigkeit ist. Schon vor der Erschaffung des Kosmos ist Gott kein einsamer Gott, sondern lebt in einer erfüllten, inneren Lebendigkeit. Und dies nennen wir Dreifaltigkeit, Trinität. Der eine Gott lebt *in sich* ein inneres Leben dreifaltiger Liebe, das ist die ewige Bewegung seines Wesens, die Liebe in Gestalt von Vater, Sohn und Geist: So ist in Gott der

Vater von Ewigkeit die *schenkende* Liebe, das reine Verschenken! Die Theologie nennt diese Selbstverschenkung
auch „Zeugung", denn aus ihr geht eine zweite göttliche
Person hervor, der Sohn oder *Logos*. Dieser ist von Ewigkeit aus dem Vater gezeugt, keinesfalls geschaffen; sein
Hervorgang ist ein ewiger, deshalb ist er der Erstgezeugte
(*monogenes*) (Joh 1,18).

Gottes Wesen ist also Vater und Sohn, Zeugender und
Gezeugter, verschenkende Liebe und verschenkte Liebe.
Und wo bleibt der Heilige Geist? Der Glaube lehrt, dass
der Heilige Geist aus der Einheit von Vater und Sohn als
dritte Gottperson entsteigt. Es ist eine einzige Liebe im
Zeugen und Gezeugt-Werden, und dieses Einssein von
Vater und Sohn in der Liebe *realisiert* sich in Gestalt eines Dritten, in Gestalt des Geistes. Das Konzil von Florenz spricht davon, dass der Geist aus dem Vater und dem
Sohn „wie aus einem Prinzip durch eine einzige Hauchung hervorgeht"[151], der Geist ist der „Hervorgehende".

Wie soll man das verständlich machen? Richard von
St. Viktor hat im 12. Jahrhundert das wohl einleuch-
tendste Bild verwendet, das diese so komplexe Struktur der Dreifaltigkeit veranschaulicht: nämlich die Liebe
zwischen Mann und Frau. Denn wenn Mann und Frau
in der Liebe ganz eins sind, gründet dies nicht nur in einer geistigen Verbundenheit, sondern mehr noch: plötzlich entsteigt der gegenseitigen Liebeshingabe ein Drittes:
das Kind. Das Entsteigen des Kindes ist das Bild für das
Hervorgehen des Heiligen Geistes. Theologen wie Matthias Joseph Scheeben und Hans Urs von Balthasar haben diesen Vergleich deshalb so geschätzt, weil hier ein
Charakteristikum des Geistes treffend zum Vorschein
kommt: die Verschiedenheit zur Einheit zu konkretisieren, das Gegenüber zur Gemeinsamkeit werden zu lassen.
Die Liebe von Mann und Frau kann ja von sich her diese

Verschiedenheit der beiden niemals letztgültig überwinden. Und dennoch geschieht Einheit, ja konkretisiert sich Einheit in der Gestalt des Kindes. Jedes Kind ist die Verleiblichung der Liebe von Mann und Frau; jeder Mensch bezeugt damit durch sein Dasein unwiderruflich die Liebe zwischen seinem Vater und seiner Mutter. Jedes Kind ist die verselbständigte Einheit von Vater und Mutter, die geeinigte Liebe in Gestalt eines Dritten. Deshalb nannte Heribert Mühlen den Geist das göttliche „Wir-in-Person".

Der Geist *konkretisiert* also in Gott die Liebeseinheit von Vater und Sohn. Schon daraus folgt, dass er nicht ein konfuses und diffuses Etwas ist. Er ist nicht bloß eine abstrakte göttliche Dynamik, sondern eine echte Person: Die Väter nannten ihn auf dem Konzil von Konstantinopel im Jahr 381 daher ausdrücklich *Dominum et vivificantem* („lebensspendenden Herrn"), um seinen personalen Eigencharakter zu unterstreichen. Der Heilige Geist ist zuerst nicht göttlicher Nebel, sondern ein neues *Concretum*. In ihm ist die Liebe von Vater und Sohn zur Einheit gelangt, zur Vollendung in der Hingabe. Aber Vollendung ist der Geist nie im Sinn eines definitiven Endes. Der Geist ist gerade als die konkrete dritte Gottperson das beständige „Darüber-Hinaus", das unablässige „Je-Mehr", wie Hans Urs von Balthasar immer betont hat.[152] Das macht ihn zur dynamischen Kraft der Liebe, zum Sturmwind, der immer noch mehr Liebe zwischen Vater und Sohn will.

Die besondere Seinsweise des Geistes in der Trinität ist der Grund, warum der Geist jener ist, der das Innere Gottes gleichsam in das Äußere kehrt. Der Geist bringt die immanente Liebe zwischen Vater und Sohn gleichsam zum Überfließen und trägt sie dann selbst als Liebe nach außen.[153] Wenn Gott aber nach außen wirkt, dann nennen

wir das „schöpfen". Der Geist ist von seinem Personcha-
rakter her der *Creator Spiritus*, der Schöpfergeist. Er ist
der Grund, warum Gott seine göttliche Fülle in die nicht-
göttliche Andersheit seiner selbst vermittelt. Welch inspirierte Intuition des biblischen Autors, wenn er in Gen 1,2
formuliert, dass die *ruach elohim*, der Geist Gottes, schon
über der Urflut schwebte, als alles noch wüst und leer (*to-
hu wa bohu*) war. Dieser Schöpfergeist bringt aus dem
Nichts, aus dem Chaos Leben und göttliche Ordnung hervor. Kurz: Das Wesen des Geistes ist es, die innergöttliche
Liebe im Außen seiner selbst zu konkretisieren.

Das klingt sehr philosophisch, spekulativ und abstrakt.
Und doch berührt genau dies die Wurzel des christlichen
und katholischen Selbstverständnisses: Dass der unfassliche Gott – ohne seine unfassliche Göttlichkeit zu verlieren – im Geschöpflichen gegenwärtig sein kann, dass
er das Endliche zur Vermittlungsinstanz der Unendlichkeit Gottes macht, ist die Urwirkung des Heiligen Geistes. Denken wir an die Liturgie, an die Geste der *Epiklese*
bei der heilige Messe, wo sich genau das vollzieht, nämlich die sakramentale Vergegenwärtigung des Göttlichen.
Und genau da wirkt der Heilige Geist schöpferisch kon-
kretisierend.

4. Die Menschwerdung Gottes in Maria

Wir haben bisher gesehen, dass der Heilige Geist die Unfasslichkeit des Göttlichen im Äußeren seiner selbst fassbar machen will. Damit sind wir präzise – und endlich
– an jenem Punkt angekommen, wo wir zur jungfräuli-
chen Gottesmutter Maria kommen. Maria, jener konkrete Mensch, jene Frau aus Nazareth, hatte in der Heilsordnung die Aufgabe, dieses Konkretisierungswirken des
Heiligen Geistes sichtbar zu machen. An Maria geschah

genau dieses Einsenken des Innergöttlichen ins Menschliche durch den Geist, sodass er an und durch Maria die
Konkretion, die Menschwerdung des ewigen *Logos* aus
dem Willen des Vaters wirkte. Deshalb sagte der Engel zu
Maria: „Heiliger Geist wird über dich kommen und die
Kraft des Allerhöchsten wird dich überschatten. Deshalb
wird auch das Kind heilig und Sohn Gottes genannt werden" (Lk 1,36).[154]

Durch das Wirken des Geistes in Maria lautet der zentrale Satz unseres Heiles: *Verbum caro factum est* („Das
Wort ist Fleisch geworden"). Gott ist von diesem Augenblick an keine bloße Idee, er ist nicht der Nebel des Dif-
fusen, er ist nicht das Er-Denkliche, sondern er ist zum
Faktum in unserer Geschichte geworden. Es gilt als sicher, dass der Autor des 1. Johannesbriefes gegen die auf-
keimende Gnosis anschrieb, also jene Irrlehre, die die Erlösung nicht in der fleischlichen Menschwerdung Gottes,
sondern in einem geistigen Erkenntnisakt sah. Aber Gott
bietet uns das Heil eben nicht durch esoterische Spekulationen, durch fantasievolle Mythen. Der Kolosserbrief
warnt vor diesen Tüfteleien und verwendet dafür den
Ausdruck „Philosophie" (Kol 2,8). Dem 1. Johannesbrief
ist es jedenfalls ungemein wichtig, dass „Jesus Christus
… im Fleisch gekommen [ist]". Jeder, der das bekennt,
„ist aus Gott" (1 Joh 4,2). Wer Jesus Christus aber in reine Gnosis auflösen möchte, der ist ein Antichrist: „Viele
Verführer sind in die Welt hinausgegangen; sie bekennen nicht, dass Jesus Christus im Fleisch gekommen ist.
Das ist der Verführer und der Antichrist" (2 Joh 1,7). Das
ist auch der Grund, warum Maria schon der Urkirche so
wichtig war. Sie, die Mutter, versichert uns, dass der *Logos* wirklich leibhaftig in dieser endlichen Welt anwesend
geworden ist. Maria ist die Bürgschaft dafür, dass Christus wirklich ist, „was wir gehört haben, was wir mit un-

seren Augen gesehen, was wir geschaut und was unsere
Hände angefasst haben" (1 Joh 1,1). Maria hat diesen aus
der Kraft des Geistes menschgewordenen Gott, der zugleich ganz und gar ihr Sohn war, in Händen getragen,
genährt, beschützt und begleitet. Das bedeutet: In der Gestalt der Mutter des Herrn, in der Frau, die – nach der ältesten mariologischen Schriftaussage bei Paulus – Gottes
Sohn gebären sollte „als die Zeit erfüllt war" (Gal 4,5),
haben wir etwas Reales, etwas Konkretes. Das ist von
größter Bedeutung für unser Verständnis von Christus.
Nur eine konkrete Frau, eine reale Mutter kann gebären.
Die Konkretheit Mariens garantiert, dass Gottes Liebes-
fülle wirklich inkarniert ist, dass die Unfasslichkeit Gottes wirklich in das Andere ihrer selbst gegangen ist.

Dieser theologisch so entscheidende Aspekt, dass der
Geist außerhalb Gottes fruchtbar und die Fülle des Göttlichen durch Maria in der Welt konkretisiert wird, wurde in jüngster Zeit auf eigentümlich verdrehte Weise von
dem Befreiungstheologen Leonardo Boff aufgegriffen.
Boff geht es dabei freilich schon nicht um die unfassliche
Person des Heiligen Geistes, sondern um das angeblich
Weibliche an Gott, das der Heilige Geist sei. Boff meint
nun, dass die zweite göttliche Person als Mann in Christus *inkarniere*, die dritte göttliche Person, also der Geist,
sich in Maria als Frau *pneumatifiziere*. Durch Maria werde der Heilige Geist zur göttlichen Mutter des Menschen
Jesus.[155] Diese Parallelsetzung zwischen Christus und
Maria ist theologisch gesehen unerträglich! Ein Wahr-
heitsmoment liegt freilich in der Tatsache, dass anhand
und durch die Mitwirkung Mariens der Heilige Geist tatsächlich sein Fasslich-Werden in der Geschichte bewirkte.

Was Boff hier missdeutet, findet sich als katholische
Lehre bei den geistlichen Schriftstellern der franziskani-
schen Schule, etwa bei Berulle[156] und vor allem beim hei-

ligen Ludwig Maria Grignion von Montfort.[157] Der Ursprung dieses Gedankens stammt allerdings schon vom
heiligen Thomas, wie Yves Congar festgestellt hat.[158] Grignion von Montfort betont, dass der Geist nur außerhalb
Gottes fruchtbar wird. Warum? Eben weil er in Gott keine neue Gottperson hervorbringt, weil er dort nur gleichsam das „Resultat" der Liebe von Vater und Sohn ist.
Und zwar wird der Geist eben gerade in Maria fruchtbar.
Nach dem heiligen Ludwig Maria Grignion von Montfort
bringt der Geist Gottes in Maria außerhalb Gottes nicht
nur den menschgewordenen Sohn hervor, sondern all die
„vergöttlichten" Personen, also die Gläubigen, in denen er
konkret die Heiligung wirkt.

5. Maria und die konkrete Offenbarungsgestalt

Wir fragen jetzt etwas konkreter, wie durch Maria die
Unfasslichkeit des Gottesgeistes fassbar wird. Von großer
Bedeutung ist für uns, dass der göttliche Geist – gerade
im Gegensatz zur „Spiritualität" des „Neuen Zeitalters"
– kein gestaltloser Geist ist. Der wahre Heilige Geist, der
von Gott ausgeht und in unsere Welt hineinweht, ist kein
diffuser herbeimeditierter Nebel pantheistischer Vorstellung, er ist nicht ein gespenstisches Fantasieprodukt,
sondern er vermittelt sich durchaus gestalthaft, nämlich
durch Jesus Christus. Er ist es, der den Geist ausgießt, und
es ist immer sein Geist, den er gibt. „Jeder Geist, der bekennt, Jesus Christus sei im Fleisch gekommen, ist aus
Gott. Und jeder Geist, der Christus nicht bekennt, ist
nicht aus Gott. Das ist der Geist des Antichrists, über den
ihr gehört habt, dass er kommt. Jetzt ist er schon in der
Welt" (1 Joh 4,2–3).
   Was schon im 1. Johannesbrief gegen die gnostischen
Irrlehrer formuliert wurde, erhält in unserer Zeit der

Neugnosis bedrohliche Aktualität: „Christus auflösen!"
Wie schnell wird heute nicht aus Christus eine bloße Idee
der eigenen Beliebigkeit gemacht, und alles Konkrete seiner Lehre und seines Handelns als nur „zeitbedingt" we-
gerklärt, wenn es dem Zeitgeist widerspricht. Das Verständnis dafür, dass der göttliche Geist seiner Fülle in
Jesus Christus eine definitive Gestalt gegeben hat, ist
auch innerkirchlich weitgehend verlorengegangen. Die
Folge ist ein falscher *Spiritualismus,* welcher den Heiligen Geist in Gegensatz zu Christus, zur Kirche, zum
Amt, zur Institution stellt. Das Geistige und Allgemeine
wird somit plötzlich als Gegensatz des Konkreten hinge-
stellt: Volk gegen Amt, Laien gegen Priester, Charismatik
gegen Institution, Freiheit gegen Autorität, Selbstbestim-
mung gegen Gehorsam usw. Es wird nicht mehr erkannt,
dass der Heilige Geist seine Unfasslichkeit immer durch
eine „fassliche" Gestalt ausdrücken möchte.

An Maria können wir ablesen, dass es zwischen all
diesen Polen überhaupt keinen Gegensatz gibt, sondern
nur eine fruchtbare Bezüglichkeit. Gott sollte sich selbst
durch Jesus Christus offenbaren, also durch eine konkrete menschliche Person, durch die konkreten Worte und Taten, die Jesus gesetzt hat. In Jesus Christus ist
das Göttlich-Universale konkret geworden, wie Hans Urs
von Balthasar ausführte. Und Maria versichert uns diese
Konkretheit des Menschen Jesus von Nazareth und damit auch die Tatsache, dass sich uns die unfassliche Lie-
besfülle Gottes wirklich mitgeteilt hat. Es gibt kein letztgültig wahres Gottesbild „neben" Christus, es gibt keine
letztgültige Erlösung „neben" Christus. Und es gibt auch
keine wahrhaft befreiende und heilende Moral, die nicht
auf Biegen und Brechen die Forderungen Christi ernst
nimmt. Das ist ja auch der Grund, warum jede kirchliche Erneuerung, jede kirchliche Theologie so sehr Maria

braucht: Denn wo Maria weggelassen wird, da droht die
Entleiblichung Christi, die Entgeschichtlichung des his-
torischen Faktums, die Mythologisierung der Heilsgeschichte, die Ideologisierung der Offenbarung. Hier folgen wir der Einschätzung von Papst Benedikt XVI., der
als Kardinal Joseph Ratzinger im Jahr 1985 formuliert
hatte: „Wenn in manchen Theologien und Ekklesiologi-
en Maria keinen Platz mehr findet, liegt der Grund dafür
auf der Hand: Sie haben den Glauben auf ein Abstraktum
reduziert. Und ein Abstraktum braucht keine Mutter!"

Wir brauchen Maria, um die gestaltende Gestaltlosig-
keit des Heiligen Geistes zu erfassen. Die Braut des Heiligen Geistes verbürgt, dass wir den unfasslichen Gott
gerade – und nur – durch die heilsgeschichtliche Konkretheit erfassen können. Man könnte deshalb formulieren,
dass durch die Gestalt Mariens der Heilige Geist selbst einen leibhaftigen und beständigen Widerstand gegen seine Auflösung in einen geschichtslosen religiösen Utopis-
mus leistet.

6. Die konkrete Kirche als
Fortsetzung der Aufgabe Mariens

Wir müssen einen Schritt weitergehen, indem wir fragten, wo wir den unfasslichen Gott finden können. Wir
haben geantwortet: In Jesus Christus, der durch das Zu-
sammenwirken von Heiligem Geist und Maria zu einer
konkreten Gestalt in unserer Geschichte geworden ist. In
seiner Konkretionsgestalt war der Sohn Gottes sichtbar,
hörbar, anfassbar … (vgl. 1 Joh 1,1). Doch er ist es nicht
geblieben, er geht fort, fährt mit verklärtem Leib in den
Himmel auf. Es ist schon klar, dass diese Himmelfahrt
keine geografische Veränderung war. Jesus ist nicht „ra-
ketenartig" in den „Himmel" durchgestartet. Von sol-

chen naiven räumlichen Vorstellungen, die zudem ja auch nicht der biblischen Schilderung entsprechen, müssen wir uns verabschieden. Die Schrift veranschaulicht das Geschehen, indem sie davon spricht, dass er „vor ihren Augen emporgehoben" wurde. „Oben" ist die Sphäre des Göttlichen. Und Lukas fügt hinzu, dass „eine Wolke ihn aufnahm und ihn ihren Blicken entzog" (Apg 1,9). Es ist die Überzeugung der Kirche, dass der ewige *Logos* in der endgültigen Verklärung seine menschliche Natur keineswegs abstreift. Göttliche und menschliche Natur bleiben auf ewig miteinander verbunden, die menschliche Natur jedoch nimmt eine andere Existenzform an.

Der Fortgang Christi bedeutet kein Ende der Anwesenheit des universalen Gottes in unserer konkreten Endlichkeit, sondern er ist deren Ausweitung, deren Universalisierung. Wie recht hatte doch Johannes Paul II., als er in seiner Heilig-Geist-Enzyklika von einem „guten Fortgehen"[159] Jesu sprach. Denn der Fortgang des Herrn hatte zur Folge, dass am Pfingsttag der Heilige Geist auf alle herabkommen konnte. Die Göttlichkeit, die in Jesus Christus gleichsam konkretisiert war, geht in einer neuen Weise auf alle über: zunächst in Sturm und Feuerzungen, dann durch das Gläubig-Werden und das Sich-taufen-Lassen. Dies alles ereignete sich an Pfingsten.

Einst in der Kammer von Nazareth formte Gottes Geist in Maria allein die leibliche Gestalt Christi, jetzt am Pfingsttag formt derselbe Geist in all ihren gläubigen Brüdern und Schwestern die geistige Gestalt Christi. Natürlich ist Maria auch bei diesem Ereignis dabei, ohne sie ist ein Konkret-Werden des Gottesgeistes nicht denkbar. Was der Geist jetzt vom Himmel aus Gott hinaus auf die Erde herabträgt, das ist nicht nur die Einzelgestalt des geschichtlich einmaligen Christus. Am Pfingsttag geschieht noch etwas Umfassenderes: „Die Liebe Gottes ist ausgegossen in unsere Herzen durch den Heiligen Geist, der uns gegeben ist" (Röm 5,5).

Der Geist prägt jetzt die Gestalt Christi in allen Gläubigen aus, er siegelt die Christusgestalt gleichsam in sie hinein. Von jetzt an ist nicht nur Maria „Tempel" des Heiligen Geistes, sondern wir alle sind es: „Wisst ihr nicht, dass ihr Tempel Gottes seid und der Geist Gottes in euch wohnt?" (1 Kor 3,16; vgl. Röm 5,5; 8,11; 1 Kor 6,19). So wie der Heilige Geist in der Kammer von Nazareth Christus verleiblicht hat, so verleiblicht er am Pfingsttag denselben Christus in einer neuen Gestalt, in der Gestalt der Kirche.

Dies hat aber eine folgenschwere Bedeutung: Denn sowenig Christus ein abstraktes Prinzip war, sowenig wird es auch die aus dem Geist geborene Kirche sein. Oder umgekehrt: So konkret Christus in seinen Worten und Taten war, so konkret ist es auch die Kirche des Heiligen Geistes. Durch diese Kirche ist fortan die göttliche Fülle des Heiles in der Welt: Sie ist da in Form der Sakramente, in Form der unerschrockenen Verkündigung, in Form der Heiligen, in Form des Amtes, in Form des Petrus und aller, die mit ihm den vollen Glauben an Christus bekennen. Um diese pneumatische Gestalt der konkreten Lebensvollzüge der Kirche hat man von Anfang an gewusst. Deshalb ist es keine Anmaßung der Apostel, wenn sie ihre Beschlüsse auf dem Jerusalemer Konzil mit der Formel schließen: „Der Heilige Geist und wir haben beschlossen" (Apg 15,28). Und der heilige Basilius, der im 4. Jahrhundert den ersten Traktat über den Heiligen Geist verfasste, nannte ihn den „festmachenden Geist", da er dem Glauben seine Beständigkeit und der Kirche ihre Form verleiht; ohne Geist würde sich alles in ein amorphes Chaos auflösen.[160]

Die konkrete Gestalt Mariens geht jedenfalls über in

die nicht minder konkrete Gestalt der im wörtlichen Sinne „katholischen", also „allumfassenden" Kirche. Die Kirche ist die pneumatische Konkretionsgestalt der Jungfrau
und Gottesmutter Maria durch die Geschichte hindurch.
Das Lehramt hat diesen Umstand, der schon die Väter
faszinierte, niemals besser dargelegt als auf dem Zweiten
Vatikanischen Konzil, wo Maria in der großen Kirchenkonstitution ausführlich als Typos der Kirche dargestellt
wird. So wie Maria die „Mutter der Kirche" ist, so ist die
Kirche selbst „unsere Mutter".[161]

7. Die Unfasslichkeit des Geistes in den gestalthaften Zeichen der Concreta catholica

Anfangs wurde eine Sehnsucht der neuen Religiosität
nach der Sphäre des Jenseitigen und Unfasslichen erwähnt. Durch Maria lernen wir, dass sich uns die Unfasslichkeit der göttlichen Wirklichkeit immer auf fassliche
Weise zusagt. Daher lehrt uns der Blick auf Maria auch
die Achtung vor den *Concreta catholica* („katholischen
Konkretionen), die vielfach auch innerkirchlich abgewertet werden. Darunter versteht man die Zeichen, in denen
der Glaube leibhaft, sinnenfällig, gestalthaft ausgedrückt
wird: Das reicht von den Riten der Liturgie bis zu den religiösen Zeichen unseres Alltages, von der Kultur des arbeitsfreien Sonntages bis zum Fasten am Freitag, von den
Zeichenhandlungen der Sakramente bis dahin, dass man
sich beim Vorübergehen an einer Kirche bekreuzigt; zu
den *Concreta catholica* gehört etwa die priesterliche Kleidung ebenso wie der Herrgottswinkel in den Wohnungen usw. Es entspricht jedenfalls keineswegs dem pneumatischen Charakter der Kirche, wenn man all das, was
Christentum nach außen sichtbar macht und in der Gesellschaft inkulturiert ist, gering schätzt. Im Gegenteil:

Auch und gerade die *Concreta catholica* sind gestalthafte
Zeichen, in denen der Heilige Geist durch seine göttliche
Gegenwart in unserer Welt wirkt.

Die katholische Kirche lebt von der gestalthaften Konkretheit der Offenbarung, da sie aus dem Konkretisierungswirken des Heiligen Geistes in und an Maria geboren ist. Es stellt sich aber die dringende Frage, ob diese
katholische Sicht der Göttlichkeit nicht dem Geheimnis
Gottes widerspricht: Wird im Christlichen, wo das unfassliche Geheimnis Gottes so konkret, so leibhaft und
gestalthaft in Jesus Christus betrachtet und wo dieses
Mysterium dann in Kult und Kultur der Kirche nochmals
sakramental-dinglich veranschaulicht wird, nicht eben
die Unfasslichkeit Gottes verraten? Ist hier nicht die neue
Religiosität, die eine absolut abstrakte und apersonale,
eine neutrische und polaritätslose Gottheit lehrt, weiser
und frömmer? Schützt nicht das abstrakte Meditieren
und Denken das unfassliche Mysterium des Göttlichen
mehr? Das ist eine wichtige Frage, denn die Faszination
der neuen Religiosität liegt ja vor allem darin, dass sie den
gottessehnsüchtigen Menschen vorgaukelt, „ehrfürchti-
ger" als die Kirche mit dem Geheimnis des jenseitigen
Göttlichen umzugehen. Die Frage ist also: Ist Gott in der
gnostischen Religiosität ein unfasslicheres Geheimnis als
im biblischen Offenbarungsglauben?

Wir müssen hierauf mit einem eindeutigen *Nein* antworten, wie dies in jüngster Zeit vor allem Hans Urs von
Balthasar sehr engagiert getan hat. Der Grund liegt in der
Theologie des Heiligen Geistes, wie wir sie mithilfe der
Gestalt Mariens entwickelt haben: Die abstrakte Göttlichkeit der östlichen Religionen ist nicht ein *Mehr* an
Mysterium, sondern ein *Weniger*. Es ist viel unfasslicher,
dass uns Gott in einer konkreten geschichtlichen Offenbarungsgestalt entgegentritt, als die religiös-philosophi-

sche Vorstellung von einer allgöttlichen Einheit. Unser Gott ist in seinem aus Maria fleischgewordenen Wort zwar fassbar geworden: Er ist tatsächlich anschaubar, betrachtbar, ja sakramental „betastbar", aber gerade deshalb ist er umso unfassbarer und größer. Das ist die Dialektik der Offenbarung, dass Gott gerade im Fassbar-Werden umso unfassbarer wird! Wie unfassbar ist es doch, dass Gott einer von uns wurde, dass er sich von einer Mutter die Windeln wechseln ließ, dass er in Form einer Opfermahlfeier in unsere Welt einbrechen will, dass er in Gestalt einer gesellschaftlichen Institution namens Kirche zum „Sakrament der Welt"[162] werden möchte.

Thomas von Aquin hat diese Wahrheit auf den Punkt gebracht: Wenn wir Christen unsere Augen vor dem unendlichen Geheimnis Gottes staunend verschließen müssen, dann gerade nicht, weil Gott finster und unbekannt, dunkel und verborgen ist. Wir schließen unsere Augen vielmehr wegen der Überhelle, mit der uns sein Geheimnis durch die Offenbarung hindurch anstrahlt: Christlicher Glaube ist immer der Blick des Nachtvogels in das überhelle Licht.[163] Balthasar schreibt, dass das christliche Mysterium „die im Erfassen fassbar gewordene Unfasslichkeit Gottes"[164] ist. Wie sehr überragt doch ein solcher Glaube die erdachte Numinosität der neuen Religionen.

Maria lehrt uns also, die *Concreta catholica* zu achten und zu lieben. Fasslichkeit und Unfassbarkeit, Konkretheit und Fülle gehören untrennbar zusammen, sind durch Maria miteinander in der christologischen Offenbarungsgestalt verwoben. Der Heilige Geist verdichtet sich in Maria und in ihrem Abbild, der Kirche, um von dieser Verdichtung her wirklich die Fülle der unfasslichen Liebe Gottes in die Welt hinein auszugießen.

8. Praktische Folgerungen

Abschließend sollen noch einige Folgerungen gezogen werden, die sich aus dem Dargestellten ergeben. Die grundlegende Behauptung lautet, dass uns der Blick auf Maria die rechte Spiritualität, das rechte Erfassen des Heiligen Geistes lehrt.

1. Zunächst lernen wir von Maria, dass wir dem Geist Gottes gegenüber *Gelassenheit* brauchen. Da der Geist Gottes von sich aus von Gott hinauswehen will, müssen wir ihn nicht krampfhaft und selbstsüchtig suchen. Wir brauchen vor allem keine Meditationstechniken und Selbstversenkungen, wie sie oft geschäftstüchtig propagiert werden. Maria „erschrak" bei der Anrede des Engels, denn der Geist Gottes ist immer von sich her überwältigend. Sie hat sich diesem überraschenden Anruf des Geistes in der Haltung der *indifferencia*, wie Ignatius die Tugend der gleichmütigen Verfüglichkeit nannte, geöffnet. Die Kammer von Nazareth war kein Yoga-Zentrum, sondern eine normale, allerdings durch Schrift- und Glaubenstreue geprägte Lebenswelt. Und gerade in dieser Situation sollte der Mensch Maria auf einzigartige Weise die Fülle des göttlichen Geistes empfangen. Wenn heute der Geist Gottes so krampfhaft und gierig gesucht wird, ist die Gefahr groß, dass gerade jene anderen Geister einkehren, die dem Heiligen Geist keinen Raum lassen: der Geist des „Etwas-erfahren-Wollens", der Geist des „Ich-habe-ein-Recht-auf-Erbauung", der Geist des „Ich-bin-frömmer-als-die-anderen" und viele andere Ungeister mehr. Bitte beachten wir: Das Erste am Erfassen des unfassbaren Gottes ist immer das Erfasst-Werden. Dem pastoral-

theologischen Pelagianismus unserer Zeit müssen
wir das klar entgegenhalten: Zuerst ist alles Gnade!

2. Maria ist gegenüber dem Geist zwar gelassen
offen, sie lässt sich überraschen; aber sie ist nicht
apathisch, sondern *dynamisch*. Von Anfang an ist
sie Mitarbeiterin des Willens dieses Geistes. Schon
indem sie fragt: „Wie soll dies geschehen?", ist sie
mit Engagement bereit, sich zur Verfügung zu stellen. Und kaum hat sie das „Mir geschehe" gesprochen, finden wir sie schon auf der staubigen Stra-
ße unterwegs in das Bergland von Judäa, um ihrer
Verwandten Elisabeth beizustehen. Die Mitarbeit
Mariens mit dem Heiligen Geist ist dynamisch und
aktiv; sie ist realitätsbezogen und selbstlos. Wieder
zeigt sich der Unterschied zur östlichen Religiosität, wo das Geistige ja platonisch als Gegensatz zum
Materiellen gesehen wird. Der Christ weiß, dass er
zur Begegnung mit Gott Stille, Herzensöffnung und
Gebet braucht; aber es würde ihm nie einfallen, die
Gegenwart Gottes *nur dort* zu vermuten. *Ora* (bete)
und *labora* (arbeite) gehören zusammen, weil Gottes Geist weht, wo er will. Laut der heiligen Theresia
von Avila ist Gott ist auch zwischen den Kochtöpfen.

3. Maria lehrt uns, dass Gott sich mit den *Demü-
tigen* vereint. Im östlichen Denken geht es darum,
dass der Mensch vergöttlicht wird, mit dem Göttlichen eins wird, sich in das pantheistisch konturlose
Nirwana auflöst. Diese Vereinigung erreicht man
durch das eigene Tun der Versenkung. Von Maria
lernen wir eine andere Spiritualität, die der Demut.
Ja, sie ist ganz eins mit Gott, ganz durchdrungen
von seinem Heiligen Geist. Doch dieser Heilige

Geist ist das „Wir" von Vater und Sohn. Er ist die innergöttliche Einheit ihrer Verschiedenheit. Diese Gestalt trägt der Geist auch nach außen, gerade auch in das Verhältnis zu Maria. Das bedeutet: Er wirkt als „Wir" zwischen Maria und Gott, doch so, dass sie zwar eins sind, in dieser Einheit aber zugleich die Verschiedenheit offen bleibt. Gerade im Augenblick der höchsten Einigung wird Maria sich in ihrer Verschiedenheit von Gott erkennen. Sie begreift sich ganz als „Magd" und macht Gott allein groß: *Magnificat!* Sie erkennt, dass Gott auf die „Niedrigkeit seiner Magd" geschaut hat. Nur die Demut kann uns wahrhaft mit Gott vereinigen.

4. Schließlich lehrt uns Maria die rechte Kirchlichkeit. Der Geist hat ihre Seele selbst geweitet zur kirchlichsten aller Gesinnungen. Sie ist nach Origines die *anima ecclesiastica* („kirchliche Seele") schlechthin. Warum? Weil ihre Konzentration ganz Christus gilt: Ihn hat sie vom Heiligen Geist empfangen, in ihm erkennt und liebt sie die konkrete Gegenwart Gottes in dieser Welt. Der Geist, dessen Braut sie ist, wirkt in ihr dieses eine: dass sie bedingungslos zu ihrem Sohn steht, bis unter das Kreuz. Ihre „Charismatik" ist nicht deshalb so echt und so vollkommen, weil sie viel über den Geist nachdenkt und nach dem Geist „hascht". Sie ist vielmehr deshalb pneumatisch, weil ihre Liebe ganz dem gilt, der den Heiligen Geist sendet, dem Herrn Jesus Christus. Marias Leben ist Christusnachfolge: Sie hängt an seinen Lippen, folgt jedem Wink seiner Weisung, nimmt für ihn jede Mühe auf sich, ist ihm unbeirrbar treu. Und aufgrund dieser Christozentrik ist sie die erste Empfängerin des pfingstlichen Geistes, aus

dem die Kirche geboren wird. Das gilt auch für uns
jetzt: Den Heiligen Geist empfangen wir wohl einzig
dadurch, dass wir uns im Glauben restlos, also „ma-
rianisch", Jesus Christus hingeben.

Noch vieles wäre von Maria, dem „Heiligtum des Heiligen Geistes", zu lernen. Der einfachste Weg wird sein,
wenn wir uns eine Haltung des „Zu-uns-Nehmens" Mariens aneignen, wie uns dies vom Jünger unter dem Kreuz
vorgegeben wurde (vgl. Joh 19,27). Wir Christen benöti-
gen keine Beschwörungen, um das Kommen des Heiligen
Geistes zu erzwingen. Wenn wir Maria in unser Leben
eintreten lassen, haben wir jedoch die Gewissheit, dass
auch die Macht des unfasslichen Geistes Gottes bei uns
einbrechen kann.

IX. KAPITEL
AN WELCHEN GOTT GLAUBEN DIE CHRISTEN?

1. Christliche Spiritualität und die Religionen der Welt

Die Frage ist heute drängend: Wie wirkt sich der christliche Glaube an einen Gott, der sich uns als die Liebe geoffenbart hat, in der Lebenspraxis und in der Spiritualität konkret aus? Gibt es ein *Specificum Christianum* (eine Besonderheit des Christlichen) oder ist das Christentum nur eine Religion unter anderen? In unserer modernen Welt, die zusehends zu einem globalisierten Dorf zusammenwächst, erfahren wir ja mittlerweile die anderen Religionen hautnah. Wir spüren oft intuitiv die Unterschiede, sehen aber auch, dass viele Formen der Religiosität sehr ähnlich sind und scheinbar übereinstimmen: In allen Religionen gibt es Kult und Rituale, in allen Religionen geht es um Sündenbewältigung und Jenseitsglauben, in allen Religionen wird Gebet und Wallfahrt praktiziert. Ich greife in kurzen Skizzen einige Punkte der allgemeinen Religiosität heraus, um zu veranschaulichen, wie weit die Gemeinsamkeiten gehen. Der christliche Glaube an die Selbstoffenbarung Gottes lässt uns aber immer tiefer erkennen und weiter schauen als eine Religiosität, die sich selbst ihren Weg zu einem Gottesbild bahnen muss. So wird auch deutlich werden, dass es – bei allen Ähnlichkeiten und Gemeinsamkeiten in den spirituellen Formen – fundamentale Unterschiede gibt.

Beginnen wir mit dem Grundlegenden, der Gotteserkenntnis selbst. Die größte Gemeinsamkeit zwischen dem Christentum und allen anderen Religionen besteht darin, dass wir glauben, dass ein unendlicher Gott unsere Welt geschaffen hat. Eigentlich braucht man dazu aber keine Religion, denn dass es eine „Ursache" für das Sein dieses Kosmos geben muss, das sagt uns ja schon der Verstand. Mit dem Verstand nach den letzten Dingen zu fragen, ist Sache der Philosophen. Es gibt bestimmte Gesetze, die der Verstand als absolut gültig erkennen kann, zum Beispiel das Gesetz von Ursache und Wirkung: Alles, was ist, muss eine Ursache haben. Auf Wienerisch: „Von nix kommt nix!" Daher waren auch die großen Philosophen der Überzeugung, dass der Kosmos aus einer unverursachten Ursache hervorgebracht worden ist. Die wissenschaftliche These vom „Urknall" (engl. *big bang*) mag vielleicht stimmen, aber der Philosoph muss ja weiterfragen: Was war vor dem Urknall? Was hat geknallt? Der Urknall erklärt an sich gar nichts, denn er kann sich ja nicht aus sich selbst hervorgebracht haben.

Wenn alle Religionen an einen Schöpfergott glauben, warum gibt es dann die vielen Religionen? Warum gibt es nicht eine Welt-Einheitsreligion, die sagt: „Wir glauben an eine göttliche Ursache der Welt?" Ganz einfach: Weil ein solches „Glaubensbekenntnis" zu wenig wäre! Es beantwortet ja noch nicht die persönlichen großen Fragen unseres Lebens: „Warum gibt es mich? Warum lässt der Schöpfergott Leid und Schmerz in meinem Leben zu? Was geschieht mit mir nach dem Tod?" Es sind die Religionen, die uns diese großen Fragen beantworten; darum waren ja alle Religionsstifter große Denker und Weise, die intensiv nach den Antworten auf diese Fragen gesucht haben.

Irgendwie spüren alle Menschen, dass dieses Leben nicht schon alles gewesen sein kann. Unser Leben ist schön, aber es ist kurz, es ist klein, es ist eng. Irgendwann müssen wir sterben. Im Herzen haben wir aber eine Sehnsucht, die größer ist als alles, was wir auf Erden erreichen können. Deshalb sind wir nie zufrieden und immer auf der Suche. Ende des 4. Jahrhunderts lebte ein Mann in Nordafrika, ein „Intellektueller", der auch lebenshungrig war. Er suchte sein Glück in verschiedenen Philosophien, er probierte es mit einer Sekte, er lebte in einer Beziehung mit einer Frau ... Doch er wurde nie satt. Später hat er das berühmte Wort geschrieben: „Unruhig ist unser Herz, bis es ruht in Dir [Gott]!" Gott war die Antwort auf sein Suchen. Von Gott wurde er auch in seiner dramatischen Bekehrung regelrecht getroffen, erschüttert und zu einem großen Heiligen gemacht: Augustinus († 430). Er wird immer mit einem brennenden Herzen dargestellt.

In allen Religionen brennen die Herzen der Menschen auf Gott hin. Wir Christen dürfen es anerkennen und schätzen, dass die Gläubigen aller Religionen mit großer Sehnsucht nach Gott suchen: durch Gebete, Meditation, Fasten, Wallfahrten, Opfer, durch verschiedenste Zeremonien ... Und leider habe ich den Eindruck, dass manche Nichtchristen eifriger sind als wir Christen. Denn während wir uns genieren, unseren Glauben öffentlich zu bezeugen, bekennen die Muslime ihren Glauben in aller Öffentlichkeit, nicht nur durch ihre Kleidung , sondern sie knien sich auch manchmal ohne Scheu vor allen Menschen zum Gebet nieder ... Und es flößt mir Bewunderung ein, wenn die buddhistischen Mönche so viele Stunden für Meditation aufwenden. Manchmal kommt mir auch der Gedanke: Wenn wir Katholiken nur ein paar Prozent von dem Eifer hätten, wie wir ihn bei den Zeugen Jehovas sehen können.

Wenn Gott in allen Religionen gesucht wird: Wo liegt dann der Unterschied zum Christentum? Sind alle Religionen gleich? In dem Punkt, dass alle Religionen den unendlichen Gott ehren wollen: Ja! Aber sonst: Nein! Denn die Religionen sind sogar sehr verschieden voneinander, weil ihre Gottesbilder verschieden sind. Und es gibt etwas Einzigartiges im christlichen Glauben, das wir sonst nirgendwo finden. Wir Christen glauben als einzige Religion, dass Gott schon persönlich zu uns gekommen ist. Dass ER zu uns gesprochen hat, schon im Alten Testament durch sein Wort und Wirken. Darum sind uns übrigens die Juden so nahe. Und darüber hinaus glauben wir, dass Gott unter uns Mensch geworden ist – in Jesus Christus. Alle Christen, egal welcher Konfession, bekennen, dass Gott in Menschengestalt auf Erden anwesend war – deshalb heißen wir ja nach ihm „Christen" – und dass er uns durch sein Leiden am Kreuz und seine siegreiche Auferstehung erlöst hat. Die Frage aller Religionen nach dem „Wie ist Gott?" hat Gott selbst uns am Kreuz beantwortet: „Ich bin die Liebe". Jesus sagte: „Eine größere Liebe hat niemand, als der sein Leben hingibt für seine Freunde." Unser Gott ist die Liebe.

In allen Religionen gibt es Spiritualität! In dem Ausdruck steckt das lateinische *spiritus* („Geist"): Menschlicher Geist möchte sich mit göttlichem Geist verbinden. Religiöse Spiritualität ist immer die Suche nach Kontakt mit Gott. Das Besondere des Christentums ist nun, dass wir Gott ja nicht erst suchen müssen, weil er schon bei uns angekommen ist, eben: in Jesus Christus. Und dieser haucht uns nach seiner Auferstehung den Heiligen Geist ein, damit wir mit Gott verbunden sind. Darum besteht die christliche Spiritualität nicht aus einem ängstlichen Suchen, ob es Gott wirklich gibt; wir müssen uns nicht ängstlich auf Gott hinmeditieren. Wir müssen IHN nicht mehr suchen, wir sind schon VON IHM gefunden worden. Wenn wir beten, dann reden wir nicht in ein unbekanntes dunkles Loch, sondern wir antworten auf das überhelle Licht, das uns in Jesus Christus erschienen ist.

All unsere Spiritualität ist Ant-Wort auf die Liebe Gottes.
Derzeit gibt es weltweit ein starkes religiöses Erwachen
in allen Religionen, besonders im Islam, aber auch in den
östlichen Religionen. Gott sei Dank wird auch das Christentum in den Ländern Afrikas, Asiens und Lateiname-
rikas wieder stärker, dort wird viel gebetet. Ich war selbst
in Afrika und überwältigt, wie dort die Kirche blüht. Die
Gottesdienste sind brechend voll mit jungen Menschen.
Die Liturgie ist feierlich, man spürt in den Gesängen und
in der Begeisterung, dass diese Gläubigen die Liebe Gottes wirklich erkannt haben. Und Ähnliches berichten
auch unsere Zisterzienser-Mitbrüder aus Vietnam und
Sri Lanka. Diese Welle des Erwachsens wird, glaube ich,
bald auch unser altes Europa erfassen, erste Anzeichen
dafür sehe ich schon. Ich bin zwar sehr besorgt, dass es
die Wirtschaftskrise gibt und bete, dass sie bald endgültig
überwunden sein wird. Aber vielleicht war es notwendig
und heilsam, dass die „Seifenblasen" der Aktienmärkte
vor einiger Zeit zerplatzt sind. Wir haben uns täuschen
lassen, weil wir geglaubt haben, wir könnten alles Glück
schon im Irdischen finden. Gerade wir Christen in Europa
haben Gott vor lauter Gier nach dem Irdischen vergessen.
Wir haben den „Geiz so geil" gefunden, dass wir jetzt mit
leeren Herzen dastehen. Ich habe einen jungen und ge-
scheiten Freund, der Moslem ist. Er ist sehr überzeugt,
aber Gott sei Dank nicht kämpferisch. Er hat mir einmal
gesagt: „Euch Christen bedeutet Gott wenig, weil ihr so
wenig betet." Und er erzählte mir, dass er seine christlichen Mitstudenten gefragt habe, ob sie beteten. Und er
fand nur einen Einzigen, der mit Ja geantwortet hat.
Warum wurden wir Wohlstandsmenschen denn in
den letzten Jahrzehnten immer unzufriedener, frustrier-
ter und psychisch kränker, obwohl es uns weltlich immer besser ging? Ich glaube deshalb, weil wir vergessen

haben, dass unser Herz immer unruhig und leer bleiben wird, solange wir ihm nicht die wichtigste Nahrung geben: das ist die Verbindung mit Gott. Wir schauen beschämt auf die anderen Religionen, wie ungeniert und eifrig dort nach Gott gesucht wird. Wir brauchen einen neuen Aufbruch in die Spiritualität, wir müssen spirituelle Menschen werden. Es darf nicht so sein, dass wir den Namen „Christen" tragen, also an einen Gott glauben, der uns in Jesus Christus seine ganze Liebe offenbart hat, diesem Gott aber zugleich die kalte Schulter zeigen! Nein! Lernen wir von den lebendigen und wachsenden Kirchen in Afrika, Asien und Lateinamerika. Dort wird ganz selbstverständlich gebetet, gefeiert – und eben deshalb gibt es dort den großen Aufbruch. Ich würde mir wünschen, dass wir Christen in Europa mit einer großen Wertschätzung unserer christlichen Spiritualität auch einen solchen Aufbruch zu Gott hin wagen.

2. Wallfahrten: Unser Weg hat ein Ziel

Jesus bat seine Jünger, die „Zeichen der Zeit" zu erkennen und richtig zu deuten. Ein solches Zeichen, das wir, seine heutigen Jüngerinnen und Jünger, gut und richtig deuten sollten, besteht darin, dass das Wallfahren bei uns Christen wieder boomt. Noch in den siebziger Jahren interessierte sich kaum jemand für den Jakobsweg, mittlerweile gibt es einen regelrechter *Hype* um den mittelalterlichen *Camino* (Pilgerweg) nach Santiago di Compostela. Aber auch vor Ort lässt sich feststellen, dass die Zahl der Fußwallfahrer zu den klassischen Wallfahrtsorten wie Mariazell, Altötting, Kevelaer, Einsiedeln – und wie sie alle heißen – immer mehr steigt. Ich sehe dies positiv, denn im Wallfahren liegt ja ein urmenschliches religiöses Bedürfnis: nämlich die Sehnsucht nach Heimat, nach Geborgenheit. „Wallfahren" ist kein Privileg für uns Christen, sondern in allen Religionen findet sich dieses Phänomen: Sowohl im Hinduismus als auch im Buddhismus gibt es eine Fülle von heiligen Orten, zu denen die Gläubigen pilgern. Für den Islam, der uns in den letzten Jahren in Europa so nahe gekommen ist, ist die Pilgerfahrt nach Mekka, der *Haddsch*, eine der fünf Hauptsäulen: geradezu eine heilige Pflicht des Gläubigen.

Was sollten wir aus diesem Zeichen lernen? Zunächst etwas über uns selbst: Wir Menschen tragen in uns offensichtlich eine urtümliche Sehnsucht nach einem Ziel, nach einer Heimat, nach einem Ort, wo das Göttliche unser endliches Leben berührt. Wenn es nicht etwas tiefgründig Allgemein-Menschliches gäbe, könnte man nicht erklären, warum es auch für wenig religiöse oder sogar ungläubige Menschen eine Verlockung ist, einmal alles liegen und stehen zu lassen, um wochen- oder sogar monatelang auf dem Jakobsweg zu pilgern. Wallfahren heißt wohl einfach: mit den Füßen die große Suche nach einem letzten Ziel nachzuspielen. Der deutsche Komiker Hape Kerkeling konnte mit seinem Buch *Ich bin dann mal weg* über seine Jakobsweg-Erfahrungen deshalb einen solchen Mega-Erfolg platzieren, weil er mit diesem Titel unser aller Lebensgefühl getroffen hat: den Wunsch auszusteigen, um sich auf die Suche nach dem Wesentlichen zu machen. Das alte Wort für Wallfahren lautet „pilgern" und kommt vom lateinischen Wort *peregrinus*, d. h. „fremd". Offensichtlich spüren wir instinktiv, dass wir hier auf Erden „Fremde" sind und deshalb machen wir uns auf und „spielen" im Wallfahren das große Leben gleichsam im kleinen Abenteuer nach. Wir machen uns auf und suchen ein Ziel, ein religiöses Ziel, ein jenseitiges Ziel. Niemand würde auf die Idee kommen, zu Fuß mehrere Tage zu einem Vergnügungspark, zu einem Einkaufszentrum oder zu einer Bank zu wandern. Was uns vom Ziel her anzieht, ist die stille Verheißung, dass es Orte gibt, wo man dem Ganz-Anderen, dem Göttlichen und Heiligen, ganz besonders nahe sein kann.

Und noch etwas menschlich höchst Positives sehe ich im Wallfahren, und zwar vor allem im Fußwallfahren: Es ist die Alternative zu dem Fehlverhalten des permanenten Sitzens. Vielleicht boomt das Wallfahren gerade deshalb, weil es unser instinktiver Protest dagegen ist, dass wir zu einer sitzenden Gesellschaft geworden sind: Wir sind zu Sitzern degeneriert: Wir sitzen vor dem Computer, wir sitzen vor dem Fernseher, wir sitzen im Auto, wir nennen sogar unsere Besprechungen ausdrücklich „Sitzungen". Wenn uns etwas gehört, so sprechen wir davon, dass wir es „be-sitzen". Und wenn wir gierig sind, dann verwenden wir dafür interessanterweise das Wort „ver-sessen". Wir spüren, dass das Versitzen unserer Lebenszeit und das Versessen-Sein auf Besitz uns nicht glücklich macht. Das Wallfahren lehrt uns das Loslassen des Irdischen und das Zugehen auf das Göttliche.

Ja, es ist gut, dass wir Christen weltweit wieder das Wallfahren entdecken. Denn nichts widerspricht unserem Glauben mehr als der Stillstand, das Festsitzen, die Bewegungslosigkeit. Es ist absolut kein Zufall, dass Gott für sein Heilshandeln ein Nomadenvolk erwählt hatte. Und es ist noch weniger ein Zufall, dass das öffentliche Wirken Jesu darin bestand, dass er drei Jahre lang mit ein paar von ihm berufenen Jüngern durch das Land zog. Die Nachfolge, in die Jesus die ersten Jünger gerufen hatte, muss man sich ganz konkret als permanente Wanderschaft vorstellen: Von Ort zu Ort gingen die Jünger hinter Jesus her, gleichgültig, ob sie von den Menschen aufgenommen oder abgewiesen wurden. Jesus sagte einmal: „Die Füchse haben ihre Höhlen und die Vögel ih-

re Nester; der Menschensohn aber hat keinen Ort, wo er
sein Haupt hinlegen kann" (Mt 8,20). Das Christentum
beginnt also mit dieser Weg- oder Wallfahrtsgemein-
schaft. Und Jesus bezeichnet sich selbst als den „Weg", der
zum Vater führt (vgl. Joh 14,6). Und er vollendet seine
Lebenshingabe durch Kreuz und Auferstehung im Rahmen einer Wallfahrt zum Paschafest nach Jerusalem. Der
Jünger Christi muss daher ein Feind des Stillstandes sein.
Stillstand bedeutet Resignation. Sich auf Jesus einzulas-
sen bedeutet hingegen, sich auf den Weg zu machen. Das
war den ersten Christen so klar, dass sie ihren Glauben
schlicht und einfach den „Weg" (Apg 9,2; Joh 14,6) nannten.

Wallfahren ist aber nicht bloß auf dem Weg-Sein.
Wallfahren bedeutet auch ankommen. Ein berühmtes
Wort aus der östlichen Religiosität lautet: „Der Weg ist
das Ziel." Das stimmt – aber nur ein Stück weit. Richtig
daran ist, dass der Weg wirklich schon ein Stück weit Ziel
ist, weil es wichtig ist, auszubrechen aus dem Banalen,
aus dem Alltäglichen: Computer, Fernseher, Discman,
Küche, Büro und Sorgen einmal zurückzulassen. Eben:
„Ich bin dann mal weg!" Und auch die Wallfahrtserfah-
rungen in der Natur und in der Gemeinschaft einer Wall-
fahrtsgruppe sind etwas Herrliches.

Insofern ist das „Auf-dem-Weg-Sein" wirklich schon
ein Stück weit Ziel und Heilung. Aber der christliche
Glaube geht noch tiefer: Der Weg HAT ein Ziel! Unser
Leben ist ohnehin, ob wir wollen oder nicht, ein Prozess,
ein permanentes Weitergehen-Müssen. Doch das geht
nicht ewig so dahin, sondern irgendwann einmal endet
der Weg an dem unüberwindliche Hindernis des Todes.
Das ist die harte Wand, gegen die jeder irdische Wande-
rer prallt! Jesus sagte zu seinen Jüngern: „Wohin ich gehe – den Weg dorthin kennt ihr." Darauf antwortete Tho-

mas verständnislos: „Herr, wir wissen nicht, wohin du gehst. Wie sollen wir dann den Weg kennen?" Und Jesus entgegnete: „Ich bin der Weg und die Wahrheit und das Leben; niemand kommt zum Vater außer durch mich" (Joh 14,4–6). Dies ist der Grund, warum bei einer Fußwallfahrt das Kreuz vorangetragen wird: Abbild unseres eigenen Lebens mit seinen Schwierigkeiten, mit Nägeln und Wunden gespickt! Der Blick auf den vorangehenden Herrn am Kreuz gibt Kraft!

Und dann kommt die Ankunft. Endlich! Das Gehen hat ein Ende, findet ein Ziel: Gott ist das Ziel jeder Wallfahrt. In dieser Erfahrung liegt der größte Trost des Wallfahrens: dass unser Weg nicht im Nichts endet, dass die Anstrengung und der Schweiß des Lebens einen Sinn haben, weil sie am Ende in Gott erlöst werden! Am Ende jeder ordentlichen Fußwallfahrt steht eine echte Erlösungserfahrung. Alle Strapazen, selbst die Blasen an den Füßen sind vergessen, wenn man durch das Portal der Wallfahrtskirche schreitet. Dann darf man zu Füßen des Gnadenbildes stehen und aufschauen zur Muttergottes, zu Jesus, zu Gott, dem Vater im Himmel: Im Glanz des Goldes leuchtet jedem Wallfahrer die Erkenntnis entgegen: Dein Leben hat ein Ziel! Dein Leben hat einen Sinn! Es lohnt sich, dass du weitergehst, weiterkämpfst, weiterarbeitetest, denn der Weg Deines Lebens findet einmal seine wunderbare Erlösung durch Gott.

3. Wir sterben, um zu leben

Der Gedanke, dass wir einmal sterben müssen, ist eigentlich unerträglich. Er stellt nicht nur alles infrage, sondern von hier aus entstehen auch die großen philosophischen Fragen: „Woher komme ich? Wohin gehe ich? Was ist das Ziel meines Lebens? Gibt es ein Leben nach dem Tod?"

Man kann diese Fragen zwar ausblenden. – Viele Menschen leben heute ja nach der Devise: „Nur nicht an das Sterben denken!" Aber das gelingt eigentlich nicht für immer, denn irgendwann wird jeder mit dem Tod konfrontiert: Wenn ein geliebter Mensch stirbt, wenn man das Älterwerden spürt, oder wenn man einmal die Diagnose einer schweren Krankheit erhält ...

Religiöse Menschen blenden den Tod nicht aus, sondern suchen zu ergründen, was danach kommt. In allen Religionen gibt es die Vorstellung, dass mit dem Sterben zwar eine Grenze überschritten wird, dass der Tod aber nicht das absolute Ende ist: Die Griechen und Römer etwa dachten an ein Schattenreich für die Seele, den *Hades*, und stellten sich diese Unterwelt in düsteren Tönen vor. Die Ägypter bauten ihren Pharaonen riesige Pyramiden und rüsteten die balsamierten Leichen mit wertvollen Grabbeigaben aus, um sie für das Leben nach dem Tod zu versorgen. Im Koran wiederum wurden sehr viele Vorstellungen, die Mohammed im Judentum und Christentum kennengelernt hatte, übernommen. Die Bilderwelt der Bibel wird dort gleichsam ins Grelle überzeichnet. Fromme Muslime sind daher sehr stark auf das Leben nach dem Tod ausgerichtet und freuen sich auf einen überaus lustvollen Genuss in einem herrlichen Paradies; andererseits fürchten sie sich vor einer schrecklich qualvollen Hölle ... Auch die griechischen Philosophen wollten sich nicht damit abfinden, dass mit dem Tod alles aus sei: der große Platon etwa lehrte eine Art Seelenwanderung, also das Weiterwandern der geistigen Seele in den nächsten Leib ... Die großen religiösen Lehren des Ostens, etwa des Buddhismus und Hinduismus, haben interessanterweise einen solchen „platonisch-philosophischen" Einschlag, denn auch dort wird die Reinkarnation gelehrt. „Re-inkarnation" bedeutet dasselbe wie

Wiedergeburt und besagt, dass die Seele nach dem Tod des Leibes wiederum (*re*) in einem nächsten fleischlichen Körper (*carne*) geboren wird. Unsere westliche Esoterik, die immer noch boomt, hat vieles, aber nicht alles von diesen östlichen Vorstellungen übernommen: Denn für die Esoterik ist es z. B. eine trostreiche Vorstellung, wenn man ein paar Mal wiedergeboren wird. Klar, wir westlichen Menschen mit unserem Wohlstand haben ja auch ein angenehmes Leben. Anders im Osten: Dort ist es eine Strafe, wenn man wiedergeboren wird; man möchte dem Kreislauf (*Samsara*), zu dem man durch das Karma verurteilt ist, entkommen; außerdem fürchten sie die Gefahr, nicht als Mensch, sondern als Tier wiedergeboren zu werden. Auch das hat die Esoterik weggelassen.

Angesichts dieser vielfältigen Vorstellungen muss man sich kritisch fragen: Ist der Glaube an ein Weiterleben nach dem Tod nicht bloße Fantasie? Ist das nicht nur eine Vertröstung, mit der wir Menschen unsere Angst vor dem Sterben abmildern wollen? So behaupten die Religionskritiker; ja, sie haben uns Religiösen sogar vorgeworfen, dass der Glaube an ein ewiges Leben eine Art „Opium" sei, mit dem wir uns betäuben und unsere Lebensangst verdrängen wollen. Ich antworte mit einem klaren Nein! Es ist nicht gegen die Vernunft, an eine Existenz nach dem Tod zu glauben, sondern es ist höchst vernünftig: Es handelt sich dabei gleichsam um eine allgemeine Menschheitserkenntnis, um eine Denkbasis aller Religionen. Das Zweite Vatikanische Konzil sagt, dass der Mensch „im Instinkt seines Herzens richtig urteilt, wenn er die völlige Zerstörung seiner Person mit Entsetzen ablehnt". Warum? Weil wir laut dem Konzil den „Keim der Ewigkeit" in uns tragen. Gemeint ist hier dieses Geistige, das wir auch sind und das wir „Seele" nennen.[165] Der Leib stirbt, aber es bleibt etwas von uns. Dass es kein völ-

liges Erlöschen gibt, sagt uns gleichsam der Instinkt des
Herzens und bestätigt uns unsere Vernunft. Die Frage ist
dann aber: Wie sieht dieses Leben nach dem Tod aus?

Was glauben wir Christen vom Leben nach dem Tod?
Zunächst müssen wir ehrlich sagen, dass auch die Bibel
vor allem in Bildern vom Jenseits spricht und dass wir in
der Offenbarung nirgendwo einen präzisen Fahrplan finden, wie es nach dem Tod weitergehen wird. Eines zeichnet den christlichen Glauben aber vor allen Religionen
aus: Wir haben ein geschichtliches Fundament für unsere Hoffnung auf Ewigkeit: die Auferstehung Jesu Christi. Ostern ist deshalb das Fest aller Feste, weil uns hier
Gott durch die Auferweckung des gekreuzigten Heilandes drastisch vor Augen stellte, dass Sünde und Tod nicht
das letzte Wort haben. Christus ist auferstanden! Hier
geht es nicht um Fantasie, sondern um ein geschichtliches
Ereignis. Darum schildern ja alle Auferstehungserzäh-
lungen in den Evangelien so eindringlich den Unglauben,
das Staunen, das Überrumpelt- und Überrascht-Werden
der Apostel! Denn keiner der Apostel hatte nach Christi Todesqualen am Kreuz mit einem solchen Geschehen
gerechnet. Die Auferstehung schlug wie eine Bombe ein.
Das Bekenntnis: „Der Herr ist wahrhaft auferstanden!",
ist das Wichtigste in unserem christlichen Glauben.

Für uns Christen geht es nach dem Tod nicht „irgendwie" weiter, sondern durch den Glauben fällt Licht auf
das „Danach". Unser Glaube ist wunderbar: Gott beruft
uns zu einer ewigen Gemeinschaft: Gott möchte uns in
einer unaufhörlichen, niemals endenden Liebesbeziehung
bei sich haben. Gott selbst ist unser *Himmel*, nicht irgendwelche nebensächlichen Genüsse, so lustvoll man sie
sich auch vorstellen mag. Und um in dieser Gemeinschaft
mit Gott bestehen zu können, muss nach dem Tod alles an
uns gereinigt werden, was mit dem Wesen Gottes nicht

zusammenpasst, denn Gott ist die Liebe. Das Schmutzige
und Dunkle unseres Lebens, unsere Sünden, müssen ab-
getragen, weggefegt werden. Das nennen wir traditionell
Fegefeuer. Und weil Gott unsere Freiheit immer respektiert, weil er uns, seine geliebten Kinder, nie zu Mario-
netten degradiert, lässt er uns sogar die fürchtenswerte
und schreckliche Möglichkeit, ganz Nein zu ihm zu sagen. Das ist der tiefste und hässlichste Abgrund, das ist
die *Hölle*, zu der wir Menschen leider fähig sind.

In allen Religionen gibt es eine Verbundenheit mit den
Verstorbenen, besonders wir Christen sollten sie pflegen. Wir sprechen mit Recht von *„armen* Seelen", weil
die Verstorbenen ja ohne Leib jenseits der Geschichte sind
und daher auch selbst nicht mehr zu ihrem Heil beitra-
gen können. Es ist wichtig, für die armen Seelen zu beten. Unsere Glaubens- und Liebesgemeinschaft, die wir
als Kirche darstellen, darf sich durch die Grenze des Todes nicht abschrecken lassen. Denn diese Grenzen sind
durchlässig: So wie wir uns auf die Fürsprache jener, die
ganz im Himmel sind, der Heiligen, verlassen können,
so sehr brauchen die armen Seelen unsere Fürsprache,
aber auch unsere Opfer und Gebete hier auf Erden. Wie
dankbar müssen wir unserem Gott sein, dass er uns eine so große Hoffnung gibt: Der Tod ist nicht das sinnlo-
se Ende, sondern das Hinübergehen in eine wunderbare
Gemeinschaft: mit dem lieben Gott selbst und mit allen
Engeln und Heiligen. Ich kann für mich persönlich nur
sagen, dass mich der Gedanke an den Tod nicht wirklich
erschreckt. Ich lebe zwar sehr gerne, aber ich freue mich
auch schon auf die wunderbare Vollendung bei Gott – mit
all den lieben Menschen, für die ich täglich bete, weil sie
schon vorausgegangen sind.

4. Der unendliche Wert des Menschen

Was gibt es Schöneres und Spannenderes als die Geburt eines Kindes? Als Priester darf ich viele junge Menschen begleiten, oft bis hin zur Ehe. Und ich staune, welche Kraft und Faszination von einem Kind ausgehen: so stark, dass die Eltern regelrecht verwandelt werden. Jugendliche, die vor Kurzem noch regelrecht „ausgeflippt" waren, werden durch ihr Kind reife und verantwortungsbewusste Eltern. Man sieht den jungen Müttern und Vätern richtig an, wie bezaubert sie von diesem Wunder ihres eigenen Kindes sind: vom Wunder eines neuen Menschen.

Ja, der Mensch ist etwas Faszinierendes, etwas Einmaliges und etwas Heiliges. Mir ist bewusst, dass wir heute Gefahr laufen, das Einzigartige am Menschen zu übersehen. Schon vor dreihundert Jahren wollte eine Gruppe französischer Atheisten den Menschen als eine bloße Maschine erklären. Sie behaupteten, der Mensch sei „nur" eine biologisches Konstruktion, eine selbstorganisierte Anhäufung von Wasser und chemischen Elementen. Und derzeit verbreitet der kämpferische Atheist Richard Dawkins mit Millionenauflagen von England aus die These, dass das menschliche Leben nur eine raffinierte Konstruktion selbstsüchtiger Gene sei. Unser menschliches Selbstbewusstsein sei nur ein Trick dieser Gene, die einzig darauf abzielen, sich zu vermehren. – Es gibt heute ein ganzes Gruselkabinett solcher Theorien, die den Menschen zu einem bloßen Stück Materie herabwürdigen. Ist der Mensch wirklich nichts anderes als 50 Liter Wasser, 16 kg Kohlenstoff, 4,5 kg Sauerstoff und 1,5 kg Stickstoff (gerechnet auf 75 kg Gesamtgewicht)? Sind wir nur eine biologische Maschine, die durch einen Herzmuskel siebzig, achtzig, neunzig Jahre lang – oder mehr oder weniger – durchs Leben gepumpt wird und dann ins Nichts versinkt?

Mit einem lauten Aufschrei widersprechen *alle* Religionen dieser Welt einer solchen Abwertung! Für Menschen, die an Gott glauben, ist der Mensch an Wert und Würde einzigartig, weil er von Gott her und auf Gott hin geschaffen ist. Es gibt ein Wort, das gleichsam unseren Protest gegen die Reduktion des Menschen auf einen bloßen „biologischen Apparat" ausdrückt: Es ist die Rede von der „Seele" des Menschen. Wir sollten wieder mehr über die Seele reden! Schon die griechischen Philosophen hatten erkannt, dass wir nicht nur einen materiellen Körper, sondern auch eine unsterbliche geistige Seele haben. Das Bekenntnis zur Geistseele findet sich in allen Religionen: Der Islam etwa lehrt, dass der Mensch aus Seele und Körper besteht. Der Körper ist die äußere Form, die uns das Leben auf der Erde ermöglicht; er stirbt und verwest. Die Seele ist nach dem Koran unsterblich und wird am Ende des Lebens zu Allah zurückgebracht (Sure 32,11). Diese Lehre hatte Mohammed vermutlich dem christlichen Glauben entnommen. Und die Religionen Asiens, vor allem der Buddhismus und Hinduismus, gehen beim Thema „Seele" sogar noch einen Schritt weiter: Die Seele wird als das weit Wichtigere gedacht; der vergängliche Leib wird eher als Belastung betrachtet, von dem man sich mittels Meditation befreien soll. Das geht so weit, dass sie den Tod als eine Art Erlösung der Seele vom Leib sehen: Durch das Absterben des Leibes wird die Seele frei für ein höheres Stadium, für eine neue Wiedergeburt ... Manche östliche Weisheit erinnert stark an die Lehre, die schon der griechische Philosoph Platon vierhundert Jahre vor Christus vertrat: dass der Leib minderwertig sei und nur das Geistige, nur das Seelische zähle. Das sehen wir im christlichen Glauben dann doch anders, weil wir ja daran glauben, dass Gottes Sohn Mensch geworden ist, dass er also

einen menschlichen Leib angenommen hat und dass wir
nach dem Tod nicht nur mit der Seele, sondern auch mit
dem Leib erlöst werden, weil ja auch Christus mit verklärtem Leib auferstanden ist.

Der Mensch ist für uns Christen ein Wunder Gottes, weil er eine Einheit von Leib und Seele ist. Beides
ist wertvoll, beides gehört zusammen. Schon dem Leib
nach sind wir etwas Wunderbares; wir empfangen den
Leib ganz von unseren Eltern her, weil Gott in die Liebe von Mann und Frau die Kraft gelegt hat, einen neuen
Menschen hervorzubringen. Zugleich kommen wir aber
der Seele nach ganz unmittelbar von Gott her, denn Gott
hat unsere unsterbliche Seele geschaffen. Und diese Seele
ist das Abbild Gottes in uns. In der Bibel lesen wir, dass
Gott uns „nach seinem Abbild, ihm ähnlich" geschaffen
hat (Gen 1,26). Darum müssen wir unseren Schöpfer mit
den Worten der Psalmen preisen: „Was ist der Mensch,
dass du an ihn denkst, des Menschen Kind, dass du dich
seiner annimmst? Du hast ihn nur wenig geringer gemacht als Gott, hast ihn mit Herrlichkeit und Ehre ge-
krönt" (Ps 8,5f). Achtung! Weil unsere Seele geistig und
unsterblich ist, ist sie nur dann glücklich, wenn sie mit
ihrer Quelle, also mit Gott in Verbindung steht, der selbst
unendlicher Geist ist. Eine Seele, die nicht mit Gott verbunden ist, entwickelt ein gefährliches Vakuum. Ich glaube, dass heute deshalb so viele Menschen ausgelaugt, leer,
frustriert und depressiv sind, weil sie sich zwar eifrig
um ihren irdischen Leib kümmern, aber nichts für ihre
Seele tun. Wir brauchen eine „Seelenpflege" durch Gebet, durch Stille, durch das Lesen guter religiöser Bücher
und durch den Empfang der Sakramente, die uns göttliche Kraft vermitteln.

Im Christentum bedeutet der Mensch mit seiner Würde sehr viel. Daher fällt uns Christen heute die wichtige

Aufgabe zu, für diese Wertschätzung des Menschen einzutreten. Denn überall dort, wo der Mensch nur als ein
„Zellhaufen" verstanden wird, droht Gefahr für die Gesellschaft. Wir müssen laut daran erinnern: Jeder Mensch
ist ein Wunder, jeder Mensch ist einmalig, jeder Mensch
ist mit einer heiligen und unantastbaren Würde ausge-
stattet, ob jung oder alt, ob gesund oder krank, ob weiß
oder schwarz, ob erwachsen oder noch ungeboren im
Mutterleib, ob Mann oder Frau ... Jeder Mensch ist nach
dem Abbild erschaffen worden und ragt mit seiner un-
sterblichen Geistseele gleichsam in den Himmel hinein.
Eine Aussage des heiligen Irenäus von Lyon († 202) lautete: „Die Ehre Gottes ist der lebendige Mensch." Wir sollten das Staunen über die Würde und Ehre, die Gott uns
Menschen verliehen hat, nicht nur frischgebackenen Eltern überlassen. Das größte Wunder, das Gott in seiner
Schöpfung hervorgebracht hat, das sind wir Menschen.
Gehen wir liebevoll und mit Achtung und Wertschätzung mit uns und miteinander um!

5. Das Rätsel des Leidens

Unser Leben ist ein großes Rätsel. Denn es ist zwar über
weite Strecken hin schön; ja, es ist wunderbar zu leben.
Doch es gibt kein Leben ohne Leiden und auf uns alle
wartet einmal das Sterben und der Tod. Der Tod ist un-
ausweichlich. Die größte Menschheitsfrage lautet doch:
Warum lässt Gott das Leiden zu? Bei dieser Frage sind die
Religionen zutiefst herausgefordert, denn alle Religionen
glauben an einen guten Schöpfergott. Warum erkranken
kleine Kinder an Krebs? Warum geschehen solche Ka-
tastrophen wie das Erdbeben auf Haiti, der Tsunami im
Indischen Ozean ...? Welchen Sinn haben dann Leiden,
Sterben und Tod?

Die Antworten fallen unterschiedlich aus: Der berühmteste Fragende ist wohl Siddharta Gautama. Dieser indische Prinz lebte 560 bis 480 vor Christus und
wuchs in einem abgeschirmten luxuriösen Leben auf;
man versuchte, alles Böse und Negative von ihm fernzu-
halten. Umso mehr traf es den behüteten jungen Mann,
als er bei Ausfahrten aus dem Palast mit der Wirklichkeit von Leiden und Tod konfrontiert wurde: Er begegne-
te einem Greis, einem Kranken und einer Leiche. Trau-
matisch wurde ihm bewusst, dass der Mensch dem Alter,
der Krankheit und schließlich dem Tod preisgegeben ist.
Siddharta verließ den Palast und begann seine Suche, er
wurde Asket, dann begann er zu meditieren ... Schließlich hatte er mit fünfunddreißig Jahren die Erleuchtung,
sodass er zum „Erleuchteten" (*Buddha*) wurde. Entsprechend lautete seine Erkenntnis, kurz formuliert: Alles
ist eins, Leben und Sterben, Leiden und Freude; es geht
darum, durch Meditation sein eigenes Einssein mit dem
Ganzen zu erkennen. Deshalb ist geistige Meditation der
Heilsweg, den der Buddhismus – und mit ihm auch die
anderen östlichen Religionen – zur Überwindung von
Leiden und Tod anbieten.

Während die östliche Religiosität Leiden und Tod als
Schein zu durchschauen suchen, ist die Haltung des Islam
doch ganz anders; sie erinnert ein wenig an die christliche. Der Islam ist stark auf das Jenseits nach dem Tod
orientiert: Das irdische Leben in der Welt ist nur eine
Durchgangsstufe hin zu der Welt, die man erst nach dem
Tod wahrnehmen kann. Der Tod ist eine Art wunderbare Heimkehr; er wird im Islam nicht durch Meditation
weggeschoben oder verdrängt, sondern im Gegenteil: Der
Gedanke an den Tod soll den Gläubigen immer begleite-
ten. Fünfmal am Tag betet der Muslim: „Flüchtig ist die
Zeit! Wahrlich, der Mensch ist verloren, außer jenen, die

glauben und Gutes tun und sich gegenseitig zur Wahrheit anspornen und einander zum Ausharren mahnen!" Aber einen eigentlich theologischen Sinn im Leiden und Sterben kennt der Islam nicht; der Gläubige ist einfach nur herausgefordert, alles nach dem Willen Allahs anzunehmen und so ins Paradies zu gelangen.

Hier leuchtet gerade das Christentum mit seiner Botschaft vom Kreuz, vom leidenden und auferstandenen Gottessohn am hellsten auf. Halten wir fest, dass das Christentum die einzige Religion ist, die an einen Gott glaubt, der Mensch geworden ist. Während die anderen Religionen Gott „draußen" suchen, sich hinausmeditieren oder sich auf das Jenseits danach vorbereiten, glauben wir, dass unser Gott in unsere Endlichkeit „herein"-gekommen ist. Gott ist aber nicht nur irgendwie Mensch geworden, sondern er hat von der Krippe ab Armut, Not und Leiden mit uns geteilt. Zum zentralen Symbol des christlichen Glaubens ist daher das Kreuz geworden, also jenes abscheuliche Folterinstrument, mit dem die Römer ihre aufsässigen Feinde möglichst langsam und qualvoll hingerichtet haben. Es ist kein Zufall, dass Jesus diesen Tod gestorben ist. Paulus schreibt: „Er war gehorsam bis zum Tod, bis zum Tod am Kreuz" (Phil 2,8). Jesus ist eben nicht „friedlich" im Bett gestorben; sondern er hat die unsägliche Qual des menschlichen Leidens und Sterbens am Kreuz auf sich genommen. Dabei erlitt er nicht nur körperliches Leiden. Heute hat unsere Medizin ja im Normalfall das körperliche Leiden durch Schmerztherapien gut im Griff. Jesus wollte auch das seelische Leiden, das Leiden der Trennung, des Verlustes, des Abschieds, bis zur Neige auskosten. Er, der Sohn Gottes, den er als seinen geliebten Vater kennt, ruft am Kreuz: „Mein Gott, mein Gott, warum hast du mich verlassen?" (Mk 15,34; Mt 27,46).

Keine Religion gibt eine glatte Antwort auf die Frage nach Leiden, Sterben und Tod. Auch das Christentum verfügt über keine mathematische Formel oder logische Erklärung. Gott will nicht, dass wir leiden; er hat den Tod nicht gewollt. Gott ist die Liebe. Daher verwandelt er Leiden und Tod in eine Form der Gemeinschaft mit ihm, dem ewig Liebenden. Wir Christen schauen im Leiden und Sterben einfach auf den Gekreuzigten, auf Jesus, wie er geschunden, blutend und elend am Kreuz hängt. Jesus ist das menschgewordene „Mit-Leid" Gottes mit uns. Wir brauchen den Blick aufs Kreuz, um mit dem Leben fertig zu werden. Dahinter leuchtet ja schon das Geheimnis der Auferstehung auf. Der Glaube an Jesus Christus sagt mir: mein Schmerz und mein Leiden wird in die Ewigkeit Gottes hineinerlöst. Wie trostreich ist dies doch: Als Jesus am Ostermorgen siegreich vor den fassungslosen Jüngern steht, hat er seine Schmerzenswunden nicht abgestreift. Er trägt weiter die Wunden der Geißelung, der Kreuzigung und der Durchbohrung. Aber all das Qualvolle, das er in seinem Leben ertragen musste, ist jetzt verwandelt, es ist „verklärt". In einem Kirchenlied besingen wir jubelnd diese verklärten Schmerzen: „Die Wunden rot, jetzt o wie schön, freu' dich und singe; wie Sonn- und Mondglanz anzusehn, halleluja!" Das heißt doch, dass bei Gott kein Quäntchen der Leiden und Schmerzen, die wir auf Erden aus Liebe zu ihm und unseren Brüdern und Schwestern ertragen, verloren geht. Darum kann der Apostel Paulus schreiben: „Ich bin überzeugt, dass die Leiden der gegenwärtigen Zeit nichts bedeuten im Vergleich zu der Herrlichkeit, die an uns offenbar werden soll" (Röm 8,18).

6. Gottes Geist ist in unsere Herzen ausgegossen

Jede Religion ahnt, dass Gott „ganz-anders" ist, dass Gott
jenseits von irdischer Materie und endlicher Energie ist,
eben: dass Gott „Geist" ist. Es ist daher ein Kennzeichen
aller Religionen, dass sie eine Verbindung mit dem göttlichen Geist herzustellen versuchen. Jede Religion will die
Kluft, die zwischen uns endlichen Menschen und dem
unendlichen Gott herrscht, überbrücken. Und daher spit-
zen alle Religionen ihre Ohren, um etwas vom geheimnisvollen Gemurmel des göttlichen Geistes erlauschen zu
können. Und das ist auch durchaus möglich, denn Gottes
Geist ist schon eine Art Lebensprinzip des Kosmos. Er ist
der, „in dem" und „durch den" alles ist. So singen wir in
einem Kirchenlied: „Der Geist des Herrn erfüllt das All
mit Sturm und Feuersgluten!" Daher ist der katholische
Glaube hier durchaus offen. Wir können den anderen Religionen etwas wirklich Positives abgewinnen, so haben
es schon die alten Kirchenväter gelehrt, so lehrt es das
Zweite Vatikanische Konzil: Tatsächlich weht etwas von
Gottes Geist durch alle Religionen, tatsächlich enthalten
diese „Wahres und Heiliges".[166] Um im Bild zu bleiben:
Tatsächlich gelingt es den anderen Religionen, so manches von dem Wehen des Geistes zu erlauschen, mit dem
er durch die gesamte Schöpfung flüstert und rauscht.

Deshalb darf es uns nicht wundern, dass es in allen
Religionen „Geist" in Hülle und Fülle gibt. Es stimmt:
Gottes Geist weht, wo er will. Aber gibt es auch etwas
Besonderes an dem Heiligen Geist, den wir Christen als
die dritte göttliche Person anbeten? Die Bibel gibt einen
Hinweis, indem sie vom „Geist Gottes" immer dann re-
det, wenn Gott die Grenze, die es zwischen ihm und der
Welt gibt, überschreitet: Bei der Weltschöpfung schwebt
der Geist über dem Tohuwabohu des Urchaos, im Alten

Testament inspiriert der Geist die Propheten, im Neuen Testament wirkt der Geist die Menschwerdung Christi in Maria und am Pfingstfest wird der Geist in Sturm und Feuerzungen über die junge Kirche ausgegossen. Nach der Heiligen Schrift ist es das Kennzeichen des Geistes Gottes, dass er immerdar am Kommen ist. Was wir „Heiligen Geist" nennen, ist ein in die Welt herüberstrahlender, herüberwehender, herüberwirkender Geist.

Als Christen können wir ruhig mit Hochachtung anerkennen, dass auch die anderen Religionen etwas von dem kosmosweiten Brausen des göttlichen Geistes erfassen, solange wir uns auch des Unterschiedes bewusst sind. Der Heilige Geist, an den wir glauben, ist weder ein Allerweltsgeist noch ist er der Zeitgeist. Er ist auch nicht nur ein fromm herbeimeditierter Geist, sondern er ist eine Gabe, die „von sich aus" von Gott her kommt. Das Christentum ist ja die Religion der göttlichen Selbst-Offenbarung. Das deutsche Wort „Offenbarung" leitet sich von der Wortwurzel „auf-bahren" ab. Aufbahren wiederum bedeutet, dass etwas obenauf gelegt wird, damit es gut sichtbar ist. Der christliche Glaube besagt: Gott hat sich selbst geoffenbart, er hat sein innerstes Wesen zur Schau gestellt, als er seinen Sohn für uns am Kreuz dahingab. Gott beschenkt uns mit der Erkenntnis seines innersten Wesens: Wir dürfen erkennen, wie Gott ist. Johannes formulierte es in dem kurzen Satz: „Gott ist die Liebe" (1 Joh 4,8.16).

Aber Gott wollte uns nicht nur eine Glaubenserkenntnis für unseren Verstand geben. Es geht Gott nicht nur um eine Belehrung oder Information über sich; die „Erkenntnis" (griech. *Gnosis*) ist nicht das Letzte. Als Jesus am Kreuz starb, hauchte er nach den Berichten der Evangelien den Geist aus. Johannes formulierte sogar, dass Jesus „den Geist übergab bzw. aufgab" (*paredoken to pneuma*). Daraus entwickelte sich eine umgangssprachliche

Redewendung: Wenn ein Apparat defekt ist, sagen wir, dass er „seinen Geist aufgab". Bei Jesus aber ist das Aufgeben des Geistes gerade nicht ein finales Zugrunde-Gehen, sondern ein lebensspendender Übergang. Der Herr hauchte seinen Geist am Kreuz in unsere Welt hinein. Johannes schilderte dies gleich in der Szene vom Ostermorgen, bei der der Auferstandene die Jünger – die übrigens allesamt erbärmliche Versager, feige Verräter und schwere Sünder waren – mit den Worten anhauchte: „Empfanget den Heiligen Geist" (Joh 20,22). Und mit diesem Geist haucht uns Christus die Wesenseigenschaft Gottes gleichsam selbst in unsere Herzen: die Liebe.

Der springende Punkt ist, dass durch den Heiligen Geist die Liebe Gottes in unsere Herzen eingegossen ist. Paulus sagte, dass der Geist Gottes „in unsere Herzen ausgegossen ist", dass der Geist Gottes „in uns wohnt", „in uns betet". Derselbe Geist, der Jesus in seiner Hingabe bis ans Kreuz führte, wohnt seit der Taufe und Firmung in unseren Herzen. Ganz tief drinnen, in der Mitte unseres Ich, will der Geist in uns die Liebe wirken. Darum ist das Salböl (griech. *Chrisam*) in der Kirche zum Zeichen für das Eindringen des Heiligen Geistes geworden. Schon unmittelbar nach der Taufe wurden wir mit *Chrisam* gesalbt. Und bei der Firmung salbt der Bischof den Firmkandidaten, indem er ihm bei gleichzeitiger Auflegung der Hand mit dem *Chrisam*-Öl ein Kreuzzeichen auf die Stirn zeichnet: „Sei besiegelt durch die Gabe Gottes, den Heiligen Geist." Das Öl, das durch die Haut vom Körper absorbiert wird, wird zur sakramentalen Ausdrucksform dafür, dass tatsächlich der Heilige Geist, also Gott selbst, in unser Leben einzieht. Welches Privileg wird uns Getauften hier geschenkt: Gottes Geist selbst wird in unsere Herzen eingegossen und tut alles, um uns in liebende Menschen umzugestalten. Wenn wir ihn nur lassen.

X. KAPITEL
FASZINIERT VON DER GÖTTLICHEN
DREIFALTIGKEIT

Eine Einladung, mit Hans Urs von Balthasar
das trinitarische Mysterium zu entdecken

*1. Hans Urs von Balthasar –
ein „Denker des Katholischen"*

Es gibt keinen Theologen der Neuzeit, dessen Ausle-
gung des Mysteriums des christlichen Gottes eine
größere Faszination ausstrahlt, als die des Schweizer
Theologen Hans Urs von Balthasar (1905–1988). Seine
Theologie ist zutiefst „theozentrisch", sie geht vom Geheimnis der Gottesoffenbarung aus und führt in konzen-
trischen Kreisen immer wieder dahin zurück. Balthasar
bringt Gott zur Sprache, genauer: den dreifaltigen Gott.
Trinität ist das Herzstück und Fundament seiner gesam-
ten Theologie, Trinität gibt dem fast unüberschaubaren
Gesamtwerk Balthasars ein faszinierendes Gepräge. Es ist
daher ein Hoffnungszeichen, dass sich heute so viele junge Theologinnen und Theologen für Balthasar begeistern.
Hans Urs von Balthasar ist *der* „Theologe der Trinität".
Um einen Anreiz auf eine weiterführende Beschäftigung
mit seiner Theologie – und damit mit der Dreifaltigkeit –
zu geben, möchte ich ihn hier kurz vorstellen.

An sich ist schon die Person Balthasars faszinierend,
und daher wollen wir zuerst einen Blick auf sein Leben
und Schaffen werfen, denn dieser Schweizer Jesuit deck-
te mit seinem Lebensalter nicht nur die Hauptspanne des
20. Jahrhunderts ab, sondern brachte mit seinem Werk
gleichsam die gesamte Geistesgeschichte zur Synthe-

se. Balthasar war mit Abstand der fruchtbarste Theologe des zwanzigsten Jahrhunderts, er war sozusagen das letzte „Universalgenie", das die ganze westliche Geistesgeschichte – von der Antike bis zur Gegenwart – umfasste und in sein Werk integrierte.[167]

Ein Durchschnittsmensch war Balthasar wahrlich nicht: 1905 in Luzern aus altem Bürgeradel geboren, Gymnasium in Feldkirch bei den Jesuiten, Studium der Germanistik, unter anderem auch in Wien, promovierte er mit dreiundzwanzig Jahren mit einem grundlegenden Werk über den Deutschen Idealismus. Ein theologisches Doktorat hat er nie erworben. Apropos Wien: In der österreichischen Bundeshauptstadt wurde der junge Student in den Bann der Musik gezogen. Balthasar war ein zutiefst musischer Mensch, der sich vor allem für Mozart begeistern konnte. Mozart war dann auch die Brücke zu dem großen reformierten Theologen Karl Barth, der, wie wir mittlerweile wissen, um ein Haar bei Balthasar konvertiert hätte.[168] Ein intellektueller Mann, von Literatur, Kunst und Musik begeistert, also eine Künstlernatur, so könnte man den jungen Balthasar beschreiben.

Mit keiner Faser hatte Balthasar an das Priestertum gedacht, als ihn im Jahr 1927 bei einem Waldspaziergang während Exerzitien im Schwarzwald die Berufung „wie ein Blitzschlag" traf.[169] Im Jahr1929 trat er in den Jesuitenorden ein. Eine musische Künstlernatur im Jesuitenorden? Erste Probleme traten während des Studiums auf. Es herrschte noch ganz die großartige, jedoch hölzerne und schon überklug gewordene Systematik der Neuscholastik. In Pullach schmachtete er „in der Wüste der Neuscholastik".[170] In La Fourvière, hoch über Lyon, saß er mit zugestopften Ohren in den neuscholastischen Vorlesungen und las Augustinus, Origenes, Gregor von Nyssa, Maximus Confessor. Schuld an dieser Begierde nach der run-

den und frischen Theologie der Patristik war auch sein
Lehrer, der spätere Kardinal Henri de Lubac, dessen Name unlösbar mit dem Begriff der *Nouvelle Théologie* verbunden ist.

Noch während des Studiums publizierte Balthasar einige Bücher zu den oben genannten Vätern. Sie sind Meis-
terwerke der Interpretation. Als der junge Jesuit 1940 als
Studentenseelsorger nach Basel kam, war er schon berühmt. Eine Professur an der *Gregoriana* hatte er abgelehnt, dies wäre ihm zu trocken gewesen. Während Europa im Krieg versank, wurde Balthasar in der Schweizer
Geborgenheit Treffpunkt der katholischen Intellektuellen
Europas: Hugo Rahner, Erich Przywara, Romano Guardini, Henri de Lubac, Reinhold Schneider, Paul Claudel usw.
Balthasar sammelte nicht nur einen – durchaus elitären
Kreis – von Studenten um sich, sondern besuchte die Vorlesungen Karl Barths. Es gehörte zum täglichen Bild, dass
der junge Jesuit mit einem Stoß Mozart-Schallplatten in
das Arbeitszimmer des großen Karl Barth schlüpfte: Eine Freundschaft im Zeichen Mozarts und im Zeichen der
symphonischen Ganzheit der Theologie entwickelte sich.

Nach Balthasars eigener Einschätzung begann seine
Sendung für die Kirche aber erst durch die Begegnung
mit der verheirateten Ärztin Adrienne Kaegi, geborene
von Speyr. Zu Allerheiligen 1940 konvertierte die mys-
tisch begabte und visionär veranlagte Frau bei Balthasar, der fortan bis zu ihrem Tod im Jahr 1967 ihr geist-
licher Begleiter war. Die Gründung einer Gemeinschaft
von Laien, die in der Welt nach den evangelischen Räten
leben, führte im Jahr 1950 zum Austritt aus dem Jesuitenorden. Noch vor der „Johannesgemeinschaft" war der
„Johannesverlag" mit seinem Sitz in Einsiedeln gegründet worden, der durch seinen Namen ebenfalls die johan-
neisch-theozentrische Prägung offenbart.

Für das theologische Schaffen war der Ordensaustritt von Vorteil. Als freischaffender Priester und Theologe war Balthasar zwar vom offiziösen Theologiegetriebe – auch vom Zweiten Vatikanum – ausgeschlossen, der schöpferischen Fruchtbarkeit jedoch waren so keine Grenzen gesetzt. Bald erschien ein Buch nach dem anderen. Während sich nach dem Konzil die Theologie in immer neue Detaildiskussionen verlor und der kritische Geist der 68er schnell das tüftelige Wissenssystem der Neuscholastik zertrümmerte, blieb Balthasar von all diesem Umbruch unberührt. Er setzte nicht auf Kritik, sondern auf Aufbau. Mit stoischer Akribie arbeitete er „daneben" an einem Gesamtwerk mit völlig neuem Ansatz, an der *Trilogie*.

Es ist die Epoche des völligen Zusammenbruchs der bisherigen Denkform und der krampfhaften Suche nach Neuem unter dem Schlagwort der „anthropologischen Wende". Die Verwirrungen provozierten auch Balthasar zu einigen grimmigen *Klarstellungen*, über deren paulinische Polemik man noch heute schmunzeln muss. Seinen Ruf als Konservativer besiegelte er vor allem durch sein Büchlein *Cordula oder der Ernstfall*, das auf viele Rahner-Verehrer schockierend wirkte. Vor dem Konzil als Progressiver verschrien, galt Balthasar nach dem Konzil – wie so viele andere auch – als hoffnungslos rückständig. Auf der anderen Seite machte er sich auch nicht viele Freunde, zuerst durch seine grollenden Bemerkungen zum *Opus Dei*, dann durch sein apodiktisches Eintreten für die *umfassende Hoffnung auf die Rettung aller*, die Hoffnung auf eine leere Hölle. Dazu kommt, dass Balthasar jeder „Propaganda" abgeneigt war, seine Sache nie an die große Glocke hängen wollte. Noch vor einigen Jahren war es ein schwieriges Unterfangen, an ein Verlagsverzeichnis des Johannesverlages zu kommen. Alle Angebo-

te akademischer Lehrstühle hatte Balthasar ohnehin abgelehnt.

Man nannte Balthasar mit Recht den Denker des „Katholischen", wobei hier katholisch zuerst im ursprüng-
lichen Sinn von „universal" genommen werden muss,
dann aber auch und gerade im Sinn von „konfessionell",
denn es gibt in der kirchlichen Landschaft des 20. Jahrhunderts keinen zweiten Theologen, bei dem die Weite
des Denkens und die Treue zur Kirchlichkeit so sehr miteinander verknüpft sind. Mit Recht erhob ihn Papst Johannes Paul II. zum Kardinal. *Cardinalis* ist „jemand, um
den es sich dreht". Balthasar starb zwei Tage vor der öf-
fentlichen Kreierung, und man mag darin eine geheimnisvolle Fügung sehen: nicht die Person, sondern allein
das Werk sollte es sein, mit dem sich die Kirche noch lange „beschäftigen" wird.

Das Verzeichnis der Schriften von Balthasar[171], das
kaum überblickbare Dimensionen hat, zeugt von einer
imponierenden schöpferischen Kraft, die bis zu Balthasars Lebensende an Intensität keinesfalls nachgelassen
hatte. Die Dreifaltigkeit ist das Herzstück der Theologie Balthasars. Er hat nicht nur – wie etwa Karl Rahner
oder andere katholische Theologen (Congar, Hemmerle,
Scheffczyk, Greshake usw.) einzelne Arbeiten und Auf-
sätze „über" die Dreifaltigkeit geschrieben, sondern Trinität ist gleichsam das Fluidum seines Theologisierens
selbst. Würde man die Dreifaltigkeit vom Werk Balthasars gleichsam herausnehmen, so bliebe so gut wie nichts,
denn sowohl von der Struktur (man beachte die Trilogie:
Theo-Ästhetik, *Theo-Dramatik*, *Theo-Logik*) als auch
vom Inhalt ist dieses Werk „trinitarisch". Schon heute
kann man sagen, dass eben diese Gewichtung dem Werk
Balthasars nicht nur eine hohe Bedeutung in der Theologiegeschichte sichern, sondern es wahrscheinlich zum

Fundament und Ausgangspunkt für eine zukünftige Entwicklung der Theologie machen wird und tatsächlich
schon macht. Diese Einschätzung ist keine ungedeckte
Prophetie oder fromme Hochstilisierung eines Genies des
letzten Jahrhunderts, sondern ergibt sich aus dem Platz,
den das Werk Balthasars in der neuen Theologie innehat.

2. Die Wiederentdeckung der Dreifaltigkeit
als Thema der Theologie

Balthasar füllte nämlich eine klaffende Lücke der Theologie, die, wie schon gesagt, bereits Ende des 19. Jahrhunderts von Theodore de Régnon in seiner groß angeleg-
ten Studie beklagt worden war: die mangelnde Lust der
katholischen Theologie, der Trinität „nachzuspüren" und
sie als fundamentales und originäres Thema wiederzu-
entdecken.[172] Im 20. Jahrhundert, mitten in der nach-
konziliaren Umbruchszeit, wurde diese Kritik von Karl
Rahner, dem damals wohl prominentesten deutschsprachigen Theologen, wiederholt. Rahner diagnostizierte in
seinem 1967 veröffentlichten Aufsatz unter dem Titel *Bemerkungen zum dogmatischen Traktat „De Trinitate"*[173],
dass das theologische Nachdenken über die Dreifaltigkeit
stagniere, ja, dass das Wissen über die Bedeutung des
dreifaltigen Gottesbegriffes fast völlig abhanden gekommen sei. Rahner stellte fest, dass es seit dem Konzil von
Florenz im Jahr 1439[174] keine Lehrentscheidung gegeben
habe, die einen wirklichen Fortschritt in der Erkenntnis
der Trinität aufweise. Beim Konzil von Trient sei die Trinitätslehre nur rekapituliert[175], bei dem Ersten Vatikanum nur vorausgesetzt worden[176] und beim Zweiten Vatikanum spielte so gut wie keine Rolle.[177]

Der Grund für diese Stagnation liegt nach Rahner in
der weltfremden Spekulationsarithmetik, in die hinein

das Thema Dreifaltigkeit seit der Scholastik entrückt war. Die Folge der immer subtileren Ausformulierung dieser Spekulationen war, dass Dreifaltigkeit zu einer lebensfernen Tüftelei über das Verhältnis von Einheit und Dreiheit, Wesen und Relation herabsank. Das altehrwürdige Fachvokabular – z. B. *relationes subsistentes, appropriationes, missiones, notiones, circumincessio etc.* – allesamt Ausdrücke, die auch in ihren deutschen Übersetzung unverständlich klingen („subsistente Beziehungen", „Aneignungen", „Sendungen", „Merkmale", „Ganzdurchdringung") –, wirkte kompliziert, blass und bibelfern. Es vermittelte geradezu den Eindruck, Gott habe sich als Dreifaltigkeit geoffenbart, um den Menschen eine rätselhafte Gedankenakrobatik aufzugeben oder eine Geheimdisziplin für Theologen zu begründen. Dazu kam, dass die Lehrbücher der Neuscholastik des späten 19. und frühen 20. Jahrhunderts den Eindruck vermittelten, diese „rätselhafte" Lehre sei von der Kirche ein für alle Mal in Formeln gegossen worden, die nicht mehr reflektiert, sondern nur noch tradiert werden müssen.

Rahner beklagte auch, dass die Dreifaltigkeit deshalb keine Bedeutung für die Frömmigkeit, den „Katechismus des Herzens", habe. Die letzte große Dreifaltigkeitsmystik stammte aus dem 14./15. Jahrhundert: Mechthild von Hackeborn, Meister Eckehard, Nikolaus von der Flüe … Doch zur selben Zeit, in der Rahner schon die Leichenstarre des trinitarischen Denkens beklagte, ereignete sich im Bereich der deutschsprachigen Theologie eine nicht erwartete Trendwende, deren Hauptvertreter auf katholischer Seite Balthasar war. Begonnen hatte aber die evangelische Seite mit Karl Barth, Eberhard Jüngel, Wolfhart Pannenberg und Jürgen Moltmann. Bei Letzterem zeigte sich die Neuentdeckung der Trinität besonders eindrucksvoll. Moltmann hatte sich Mitte der sechziger Jah-

re als politischer Theologe unter dem Einfluss von Ernst
Bloch mit seinem Buch *Theologie der Hoffnung* (1964),
das ganz den kulturpolitischen Optionen der 68er-Jahre
entsprach, einen Namen gemacht (Ernst Bloch, *Das Prinzip Hoffnung*). Als Moltmann am Karfreitag des Jahres
1972 sein Buch mit dem Titel *Der gekreuzigte Gott* ver-
öffentlichte, wirkte dies revolutionär und wurde sofort
als Zäsur verstanden, denn plötzlich wurde als Grund-
frage wieder die Frage nach Gott gestellt: „Wer ist Gott
im Kreuz des gottverlassenen Christus?"[178] Die Antwort
Moltmanns lautete: „Der Inhalt der Trinitätslehre ist das
reale Kreuz Christi selbst. Die Form des Gekreuzigten ist
die Trinität."[179] Moltmann ist Bürge für die Wende. Ebenso muss hier Karl Barth († 1968) genannt werden, der einen maßgeblichen Einfluss auf die Entdeckung der Trinität durch Balthasar hatte. Das Werk Balthasars steht also
in einem *Kairos* (günstigen Zeitpunkt) der theologischen
Wiederentdeckung der Trinität. Balthasar selbst gräm-
te sich über die Scheu der Theologie, die Trinität zu bedenken.[180] Er gab die Entdeckung des „trinitarischen Hin-
tergrundes" als eigentliches Programm seiner Theologie
an.[181] Von großer Bedeutung für diese Prägung Balthasars war die Basler Ärztin und Mystikerin Adrienne von
Speyr, deren Einfluss er selbst immer wieder betonte.[182]
Wir finden bei Adrienne eine atemberaubend *anschauli-
che* Dreifaltigkeitsmystik, die dazu führte, dass auch Balthasar an das Thema nicht nur als nüchterner Theologe
mit bloß begrifflicher Rhetorik, sondern eher in der Kraft
einer bildhaften Sprache heranging. Wir wollen die ent-
scheidenden Punkte, bei denen Trinität für Balthasar eine
Rolle spielte, betrachten.

3. Die immanente Trinität als Matrix

Jedem auch nur oberflächlichen Balthasar-Leser wird bald eine „Zirkelstruktur des Denkens" auffallen, bei der er sich immer wieder auf einen Punkt bezieht, nämlich auf die Trinität als ein dramatisches *ewiges Ereignis* zwischen Vater, Sohn und Heiligem Geist. Die Rückbeziehung auf eine ewige Dynamik in Gott, die allem zugrunde liegt, ist im Werk Balthasars gleichsam allgegenwärtig. Egal, ob Balthasar über das betrachtende Gebet, über das Amt oder sonst ein Thema schrieb, am Schluss gründete jede Argumentation im Urgrund der Trinität und wurde von dort her entwickelt. Die Dreifaltigkeit, die hier den Urgrund des Denkens bildete, ist genau genommen die „immanente Trinität". Die Theologie unterscheidet ja zwischen der Dreifaltigkeit, wie sie aller Schöpfung voraus ist, der „immanenten Trinität", und der Dreifaltigkeit, wie sie als Vater, Sohn und Geist an der Welt handelt, der „ökonomische Trinität". Balthasar dachte alles von der „immanenten Trinität" her. Sie ist für ihn die Fülle in sich, das *Eschaton* (das Letzte, Vollendete)[183], denn Gott lebt von Ewigkeit ein in sich seliges Leben als Vater, Sohn und Geist im Ereignis absoluter Liebe.

Balthasars Theologie ist „theozentrisch", geht „von oben aus", ist im wahrsten Sinne des Wortes eine „Theologie des Absoluten", weil sie alles in der „immanenten Trinität" begründet sieht. Die Dreifaltigkeit ist das Gegenüber von Vater und Sohn im Heiligen Geist, ist die Einheit von Identität und Nicht-Identität. Weil Gott schon in sich dieses Gegenüber, dieses Miteinander, diese Gemeinschaft hat, kann er dies auch mit der Welt pflegen. Die wichtigste Prämisse Balthasars lautet also, dass Gott und Welt eine Einheit im Miteinander bilden. Gott „untergreift" alles, durchdringt alles, ohne dem

Endlichen damit den Freiraum zu nehmen. Wer Balthasar liest, wird bald merken, dass hier immer vom Ganzen her gedacht und aufs Ganze hin argumentiert wird,
auch, wenn es um scheinbar Nebensächliches und Ent-
legenes geht. Balthasar argumentiert von der Mitte her;
diese Mitte und der Schlüssel für alles ist für Balthasar
die Dreifaltigkeit. Der Rückgriff auf die Trinität ist die
Matrix der Theologie Balthasars. „Trinität" steht als Synonym – besser: als eigentlicher „Begriff" – für die Totalität Gottes in sich und das darin ermöglichte Miteinander von Gott und Welt.

Ein Miteinander von Gott und Welt ist für eine rein
monistische Religion undenkbar, da die Einheit dort entweder alles verschlingt (Pantheismus) oder alles unter-
drückt (Islam). Der Gott des Christentums hingegen ist
zwar Einheit, aber eben in innerer Differenziertheit. Gott
ist „trinitarische Ereigniswirklichkeit"[184], ja, das innere
Sein Gottes spiegelt sich in der Welt ab.

4. Die immanente Trinität als ewiges Ereignis des Liebens

Balthasar blickte tief in das innere Leben der Dreifaltigkeit. Für ihn ist die immanente Trinität das sich selbst
konstituierendes „Liebesspiel"[185], das Ereignis, das die
Möglichkeit menschlicher Freiheit und Geschichte begründet. Das Wesen Gottes, das nach 1 Joh 4,8.16 „die
Liebe" ist, ist *konstituiert* in dem Sich-Ereignen der trinitarischen Personen. Der Vater wird als Akt der Zeugung verstanden, der Sohn als Akt des Empfangens und
Sich-Verdankens, der Geist als Akt der Vereinigung. Die
grundlegende Kategorie für die Balthasar'sche Trinitäts-
auffassung scheint mir demnach der Begriff eines dynamischen Ereignisses zu sein: Trinität ist ein Ereignis,

ein „Vorgang ... der im unnahbaren, glühenden Kern des Seins die ‚Hervorbringung' Gottes selbst ist".[186]

Gott *ist wesenhaft* Liebe in Form einer „Selbstauszeugung".[187] Die göttlichen Personen sind nichts Statisches, sondern „Person" wäre nach Balthasar am korrektesten als „Ereignisdimension" wiederzugeben. Trinität ist das Ereignis der selbstverschenkenden Liebe. In diesem Prozess ist der Vater die Quelle der Gottheit. Der Vater „besitzt" das göttliche Wesen, indem er verschenkt, und zwar indem er sich selbst restlos verschenkt. Balthasar nennt die Zeugung des Sohnes eine innergöttliche „Urkenosis"[188] (vgl. Phil 2,6). Der Vater ist Vater aufgrund seiner „Selbstlosigkeit"[189], aufgrund seines vollkommenen Sich-Verschenkens. Dieses Schenken ist im innersten Kern *grundlose* Liebe, Liebe ohne Berechnung, Liebe als absolute Hingabe. In dieser Selbstweggabe eröffnet sich eine absolute Differenz, denn der gezeugte Sohn ist tatsächlich das Andere des Vaters. Es gibt also in Gott ein Gegenüber, eine Differenz, oder – nach der klassischen Formulierung des Konzils von Florenz – eine *oppositio*.[190] Es gibt keine größere Andersheit gegenüber dem Vater als die des Sohnes, Balthasar spricht sogar (mehr rhetorisch als sachlich) von einer innergöttlichen „Trennung".[191] Alle geschöpflichen Differenzen sieht Balthasar in diesem Gegenüber von Vater und Sohn begründet.

Der Sohn ist zwar der Andere des Vaters, jedoch liebt er mit einer ebensolchen göttlichen Liebe zurück wie der Vater, indem er sich dem Vater „verdankt". Der Sohn ist also der „Andere", da er die göttliche Liebe des Vaters vollzieht, nur eben in anderer Form. Der personbildende Akt des Sohnes ist die Rückverdankung. Der Vater ist Schenken, der Sohn ist Verdanken. In klassischer dogmatischer Sprache: Der Vater *ist* die Relation des Zeugens, der Sohn *ist* die Relation des Gezeugt-Seins. Für Balthasar ist wichtig, dass der Sohn – der Andere und doch der in der Liebe identisch Gleiche – das unendlich positive Urbild von allem ist, was wir „Differenz", „Unterschied", „Geschiedenheit", „Andersheit" usw. nennen können.[192] Balthasar wird von hier ausgehend immer wieder darauf hinweisen, dass Differenz positiv ist, wenn sie auf Einigung hin angelegt ist, und dass ein Christentum, das die Differenz nivelliert, etwas Entscheidendes übersieht. Im Unterschieden-Sein etwa von Gott und Welt, Mann und Frau, Amt und Laientum usw. liegt etwas unverzichtbar Positives: die Hinordnung auf das lebendige Einswerden in der Liebe.

In der immanenten Trinität zeigt sich das Positive an der Differenz von Vater und Sohn eben gerade in ihrem Einswerden und Einssein im Heiligen Geist. Vater und Sohn sind im Vollzug ihres liebenden Schenkens und ihres liebenden Sich-Verdankens ein *Liebesgeist*, aber nicht in der Weise, dass sie gleichsam zu einer leblosen toten Einheit gelangen, zu einer Übersättigung an Identität. Ihr Einssein ist ihre beständige Vereinigung, in der sie nie zu einem toten Ende gelangen. Der Heilige Geist ist deshalb in Gott das „Je-Mehr", die Einheit von Vater und Sohn in Form einer beständigen Aufsteigerung. Aus diesem Grund vermag Gott, der in sich ewig erfüllt ist, eine freie Welt „außerhalb" seiner selbst zu schaffen: nicht aus Bedürftigkeit, wie Hegel meinte, sondern aus dem freien Überschwang der Liebe.

5. Trinität als absolute Liebe

Wenn man die Ausführungen Balthasars über die inneren Liebesprozesse der immanenten Trinität liest, könnte man fragen: Wozu diese Veranschaulichung des innergöttlichen Lebens? Und man könnte auch fragen: Woher weiß Balthasar dies? Ja, man könnte Balthasar den Vorwurf machen, den ein Kritiker einmal an den großen Freund und Inspirator Balthasars, Karl Barth, richtete: „Er blickt der Trinität ins Rollenbuch, ja manchmal hat man den Eindruck, dass er ihr souffliert."[193]

Balthasar würde antworten: Aufgrund der Selbstoffenbarung Gottes, deren letzter Inhalt darin besteht, dass Gott sich als „die Liebe" der Welt vor Augen stellt. Das Wesen des Gottes der christlichen Offenbarung ist nicht ein abstraktes Etwas, das formlos vor sich hinbrodelt. Gott besitzt vielmehr „die unendliche Bestimmtheit des trinitarischen Liebesprozesses".[194] Im Kern geht es Balthasar nur um die Veranschaulichung, dass Gott in sich selbst die Liebe ist: schöpferische Liebe im Vater, verdankende Liebe im Sohn und Liebesaustausch im Heiligen Geist[195], jede der drei Personen stellt einen anderen „Modus" des Liebens dar. Auch im endlichen Bereich gibt es ja keine „Liebe", wenn nicht eine Unterschiedenheit und eine ereignishafte Ausfaltung vorausgesetzt ist. Gott kann „erst dann das Gute als die freie Liebe genannt werden, wenn er in sich ein geisthaftes Leben der Liebe besitzt, das heißt eine Hingabe, einen Austausch, eine Gemeinsamkeit, die die Identität des Absoluten nicht antastet, es aber erst wahrhaft zum absolut Guten macht."[196]

Das Adjektiv „trinitarisch" steht bei Balthasar deshalb eigentlich synonym für „absolut liebend". Ein monistisches Gottesbild, ein in sich selig lächelnder *Buddha*, ein platonisches *to hen* („das Eine") oder auch ein rein philosophisch erdachtes *ens a se* („das aus sich heraus selbst Seiende") könnte niemals für sich beanspruchen, als „die Liebe" geglaubt zu werden. Der christliche Gott aber hat sich als „die Liebe" geoffenbart. Deshalb darf und muss man laut Balthasar über sein innerstes Wesen auch nachdenken, denn Gott könnte sich nicht als „die Liebe" offenbaren, wenn er nicht „in sich" die Liebe wäre.

Das Trinitätsdenken ist auch nur gleichsam das tragende „Skelett" der Theologie Balthasars, ihr eigentliches „Fleisch" hingegen ist die Christologie. In Christus wird das innere Wesen Gottes geoffenbart. Da dieses Wesen aber die Liebe in Form eines ewigen trinitarischen Ereignisses ist, ist klar, dass sich durch Christus die ganze Trinität offenbart. Balthasars Christologie ist zutiefst von einem absteigenden, johanneischen Duktus geprägt. Christus ist nicht gesandt, um als Prophet eine *gnosis* („Lehre"), ein „ethisches Wertesystem" zu vermitteln, sondern um das Wesen Gottes auszudrücken und dem Glaubenden Anteil an seiner ewigen Beziehung zum Vater im Geist zu geben. Da der Sohn von Ewigkeit her aus dem Vater hervorgeht und sich dem Vater verdankt, transponiert sich seine Beziehung durch die Menschwerdung in das Endliche und Menschliche hinein. Er offenbart zunächst den Vater; in seinem Tun und Handeln, in seinem Gehorsam und Selbst-Verschenken leuchtet das Ich des Vaters auf. Jesus ist „das weltliche Antlitz des göttlichen Vaters"[197], er ist in Person die „Ikone des Vaters" und das „Ecce Deus".[198] Das *Verbum Caro* ist der sich in der Geschichte konkretisierende Gott. Balthasar nennt Christus das *universale in re* und das *universale concretum*.[199] Durch die Menschwerdung des Sohnes wird gleichsam das ganze Beziehungsgefüge der Dreifaltigkeit geoffenbart: „Obwohl der Sohn allein Mensch wird, und nicht der Vater und der Geist, ist in der Menschengestalt des Sohnes doch notwendig mit sichtbar geworden sein Verhältnis zum Vater und zum Geist."[200] Für Balthasar hängt die Wahrheit des Christentums an dieser christologischen Einheit von Universalem und Endlichem, Absolutem und Konkretem, ab.

6. *Die göttliche Fülle erscheint im Fragment*

Da Gott in sich trinitarisch ist – die Identität von Identität und Nicht-Identität – kann er seine Fülle tatsächlich im Anderen seiner selbst manifestieren, im menschgewordenen Sohn. Gott drückt sein Wesen, die Liebe zu sein, im Fragment einer einzelnen menschlichen Existenz aus. Daher ist eben „das Ganze im Fragment" das Prinzip der göttlichen Universalität, das Prinzip des Katholischen, denn „katholisch" bedeutet ja „allumfassend". Daher ist all das konkret Kirchliche und Sakramentale gerade nicht Einschränkung der Absolutheit Gottes, sondern geradezu ihre Ausfaltung und Begründung. Amt, Institution, Eucharistie, Papst, Maria und Heiligenverehrung – all diese „Nadelöhre" sind keine Verengung und Beschneidung, sondern sakramentale Ausdrucksformen der göttlichen Liebe. Balthasar verteidigt die *concreta catholica* mit großer Vehemenz und heiligem Eros.

Aber Balthasar war gerade in seinen letzten Lebensjahren auch ein großer Verteidiger der katholischen Spiritualität gegen die gnostische Neureligiosität von New Age und deren Spiritualisierungstendenzen. Weil das Mysterium konkret und anschaulich ist und sich im Endlichen gibt, darf sich der meditierende Christ nicht spiritualistisch aus der konkreten Anschauung fortbegeben (alles als „Schein" durchschauen), sondern er muss sich „einfältig" auf das Mysterium einlassen. Der Christ muss „einfältig" sein. Mit Ingrimm hat Balthasar in mehreren Schriften gegen die aus dem Osten importierten Meditationsformen angekämpft. Alle Entleiblichungs- und Spiritualisierungstendenzen widersprechen dem christlichen Prinzip diametral, weil sie übersehen, dass Gott uns seine absolute Fülle, seine umfassende Liebe im Fragment des Gekreuzigten geschenkt hat.

Schon denkerisch ist es faszinierend, mit Balthasar die göttliche Fülle zu bedenken, weil er anschaulich macht, wie das Christentum in seinem Gottesbegriff die extremsten Gegensätze vereint: Gott und Tod, Ewigkeit und Endlichkeit, Absolutheit und Konkretion. Hegel war so fasziniert von dem Satz „Gott selbst ist tot", dass er vom „spekulativen Charfreitag" aus das Christentum zur „absoluten Religion" erklärte. Aber es ist nicht bloß Spekulation, sondern wahre Offenbarung Gottes. Das Christentum beruht nicht auf einer Idee – Balthasar wurde nicht müde, dies zu erklären –, sondern auf dem *factum* der Inkarnation. Balthasar kämpfte beständig mit scharfer Klinge gegen die Idealisierung des Christentums, er war gleichsam in Person der Superlativ eines antiidealistischten Theologen! Einem Dissertanden schrieb Balthasar, dass Hegel „die eigentlich zu knackende Nuss"[201] sei. In Christus, in seiner Person wie in seiner Lebensgeschichte, ist die Einheit der höchsten Gegensätze ein für alle Mal real verwirklicht.

Daher ist der christliche Gott universal, weil ihm nichts fremd ist. Er ist die Liebe im umfassenden Sinn. Unser Gott ist nach Balthasar viel universaler als die platte Abstraktheit des Yin-Yang-Nebels oder das Neutrum der östlichen Gottheit. Der Gott des New Age ist ein apersonales Etwas jenseits von hier und jetzt, draußen und drinnen. Der Gedanke scheint auf den ersten Augenblick faszinierend zu sein, da hier ja ein scheinbar „größerer" und universalerer Gottesbegriff als im Christentum gedacht wird, das einen persönlichen Gott mit konkreten Konturen verkündet. Falsch, würde Balthasar sagen, es ist genau umgekehrt: Der östliche bzw. neugnostische unpersönliche Gott ist der „kleinere", der „schmälere", denn ein solch rein abstrakter Gott hat ja seine Begrenzung und Fixierung, und zwar eben gerade darin, dass er an einem Ort nicht sein kann: in der Partikularität, im Endlichen, in der Polarität, in der Differenz. Das Konkrete ist diesem göttlichen Nebel fern.

Das Christentum sieht hier tiefer, denn unser Gott umfasst in seiner Liebe „alles": Ewigkeit und Zeitlichkeit, Unendlichkeit und Endlichkeit: Auch unser Gott ist im Vater bleibend verborgener und allesdurchdringender Urgrund, niemals vorstellbares oder habbares Jenseits. Doch darüber hinaus bekennt das Christentum die Anwesenheit eben desselben Gottes auch im Endlichen durch die Menschwerdung der zweiten göttlichen Person. Hier begegnet uns Gott in der Form der Endlichkeit, das Universale in der Gestalt des Konkreten. Jesus ist der Gott in der Gestalt des Anschaubaren, Anfassbaren, Hörbaren: Gott in der Gestalt des Bruders und Nächsten. Mehr noch: In der Menschwerdung ist Gott sogar an jenen tiefsten Punkt „hinabgestiegen", wo der gnostische Gedanke Gott nie vermuten könnte: nämlich in den Tod. Er stirbt unseren Tod, ohne als Gott zu sterben, im Gegenteil, sein Tod erweist seine Lebendigkeit und schenkt uns Leben. Durch den Tod, die endlichste Form der Endlichkeit, erweist er seine absolute Unendlichkeit. So gibt Balthasar auf eigene Weise Luther recht, der sagt, dass Gott sich *sub contrario* – im Gegenteil seiner selbst – offenbart.

7. Balthasar als Symphoniker der Trinität

Ich möchte zum Schluss versuchen, eine Würdigung Balthasars vorzunehmen. Es gibt das etwas schelmische Sprichwort: *Jesuita non cantat!* („Ein Jesuit kann nicht singen!"). Wenn „Jesuit" für Genialität und intellektuelle Kraft zur Systembildung steht, so kann man Balthasar trotz seines faktischen Ordensaustritts ruhig weiterhin einen Jesuiten nennen. In den letzten Lebensjahren hatte

er sich auch um seine Wiederaufnahme bemüht. Die jesuitische Genialität bleibt in der Theologie Balthasars voll
bewahrt, aber sie wird noch bereichert: die Genialität, die
uns hier begegnet, ist eine musikalische, eine symphonische. Balthasar ist das Paradox eines *Jesuita qui optime
cantat!* („Ein Jesuit, der gar großartig singt!"). Und die
Melodie, das tragende Motiv, ist die Liebe, die im dreifaltigen Gott als absolute geschaut wird.

Schon die Sprache ist bei Balthasar „ein Gedicht". Gerade in der Theologie gilt ja das Sprichwort, dass der Ton
die Musik macht. In Balthasars Sprache waltet nicht nur
eine Form von Ehrfurcht, sondern zugleich auch eine
starke *Imagination*. Und dennoch kommt in der plakativen und farbigen Ausdrucksweise die diskursive Argumentation nicht zu kurz. Alles fließt ineinander, steigert
sich vom *Piano* zum *Crescendo* in virtuosen Begründungen und argumentativen Rückbindungen. Kein Zweifel:
Balthasar ist der Mozart der Theologie!

Ich erlaube mir, den Vergleich zwischen Balthasar
und Mozart kurz weiterzuspinnen: Das bedeutet nämlich auch, dass sich neben Balthasar so manch ein anderer
Theologe neidlos mit dem Ehrenrang eines Salieri zufriedengeben muss. Salieri steht für die bemühte, technisch
präzise Musik, die zudem ihr Ohr am Puls der Zeit hat.
An Salieri hat man zu seiner Zeit Geschmack gefunden,
da er für den kurzen Bruchteil seiner Zeit den rechten
Ton anschlug. Doch was blieb auf Dauer von Salieri angesichts des zeitlos Spielerischen und Genialen eines Mozart?

Allerdings hat man Balthasar nicht wie Mozart ins Armengrab versenkt, aber dass Balthasar heute schon den
Rang hätte, der ihm von der Sache her zustünde, kann
wohl niemand behaupten. Die Zahl der Dissertationen
und Balthasar-Studien ist zwar ins Unüberschaubare ge

wachsen; unter den jungen Theologen, die in der Welt von heute nach Glaubensbegründung und Spiritualität suchen, wächst seine Beliebtheit. Die Zukunft wird der Theologie Balthasars gehören.

Es ist aber schon einmal einem großen Theologen widerfahren, dass er – trotz eines großartigen Systementwurfs – wegen einiger Details in Misskredit geraten ist: dem genialen Origenes. Möge Balthasar dieses Schicksal erspart bleiben, von kleinen linken wie rechten Geistern festgenagelt, etikettiert oder eingesargt zu werden. Die Größe kommt aus der Tiefe und aus der Mitte, kommt aus dem unablässigen Blick auf das Zentrale, auf das Mysterium der dreifaltigen ewigen Liebe. Kontroversen und Besinnung auf Identität werden uns auch in den nächsten Jahren nicht erspart bleiben. Da brauchen wir die Reflexion auf die Substanz, da brauchen wir Balthasar, um nicht in ein würdeloses Gerangel um kirchenstrukturelle Äußerlichkeiten oder Ähnliches abzugleiten. Wer Balthasar liest, erlauscht etwas von der unendlichen Melodie der Liebe, die zwischen Vater, Sohn und Geist in Ewigkeit waltet, um dereinst in unserer eigenen Ewigkeit erfüllend zu sein. Wir brauchen diesen Vollklang der katholischen Symphonie. Balthasar ist der *Jesuita qui cantat*: er ist Symphoniker der Trinität. Es ist eine Gnade, diese Melodie erfassen zu dürfen, mehr noch: sich von dieser Symphonie erfassen zu lassen.

ANMERKUNGEN

Einleitung

1 Z. B. Klaus MÜLLER, *Gott erkennen. Das Abenteuer der Gottesbeweise*, Regensburg 2001.

2 Z. B. Bertram STUBENRAUCH, *Dreifaltigkeit*, Regensburg 2002; Franz DÜNZL, *Kleine Geschichte des trinitarischen Dogmas in der Alten Kirche*, Freiburg-Basel-Wien 2006; Gisbert GRESHAKE, *Der dreieine Gott. Eine trinitarische Theologie*, Freiburg-Basel-Wien1997; Alexandre GANOCZY, *Der dreieinige Schöpfer. Trinitätstheologie und Synergie*, Darmstadt 2001.

3 DH (*Denzinger-Hünermann*) 803: Die Verurteilung erfolgte freilich nicht direkt wegen der triadischen Geschichtstheologie Joachims, sondern wegen seiner Fehlinterpretation der Trinitätslehre des Petrus Lombardus.

4 DH 806: *Quia inter creatorem et creaturam non potest tanta similitudo notari, quin inter eos maior sit dissimilitudo notanda.* („Denn zwischen dem Schöpfer und dem Geschöpf kann keine noch so große Ähnlichkeit festgestellt werden, ohne dass zwischen ihnen nicht eine noch größere Unähnlichkeit festzustellen wäre.")

5 HENRI DE LUBAC, *La postérité spirituelle de Joachim de Flore*, 2 Bände, Paris 1979/1981.

6 Deshalb werde ich auch einige Grundlinien, die ich in meinem Buch über christliche Spiritualität skizziert habe, heranziehen und weiter ausführen: Karl J. WALLNER, *Sinn und Glück im Glauben. Gedanken zur christlichen Spiritualität*, 2. Auflage, Illertissen 2008.

I. Kapitel
Der Mensch zu Gott

7 JÜRGEN HABERMAS, *Die Moderne – ein unvollendetes Projekt*, in: Habermas: *Kleine Politische Schriften*, Frankfurt am Main 1981, 444–464; ebd., *Der philosophische Diskurs der Moderne*, Suhrkamp, Frankfurt am Main 1988. auch: JÜRGEN HABERMAS / JOSEPH RATZINGER, *Dialektik der Säkularisierung. Über Vernunft und Religion*, Freiburg i. Br. 2005.

8 Georg Langenhorst, „Ich gönne mir das Wort Gott. – Renaissance des Religiösen in der Gegenwartsliteratur", in: *Herder Korrespondenz Spezial: „Renaissance der Religion. Mode oder Megathema"* (Oktober 2006), 55 – 60.

9 Augustinus, *Confessiones I*, 1.

10 Xenophanes von Kolophon, *Fragmente*, zitiert nach: *Texte zur Theologie. Fundamentaltheologie 1: Religionskritik*, bearbeitet von Karl-Heinz Weger, Graz-Wien-Köln 1991, 19f – freie Übertragung.

11 Ludwig Feuerbach, *Das Wesen des Christentums*, hrsg. von W. Bolin, Stuttgart-Bad Cannstatt, 2. Aufl 1960 *(Sämtliche Werke, Bd. 6)*, bes. 22f.

II. Kapitel
Gott zum Menschen

12 Zweites Vatikanisches Konzil, Konstitution über die göttliche Offenbarung: *Dei Verbum*, Art. 2.

13 Bernhard von Clairvaux, *Super Cantica Canticorum*, 61,4 (Leclercq II, 150,25–151,6).

14 Bernhard von Clairvaux, *Liber de diligendo Deo 1* (Sancti Bernardi Opera omnia, ed. J. Leclerq u.a. I, 75); und: *Liber de diligendo Deo 16* (I, 101).

III. Kapitel
Besinnung auf die christliche Gottesantwort

15 Thomas von Aquin, Opusculum: De rationibus fidei contra Saracenos, Graecos et Armenos, proem. (949); zitiert nach G. Greshake, *Der dreieine Gott. Eine trinitarische Theologie*, Freiburg-Basel-Wien 1997, 14.

16 Zweites Vatikanisches Konzil, Dogmatische Konstitution über die Kirche: *Lumen Gentium*, Art. 48.

17 Zweites Vatikanisches Konzil, Dogmatische Konstitution über die Kirche: *Lumen Gentium*, Art. 1.

18 Karl Rahner, *Die Sinnfrage als Gottesfrage*, in: *Schriften zur Theologie, Band 15*, Zürich 1983, 195–205. Dazu: Heinrich Döring/Franz-Xaver Kaufmann, *Kontingenzerfahrung und Sinnfrage: Christlicher Glaube in moderner Gesellschaft, Teilband 9*, Freiburg-Basel-Wien 1981, 5–67, bes. 49–63.

19 Joseph RATZINGER/BENEDIKT XVI., *Jesus von Nazareth. Erster Teil: Von der Taufe im Jordan bis zur Verklärung,* Freiburg i. Br. 2007, 73.

20 DH 75.

21 DH 76.

22 DH 150; *Gotteslob,* 256.

23 ABAELARD, *Die Leidensgeschichte und der Briefwechsel mit Heloisa,* Heidelberg, 2. Auflage 1954, 48.

24 Weitere kirchenamtliche Formulierungen zur Trinität sind übersichtlich zusammengefasst bei: Gerhard Ludwig MÜL-LER, *Katholische Dogmatik. Für Studium und Praxis,* Freiburg-Basel-Wien 1995, 421.

25 Zitiert nach: W. G. ESSER (Hrsg.), *Erschließung der Frage nach Gott. Impulse aus einem sich wandelnden Gottesverständnis,* Freiburg-Basel-Wien 1970, 82.

26 Zweites Vatikanisches Konzil, *Gaudium et Spes* 19–21. Vgl. *Gaudium et Spes* 7: „Anders als in früheren Zeiten sind die Leugnung Gottes oder Religion oder die völlige Gleichgültigkeit ihnen gegenüber keine Ausnahme und keine Sache nur von Einzelnen mehr. Heute wird eine solche Haltung gar nicht selten als Forderung des wissenschaftlichen Fortschritts und eines sogenannten neuen Humanismus ausgegeben."

27 „Das Sekretariat für die Nichtglaubenden" wurde 1989 – durchaus dem Trend entsprechend – in den Rang eines „Päpstlichen Rates für den Dialog mit den Nichtglaubenden" zurückgestuft und 1993 mit dem „Päpstlichen Rat für Kultur" vereint.

28 „Seit Ende der [neunzehnhundert]siebziger Jahre ist die Tendenz zu beobachten, der christlichen Trinitätslehre eine zentrale Stellung innerhalb der systematisch-theologischen Reflexion einzuräumen. Diese Tendenz hält bis heute ungebrochen an ..." (Thomas FREYER, *Vergessener Monotheismus? Zur gegenwärtigen Trinitätslehre,* in: Jürgen Manemann (Hrsg.), *Monotheismus (Jahrbuch Politische Theologie, Band 4,* 2002, 2. Auflage 2005), 93–103, hier 93.

29 Théodore DE RÉGNON, *Études de théologie positive sur la Sainte Trinité, 3 Teile in 4 Bänden:* Paris 1892–1898. Z. B: „On parle beaucoup de Dieu, à la manière des philosophes ... c'est-à-dire en présentant un Dieu à subsistance absolue,

sans s'occuper des personnes divines" (de Régnon I, 330).

30 Ebd., I, 364f.

31 Thomas VON AQUIN, *Summa theologica II/II*, q. 2 a. 6.

32 Romano GUARDINI, *Die Kirche des Herrn*, Mainz 1965, 17.

33 Karl RAHNER, *Bemerkungen zum dogmatischen Traktat „De Trinitate"*, in: *Schriften zur Theologie 4*, 103-133. Das Rahner'sche Grundanliegen wird mit kritischer Sensibilität weitergedacht durch Heribert VORGRIMLER, *Gott. Vater, Sohn und Heiliger Geist*, Münster 2003.

34 Wolfhart PANNENBERG, *Das christliche Gottesverständnis im Spannungsfeld seiner jüdischen und griechischen Wurzeln*, in: Ebd., *Philosophie, Religion, Offenbarung. Beiträge zur Systematischen Theologie, Bd. 1*: Göttingen 1999, 266–277, hier 271: „Die Trinitätslehre ist ein fundamentaler Artikel des christlichen Glaubens. Sie erst formuliert das spezifisch christliche Gottesverständnis. Sie ist Ausdruck des Bekenntnisses zu dem Gott, der ohne Jesus Christus und ohne den Geist, der die Gemeinschaft von Vater und Sohne bezeugt, nicht gedacht werden kann." – Vgl. Wolfhart PANNENBERG, *Das christliche Gottesverständnis im Spannungsfeld seiner jüdischen und griechischen Wurzeln*, in: DERS., *Philosophie, Religion, Offenbarung. Beiträge zur Systematischen Theologie, Bd. 1*: Göttingen 1999, 266–277; DERS., *Judentum und Christentum: Das Besondere des Christentums*, in: DERS., *Philosophie, Religion, Offenbarung. Beiträge zur Systematischen Theologie, Bd. 1*: Göttingen 1999, 278–286; DERS., *Systematische Theologie, Bd. 1*: Göttingen 1988, 283–364;

35 Z. B. Heribert VORGRIMLER, *Theologische Gotteslehre*, Düsseldorf 1995, 185: „Der Wunsch, eine starre theistische Systematik aufzugeben, führte zu einer Erneuerung der Trinitätstheologie. Dabei trat die große Gefahr zutage, die sparsamen trinitarischen Andeutungen der Offenbarung phantasievoll auszumalen und ein innergöttliches Drama zu rekonstruieren, das Gott als Liebe besonders nahe bringen sollte. Hier stellt sich nicht nur die drängende Frage nach der Legitimität eines solchen, die Offenbarung gleichsam ausmalenden Denkens. Zu fragen ist auch, ob die Übersteigerung von Paradoxien … eine angemessene und ernsthafte Möglichkeit ist, das mit der Trinität Gemeinte zu verste-

hen und sprachlich damit umzugehen." Ähnlich Johann
Baptist Metz. Für ihn zollt die „zeitgenössische Theologie
mit ihrer trinitätstheologischen Euphorie einen Tribut an
die polytheistische bzw. polymythisch getönte Atmosphäre unserer heutigen Welt ...": Johann B. METZ, *Theodizee-
empfindliche Gottesrede*, in: DERS. (Hrsg.), „*Landschaft aus
Schreien". Zur Dramatik der Theodizeefrage*, Mainz 1995,
81–102, hier 94.

36 Z. B.: Thomas FREYER, *Vergessener Monotheismus? Zur gegenwärtigen Trinitätslehre*, in: Jürgen Manemann (Hrsg.),
Monotheismus (Jahrbuch Politische Theologie, Band 4,
2002, 2. Auflage: 2005), 93–103.

37 Karl-Heinz OHLIG, *Ein Gott in drei Personen? Vom Vater
Jesu zum Mysterium der Trinität*, Mainz 1999.

38 Walter SIMONIS, *Jesus Christus, wahrer Mensch und unser
Herr. Christologie*, Düsseldorf 2004. Man beachte bereits
den Titel des Buches!

39 Harminus Martinus KUITERT, *Kein zweiter Gott. Jesus und
das Ende des kirchlichen Dogmas*, aus dem Niederländi-
schen übersetzt von Klaus Blömer, Düsseldorf 2004.

40 Anthony F. BUZZARD/Charles F. HUNTING, *Die Lehre von
der Dreieinigkeit Gottes als selbst zugefügte Wunde der
Christenheit*, Linz 2001.

41 Adolf von HARNACK, *Das Wesen des Christentums*, hrsg.
und kommentiert von Trutz Rendtorff, Gütersloh 1999,
43.56.

42 Komprimierte Gegendarstellungen bei: Chrisoph SCHÖN-
BORN, *Gott sandte seinen Sohn. Christologie*, Paderborn
2002, 79ff.; Alois GRILLMEIER, *Hellenisierung – Judaisie-
rung des Christentums als Deuteprinzipien der Geschichte des kirchlichen Dogmas*, in: ders., *Mit ihm und in ihm.
Christologische Forschungen und Perspektiven*, Freiburg i.
Br. 1975, 423–488.

43 Franz DÜNZL, *Kleine Geschichte des trinitarischen Dogmas
in der Alten Kirche*, Freiburg-Basel-Wien 2006, 150f.

44 Karl RAHNER, *Bemerkungen zum dogmatischen Traktat
„De Trinitate"*, in: *Schriften zur Theologie 4*, 103–133, hier
105.

45 Gisbert GRESHAKE, *Der dreieine Gott. Eine trinitarische
Theologie*, Freiburg-Basel-Wien 1997, 16.

46   Vgl. Wolfgang JANKE, *Theologische Realenyzklopädie Bd.*
      11, 157–171.

47   Lesenswert: Karl Rahner, *Einzigkeit und Dreifaltigkeit*
      Gottes, in: ders., (Hrsg.), *Der Eine Gott und der dreieine*
      Gott. Das Gottesverständnis bei Christen, Juden und Mus-
      limen, München-Zürich 1983, 141–160.

48   *KORAN*, Sure V, 76.77.79.

49   Charles de FOUCAULD, *Lettres à Henry de Castries*, Paris
      1938, 94–96; zitiert nach Franz COURTH, *Der Gott der drei-*
      faltigen Liebe, Paderborn 1993, 17.

50   Zweites Vatikanisches Konzil, Erklärung über das Verhält-
      nis der Kirche zu den nichtchristlichen Religionen: *NOSTRA*
      AETATE, Art. 2,2.

51   Zweites Vatikanisches Konzil, Dogmatische Konstitution
      über die Kirche: *LUMEN GENTIUM*, Art. 14-16; Dekret über
      die Missionstätigkeit: *AD GENTES*, Art. 2–9.

52   Hans Urs von BALTHASAR, *Epilog*, Einsiedeln-Trier 1987, 11.

IV. Kapitel
Das „Mehr" des dreifaltigen Gottes

53   Karl RAHNER, *Der dreifaltige Gott als transzendenter Ur-*
      grund der Heilsgeschichte, in: *Mysterium Salutis 2*, 317–
      401; DERS., *Grundkurs des Glaubens*, Freiburg-Basel-Wien
      1976, 140.

54   G. W. F. HEGEL, *Vorlesungen über die Geschichte der Phi-*
      losophie (Theorie Werkausgabe) XVIII, 96; zitiert nach
      GRESHAKE, *Der dreieine Gott*, 225.

55   G. W. F. HEGEL, *Philosophie der Religion*, ed. Lasson, 200.

56   Vgl. Leo SCHEFFCZYK, *Die Frage nach der eucharistischen*
      Wandlung, in: ders., *Glaube als Lebensinspiration*, Einsie-
      deln 1980, 347–370.

57   Hans Urs von BALTHASAR, *Eucharistie – Gabe der Liebe*,
      Freiburg i. Brsg. 1986, 11.

58   Hans Urs von BALTHASAR, *Spiritus Creator. Skizzen zur*
      Theologie III, Einsiedeln 1967, 115: Der Geist ist ein „per-
      sonhaftes ‚Wir' jenseits des ‚Ich-Du' von Vater und Sohn als
      Produkt der Einigung".

59   Hans Urs VON BALTHASAR, *Theodramatik, Bd. 2: Die Per-*
      sonen des Spiels, Teil 2: Die Personen in Christus, Einsie-

deln 1978, 486: Gott ist in absoluter Identität „der Eine, der Andere und der Vereinende". Vgl. DERS., *Das betrachtende Gebet,* 166. Und ders., *Herrlichkeit 3/2/2,* 243: „Der Geist ist die personale Identität der personalen Differenz in der Gottheit."

60 Henri de LUBAC, *La postérité spirituelle de Joachim de Fiore,* 2 *Bände,* Paris-Namur 1981.

61 Hans Urs von BALTHASAR, *Theodramatik. Das Endspiel, Band 4,* Einsiedeln 1983, 79: Der Geist ist das „Je-einig-Sein von verschiedenen ‚Standpunkten' her".

62 Hans Urs von BALTHASAR, *Spiritus Creator. Skizzen zur Theologie III,* Einsiedeln 1967, 115: Der Geist ist ein „personhaftes ‚Wir' jenseits des ‚Ich-Du' von Vater und Sohn als Produkt der Einigung".

63 Dazu ausführlicher: Karl J. WALLNER, *Sinn und Glück im Glauben,* 2. Auflage: Illertissen 2008, 120–141: „Die Familie als Abbild der Dreifaltigkeit."

64 Hans Urs von BALTHASAR, *Theodramatik, Bd. 2: Die Personen des Spiels, Teil 1: Der Mensch in Gott,* Einsiedeln 1976, 232: „Der Geist versteht in Gott „sein ‚Ich' als das ‚Wir' von Vater und Sohn." DERS., *Pneuma und Institution, Skizzen zur Theologie IV,* Einsiedeln 1974, 35: „Der Geist ist in Gott ein ‚triumphales Wir'."

65 Hans Urs von BALTHASAR, *Spiritus Creator. Skizzen zur Theologie III,* Einsiedeln 1967, 158.

66 Hans Urs von BALTHASAR, *Verbum Caro, Skizzen zur Theologie I,* 2. Auflage: Einsiedeln 1965 (1960), 188.

67 Hans Urs von BALTHASAR, *Christen sind einfältig,* Einsiedeln 1983, 17; vgl. *Theologik, Bd. 2: Wahrheit Gottes,* Einsiedeln 1985, 85.

68 Hans Urs von BALTHASAR, *Das betrachtende Gebet,* 4. Auflage: Einsiedeln 1976 (1955), 212. Vgl. zum Ganzen: Karl J. WALLNER, Was ist echte christliche Spiritualität? Kriterien zur Unterscheidung nach Hans Urs von Balthasar, in: DERS., *Sinn und Glück im Glauben,* 2. Auflage: Illertissen 2008, 28–51.

69 Wolfgang BORCHERT, *Draußen vor der Tür,* Hamburg 1958, 42.

70 Werner LÖSER, *Trinitätstheologie heute – offene Fragen,* in: K. Rahner (Hrsg.), *Der eine Gott und der dreieine Gott.*

Das Gottesverständnis bei Christen, Juden und Muslimen,
München-Zürich 1983, 9–27.

71 Allein in der programmatischen Antrittsenzyklika *Redemptor Hominis* finden sich sechzehn Zitate aus *Gaudium et Spes.*

72 JOHANNES PAUL II., *Die Schwelle der Hoffnung überschreiten,* hrsg. v. V. Messori, Hamburg 1994, 188f. – Johannes Paul II. hat auch unmissverständlich klargemacht, dass dies ein wesentlicher Grund ist, worin sich das Zweite Vatikanum von den anderen Konzilien unterscheidet.

73 Johannes Paul II., *Die Schwelle der Hoffnung überschreiten,* hrsg. v. V. Messori, Hamburg 1994, 104.

74 Zweites Vatikanisches Konzil, Pastoralkonstitution über die Kirche in der Welt von heute, GAUDIUM ET SPES, Art. 3,1.

75 Vgl. Johann Baptist METZ, *Zur Theologie der Welt,* Mainz 1968, 35: „Haben wir hier nicht gleichsam unser eigenes Kind misskannt oder verleugnet, sodass es uns früh entlief und uns jetzt in einer säkularistisch entstellten und uns entfremdeten Gestalt anblickt?"

76 Zweites Vatikanisches Konzil, Pastoralkonstitution über die Kirche in der Welt von heute: GAUDIUM ET SPES, Art. 11,3.

77 Zweites Vatikanisches Konzil, Pastoralkonstitution über die Kirche in der Welt von heute: GAUDIUM ET SPES, Art. 10,2.

78 Zweites Vatikanisches Konzil, Pastoralkonstitution über die Kirche in der Welt von heute: GAUDIUM ET SPES, Art. 21.

79 Offensichtlich versteht Papst Johannes Paul II *Redemptor Hominis* als authentische Weiterführung des Zweiten Vatikanums. Von größter Bedeutung ist für ihn deshalb der Artikel 22 der Pastoralkonstitution, in dem die christliche Antwort auf das Menschsein gegeben wird: „Tatsächlich klärt sich nur im Geheimnis des fleischgewordenen Wortes das Geheimnis des Menschen wahrhaft auf" (GS 22,1). So wird in *Redemptor Hominis 8* der berühmte Text aus *Gaudium et Spes 22* zitiert: *Incarnatione sua cum omni homine quodammodo se univit* („Denn er, der Sohn Gottes, hat sich in seiner Menschwerdung gewissermaßen mit jedem Menschen vereinigt"), dem dann schlicht der Satz hinzugefügt wird: „Er, der Erlöser des Menschen!" Dadurch wird kein Jota des Zitierten aufgehoben, doch in einen neuen Sinnzusammenhang gestellt.

V. Kapitel
Wer ist Gott, der Vater?

80 M. STEIN, *Leiden an Gott Vater. C. G. Jungs Therapiekonzept für das Christentum*, Stuttgart 1988.

81 (LXX) Septuaginta (griechische Fassung des Alten Testaments).

82 Dtn 32,6; 2 Sam 7,14; 1 Chr 17,13; 22,10; 28,6; Jes 63,16; 64,7; Jer 3,4.19; 31,9; Mal 1,6; 2,10; Ps 89,27; Sir 23,1.4; 51,10; Weish 2,16; 14,3; Tob 13,4.

83 Robert HAMERTON KELLY, *Gott als Vater in der Bibel und in der Erfahrung Jesu. Eine Bestandsaufnahme*, in: Conc (D) 17 (1981) 247–256, hier 249.

84 J. Jeremias, *Abba. Studien zur neutestamentlichen Theologie*, Göttingen 1966.

85 Erst in jüngster Zeit wurde in Qumran ein Text entdeckt, in dem ein palästinensischer Jude von Gott als „abba" spricht. Dies ist das einzige Zeugnis. Zu beachten ist, dass es sich hierbei nicht um eine Anrede Gottes handelte.

VI. Kapitel
Wer ist Gott, der Sohn?

86 Wichtige Literatur zu den bedeutendsten „Pluralisten" John Hick und Paul F. Knitter: Reinhold BERNHARDT, Literaturbericht, „Theologie der Religionen" (I) und (II), in: *Theologische Rundschau 72* (2007), 1–35 und 127–149; DERS.; *Der Absolutheitsanspruch des Christentums. Von der Aufklärung bis zur Pluralistischen Religionstheologie*, Gütersloh 1990; DERS., *Ende des Dialogs? Die Begegnung der Religionen und ihre theologische Reflexion*, Zürich 2006; Gerhard GÄDE, *Viele Religionen – ein Wort Gottes. Einspruch gegen John Hicks pluralistische Religionstheologie*, Gütersloh 1998; Hans-Gerd GSCHWANDT (Hrsg.), *Pluralistische Theologie der Religionen. Eine kritische Sichtung*, Frankfurt a. M. 1998; Raymund Schwager (Hrsg.), *Christus allein? Der Streit um die pluralistische Religionstheologie (Qaestiones disputatae 160)*, Freiburg-Basel-Wien 1996; Michael von BRÜCK / Jürgen WERBICK, *Der einzige Weg zum Heil? Die Herausforderung des christlichen Absolutheitsanspruchs durch pluralistische Religionstheologien (Qaestiones dis-*

putatae 143), Freiburg-Basel-Wien 1993; Karl MÜLLER / Werner PRAWDZIK (Hrsg.), *Ist Christus der einzige Weg zum Heil*, Nettetal 1991; Jacques Albert CUTTAT, *Asiatische Gottheit – christlicher Gott. Die Spiritualität der beiden Hemisphären*, Einsiedeln o. J. (1967).

87 IRENÄUS VON LYON, *Demonstratio apostolica, 39*: SC 406, 138.

88 AUGUSTINUS, *De civitate Dei 10, 32, 2*: CCL 47, 312.

89 Josef Andreas JUNGMANN, *Missarum Sollemnia. Eine genetische Erklärung der römischen Messe, Band 1*, Innsbruck 1948, 429–445.

90 Paul F. KNITTER, *No Other Name. A Critical Survey of Christian Attitudes toward World Religions*, 1985, 185, Anm. 42.

91 Hans Urs von BALTHASAR, *Absolutheit des Christentums und Katholizität der Kirche*, in: DERS., *Homo creatus est*, Einsiedeln 1986, 330–353.

92 Bernhard KÖRNER, *Extra Ecclesiam nulla salus. Sinn und Problematik dieses Satzes in einer sich wandelnden fundamentaltheologischen Ekklesiologie*, in: „Zeitschrift für Theologie und Kirche", 112 (1992) 274–292.

93 Hansjürgen VERWEYEN, *Gottes letztes Wort. Grundriß der Fundamentaltheologie*, Düsseldorf 1991.

94 Zweites Vatikanisches Konzil, Dogmatische Konstitution über die göttliche Offenbarung: *DEI VERBUM, Art. 4*: DH 4204; vgl. Pius X., *Lamentabili,*: DH 3421.

95 Zweites Vatikanisches Konzil, Dogmatische Konstitution über die göttliche Offenbarung: *DEI VERBUM, Art. 2*: DH 4202.

96 Zweites Vatikanisches Konzil, Dogmatische Konstitution über die Kirche: *LUMEN GENTIUM, Art. 16*: DH 4140.

97 Zweites Vatikanisches Konzil, Dogmatische Konstitution über die Kirche: *LUMEN GENTIUM, Art. 14*: DH 4136.

98 Karl Heinz MENKE, *Die Einzigkeit Jesu Christi im Horizont der Sinnfrage*, Einsiedeln-Freiburg 1995, 31ff.

99 Vgl. Matthias HORX, Trendbüro. Trendbuch 2: *Megatrends für die späten neunziger Jahre*, Düsseldorf 1995, 19f.

100 Joseph Kardinal RATZINGER, *Zur Lage von Glaube und Theologie heute*, „L'Osservatore Romano", 26. Jg., Nr. 47, 1996, 8–10; auch in: Internationale Katholische Zeitschrift „Communio" 25 (1996) 359–384.

101 Zweites Vatikanisches Konzil, Dogmatische Konstitution über die göttliche Offenbarung: DEI VERBUM, Art. 2: DH 4202: „Die durch diese Offenbarung sowohl über Gott als auch über das Heil des Menschen (erschlossene) innerste Wahrheit aber leuchtet uns in Christus auf, der zugleich der Mittler und die Fülle der ganzen Offenbarung ist." Ebd. 4: DH 4204: „Daher wird die christliche Heilsordnung, nämlich der neue und nun endgültige Bund, niemals vorübergehen, und es ist keine neue öffentliche Offenbarung mehr zu erwarten vor der glorreichen Kundwerdung unseres Herrn Jesus Christus [vgl. 1 Tim 6,14; Tit 2,13]".

102 Kongregation für die Glaubenslehre, Erklärung DOMINUS JESUS vom 6. August 2000, Nr. 5.

103 Ebd., Nr. 13.

104 Ebd., Nr. 14.

105 Gavin D'COSTA, Viele Welten – viele Religionen. Warum eine pluralistische Theologie der Religionen in der gegenwärtigen Krise nicht hilfreich ist, in: Hans-Gerd GSCHWANDT (Hrsg.), Pluralistische Theologie der Religionen. Eine kritische Sichtung, Frankfurt a. M. 1998, 135–152, hier 140.

106 D'COSTA, Viele Welten, 135.

107 Heinz Robert SCHLETTE, in: Orientierung 51, Jg. (1987) 155.

108 Zweites Vatikanisches Konzil, Erklärung über das Verhältnis der Kirche zu den nichtchristlichen Religionen: NOSTRA AETATE 2, DH 4196.

109 THOMAS VON AQUIN, Summa theologica II-II, qu. 81, a. 1: „Religio est virtus per quam homines Deo debitum cultum et reverentiam exhibent."

110 Ludwig FEUERBACH, Das Wesen des Christentums, hrsg. von W. Schuffenhauer, Berlin 1956, Bd.2, 348.

111 UDANA, 68–69.

112 John HICK, God Has Many Names, Philadelphia 1982.

113 Der reformierte Schweizer Theologe Karl BARTH († 1968) betonte diesen strukturellen Unterschied so stark, dass er das Christentum gar nicht mehr als „Religion" bezeichnet wissen wollte. „Religion" ist nach Barth der Weg des Menschen zu Gott, die Suche des Menschen nach Gott, die Hinwendung des Menschen zu Gott. Und Christentum sei das genaue Gegenteil, nämlich der Weg Gottes zum Menschen, die

Suche Gottes nach dem Menschen, die Hinwendung Gottes
zum Menschen. Für Barth kann man das Christentum gar
nicht als „Religion" bezeichnen, so fundamental nimmt er
den Unterschied: In der „Religion" transzendiert der Mensch
hinüber in die Sphäre des Göttlichen, im Christentum aber
transzendiert Gott hinunter zu uns Menschen. Diesen Gedanken Barths darf man nicht übertreiben, er entspricht
nicht der Lehre der Kirche, ist aber durch seine Schroffheit
hilfreich, den Unterschied zu begreifen. Nach katholischer
Auffassung gibt es keinen apodiktischen Widerspruch zwischen dem Christentum und den übrigen Religionen. Wir
haben ja schon die grundlegende Gemeinsamkeit in der Hinordnung auf Gott genannt, die das Christentum auch mit den
nichtchristlichen Religionen verbindet.

114 Zweites Vatikanisches Konzil, Dogmatische Konstitution
über die göttliche Offenbarung: DEI VERBUM, Art. 2.

115 2. Vatikanisches Konzil, Pastoralkonstitution über die Kirche in der Welt von heute: GAUDIUM ET SPES, Art. 45.

116 Joh 1,1–3.10.14: „Im Anfang war das Wort, und das Wort
war bei Gott, und das Wort war Gott. Im Anfang war es bei
Gott. Alles ist durch das Wort geworden, und ohne das Wort
wurde nichts, was geworden ist ... Er war in der Welt, und
die Welt ist durch ihn geworden, aber die Welt erkannte ihn
nicht ... Und das Wort ist Fleisch geworden und hat unter
uns gewohnt, und wir haben seiner Herrlichkeit gesehen,
die Herrlichkeit des einzigen Sohnes vom Vater, voll Gnade
und Wahrheit."

117 Zweites Vatikanisches Konzil, Dogmatische Konstitution
über die göttliche Offenbarung: DEI VERBUM, Art. 4; DH
4204.

118 Erstes Vatikanisches Konzil, Dogmatische Konstitution
über den Glauben DEI FILIUS, DH 3004; vgl. den dazugehöri-
gen Canon 3026.

119 Vgl. Knut WENZEL (Hrsg.), Die Religionen und die Vernunft. Die Debatte um die Regensburger Vorlesung des
Papstes, Freiburg 2007.

120 Zweites Vatikanisches Konzil, Dogmatische Konstitution
über die göttliche Offenbarung DEI VERBUM, Art. 2: DH
4202.

121 DH 301f.

122 KKK (*Katechismus der Katholischen Kirche*), 423.

123 Hermann GLOCKNER, *Hegel-Lexikon, 1. Band,* Stuttgart 1935, 14.

124 Hans Urs von BALTHASAR, *Verbum Caro. Skizzen zur Theologie I,* Einsiedeln, 2. Auflage 1965 (1960), 74.

125 Im Bezug auf die Heilsbedeutung der Gottesoffenbarung in Jesus Christus vertreten wir unbedingt den sogenannten „klassischen Inklusivismus": Perry SCHMIDT-LEUKEL, *Zur Klassifikation religionstheologischer Modelle,* in: Catholica 47 (1993) 163–183.

126 Paul F. KNITTER, *Religion und Befreiung,* in: *Horizonte der Befreiung. Auf dem Weg zu einer pluralistischen Theologie der Religionen,* hrsg. v. B. Jaspert, Frankfurt a. M.-Paderborn 1997, 212.

127 Barbara WOOD, *The Prophetess,* Warner Books, 1997; deutsch: Barbara WOOD, *Die Prophetin,* Roman, aus dem Amerikanischen übersetzt von Manfred Ohl und Hans Sartorius, Fischer Taschenbücher, 1997

VII. Kapitel
Wer ist der heilige Geist?

128 Zweites Vatikanisches Konzil, Konstitution über die heilige Liturgie: SACROSANCTUM CONCILIUM, Art. 6.

129 DH 125; *Gotteslob* 356.

130 JOHANNES PAUL II., Enzyklika *Dominum et vivificantem,* Nr. 39–41.

131 Eine Theologie des Heiligen Geistes müsste klarmachen, dass der Geist erstens die Einheit von Vater und Sohn ist; zweitens das Offenhalten ihres bleibenden Gegenüber; drittens eine eigene unverfügliche Person und viertens die Gabe des Je-Mehr.

132 DH 1330: In Deo „omnia sunt unum, ubi non obviat relationis oppositio".

133 Hans Urs von BALTHASAR, *Theodramatik, Bd. 2: Die Personen des Spiels, Teil 1: Der Mensch in Gott,* Einsiedeln 1976, 234: „Die hypostatischen Seinsweisen bilden gegenseitig die denkbar größte Opposition (sind somit füreinander uneinholbar), damit ihre denkbar intimste Durchdringung möglich wird."

134 Die katholische Kirche hat diesen Prozess, wonach aus der Wir-Einheit von Vater und Sohn als etwas Neues der Heilige Geist enthaucht wird, auf dem Konzil von Florenz so ausgedrückt, dass der Geist aus dem Vater und dem Sohn „wie aus einem Prinzip durch eine einzige Hauchung hervorgeht." DH 1300. Die Personeigenschaft des Heiligen Geistes ist also das Hervorgehen aus der Liebeseinheit von Vater und Sohn.

135 Hans Urs von Balthasar, *Katholisch. Aspekte des Mysteriums*, 2. Auflage: Einsiedeln 1975, 46.

136 Hans Urs von Balthasar, *Der dreieinige Gott als Schöpfer. Theologische Meditation*, in: Schöpfung, hrsg. B. Vollmer t/R. Löw/L. Scheffczyk/H. U. v. Balthasar, Freiburg 1988, 99–104, hier 102: Geist ist „die Liebeseinheit beider, in der sie ihr Anderssein oder Gegenübersein übersteigen, und die mehr ist als nur ‚der eine plus der andere', nämlich die Umarmung der Liebe selbst, nochmals nicht weniger wesentlich, nicht weniger göttlich die Liebe als der Zeugende und der Gezeugte."

137 DH 802.

138 Vgl. Röm 8,19–22. Vgl. Hans Urs von Balthasar, *Spiritus Creator. Skizzen zur Theologie III*, Einsiedeln 1967, 142: Der Heilige Geist ist „das Wir von Vater und Sohn [...] das nun auch als Gnade zum Wir zwischen Gott und Mensch werden will."

139 Barnabasbrief 16,8.

140 Augustinus, *Confessiones 3, 6, 11*: CCL 27,33.

141 Ignatius von Antiochien, *Ad Romanos 7,2*.

VIII. Kapitel
Gottes Geist konkret: Maria und die Fasslichkeit des Unfassbaren

142 Zweites Vatikanisches Konzil, *Lumen Gentium 53*: „Die Jungfrau Maria, die auf die Botschaft des Engels Gottes Wort im Herzen und in ihrem Leibe empfing und der Welt das Leben brachte, wird als wahre Mutter Gottes und des Erlösers anerkannt und geehrt. Im Hinblick auf die Verdienste ihres Sohnes auf erhabenere Weise erlöst und mit ihm in enger und unauflöslicher Verbindung geeint, ist sie mit die-

ser höchsten Aufgabe und Würde beschenkt, die Mutter des
Sohnes Gottes und daher die bevorzugt geliebte Tochter des
Vaters und das Heiligtum des Heiligen Geistes zu sein."

143 Hans Urs von BALTHASAR, *Der Unbekannte jenseits des
Wortes*, in: ders.,: *Spiritus Creator*, Einsiedeln 1967; vgl.
auch DERS., *Maria und der Geist*, in: *Homo creatus est*, Einsiedeln 1986, 142–147.

144 ORIGENES, *De principiis I, 3, 1. Vom Heiligen Geist* (Ed. H.
Görgemanns / H. Karp, 3. Auflage, Darmstadt 1992) 159f.

145 DH 605–608.

146 DH 125.

147 ORIGENES, *De principiis I, 3, 2.*

148 Matthias HORX, Trendbüro. Trendbuch 2: *Megatrends für
die späten neunziger Jahre*, Düsseldorf 1995, 101f.

149 Wie sehr der liberalen Theologie der Begriff einer göttlichen
Offenbarung abhanden gekommen ist, zeigt der polemische
Briefwechsel zwischen dem Vater des Liberalismus, Adolf
von Harnack, und dem jungen Karl Barth aus dem Jahre
1923. (Karl BARTH, *Theologische Fragen und Antworten.
Gesammelte Vorträge 3. Band*, Zürich 1986). Harnack wollte das „Wesen des Christentums" auf eine Art Gläubigkeit
an „Gott und Seele" reduzieren, also auf eine fromme Idee
über Gott, die sich anhand des Menschen Jesus von Nazareth entwirft. Selbstverständlich gibt es für Harnack keine
Gottessohnschaft Christi, das Göttliche liegt bestenfalls in
uns, in unserer Gläubigkeit, aber nicht in einer objektiven
Offenbarung. Karl Barth nun hatte diesem theologischen
Liberalismus 1919 mit seinem Römerbriefkommentar
scharf widersprochen. Es gebe sehr wohl Offenbarung, also
das Handeln Gottes von sich her in die Welt hinein. Theologie sei nicht: „So hört der Mensch", sondern: „So spricht der
Herr!". Jedenfalls brachte Barth „die eine Offenbarung Gottes" (S. 9) ins Spiel. Und was antwortete Harnack?: Es sei
ihm „total unverständlich", was Barth mit „Offenbarung"
überhaupt meine! (S. 14).

150 DH 1300.

151 Z. B. Hans Urs von BALTHASAR, *Theodramatik. Das End-
spiel, Bd. 4:* Einsiedeln 1983, 68: „aber er [Gott] ist […] auch
für sich selber das Je-mehr, jener ‚Überschwang', der sich
personal vor allem im Heiligen Geist darstellt." Ebd. 78:

„ein ‚göttliches Je-mehr', eine ‚Steigerung, Überraschung',
ein ‚Überschwang'".

152 Hans Urs von BALTHASAR, *Pneuma und Institution. Skizzen zur Theologie IV*, Einsiedeln 1974, 226: Der Heilige
Geist ist „der Inbegriff der Mitteilung Gottes nach außen."

153 Dies ist das erste Mal, dass die Trinität außerhalb ihrer selbst
„ökonomisch" sichtbar wird, wie auch JOHANNES PAUL II.
betont hat: *Mulieris dignitatem 3*, Anm. 16.

154 Leonardo BOFF, *Der dreieinige Gott*, Düsseldorf 1987, 225f;
DERS., *Ave Maria. Das Weibliche und der Heilige Geist*,
Düsseldorf 1985, passim; DERS., *Das mütterliche Antlitz
Gottes. Ein interdisziplinärer Versuch über das Weibliche
und seine religiöse Bedeutung*, Düsseldorf 1985, 106ff.

155 BÉRULLE, *Grandeurs de Jésus*, IV, 2 (Ed. Migne, S. 208).

156 LUDWIG-MARIA GRIGNION DE MONTFORT, *Traité de la vraie
dévotion à la Sainte-Vierge, 1. Teil*, Nr. 17–20 (Löwen 1947)
23–26.

157 Yves CONGAR, *Der heilige Geist*, Freiburg-Basel-Wien 1982,
213; THOMAS VON AQUIN, *I Sent. d. 14 q. 1 a. 1; De Potentia
q. 9 a. 9 c. u. ad 14.*

158 Joseph RATZINGER, *Zur Lage des Glaubens. Ein Gespräch
mit Vittorio Messori*, München-Zürich-Wien 1985, 109.

159 JOHANNES PAUL II., Enzyklika *Dominum et vivificantem* 14.

160 BASILIUS, *De Spiritu Sancto* (Ed. Herder 186, 189). 189:
„Nimm in Gedanken den Geist weg, und die Chöre der Engel lösen sich auf, die Ränge der Erzengel verschwinden, alles stürzt durcheinander, das Leben hat kein Gesetz mehr,
keine Ordnung und kein Ziel."

161 Zweites Vatikanisches Konzil, Konstitution über die heilige
Liturgie, SACROSANCTUM CONCILIUM, Art. 14,21; Dogmatische Konstitution über die Kirche, LUMEN GENTIUM, Art. 15;
Pastoralkonstitution über die Kirche in der Welt von heute,
GAUDIUM ET SPES, 43.

162 Zweites Vatikanisches Konzil, Dogmatische Konstitution
über die Kirche, LUMEN GENTIUM, Art. 1

163 ARISTOTELES, Metaphysik 2,1 n. 286. H. U. v. BALTHASAR,
Theologik 2, 111. Vgl. dazu K. J. WALLNER, *Gott als Eschaton. Trinitarische Dramatik als Voraussetzung göttlicher
Universalität bei Hans Urs von Balthasar*, Heiligenkreuz
1992, 355–363.

164 Hans Urs von BALTHASAR, *Herrlichkeit. Eine theologische Ästhetik, Band 1*, Einsiedeln 1969, 444.

IX. Kapitel
An welchen Gott glauben die Christen?

165 Zweites Vatikanisches Konzil, Pastoralkonstitution über die Kirche in der Welt von heute, *GAUDIUM ET SPES*, 18.

166 Zweites Vatikanisches Konzil, Erklärung über das Verhältnis der Kirche zu den nichtchristlichen Religionen, *NOSTRA AETATE*, Art. 2; DH 4196.

X. Kapitel
Fasziniert von der göttlichen Dreifaltigkeit

167 Weiterführendes zu Person und Werk Balthasars: Thomas KRENSKI, *Hans Urs von Balthasar. Das Gottesdrama*, Mainz 1995; Werner LÖSER, *Kleine Hinführung zu Hans Urs von Balthasar*, Freiburg-Basel-Wien 2005; Michael SCHULZ, *Hans Urs von Balthasar begegnen*, Augsburg 2002; Elio Guerriero, *Hans Urs von Balthasar. Eine Monographie*, Einsiedeln 1993; Peter HENRICI, *Erster Blick auf Hans Urs von Balthasar*, in: *Hans Urs von Balthasar – Gestalt und Werk*, hrsg. v. Karl Lehmann / W. Kasper, Köln 1989, 18–61.

168 Thomas KRENSKI, *Hans Urs von Balthasar. Das Gottesdrama*, Mainz 1995, 161.

169 Hans Urs von BALTHASAR, Brief in: E. GURRIERO, *Hans Urs von Balthasar. Eine Monographie*, Einsiedeln 1993, 400.

170 Hans Urs von BALTHASAR, *Rechenschaft*, Einsiedeln o. J. (1965), 34.

171 Hans Urs von BALTHASAR, *Bibliographie 1925–990* (neu bearbeitet von Cornelia Capol), Freiburg, Johannesverlag 1990.

172 Théodore DE RÉGNON, *Études de théologie positive sur la Sainte Trinité, 3 Teile in 4 Bänden*, Paris 1892–1898, bes. I, 330 und 364f.

173 Karl RAHNER, *Bemerkungen zum dogmatischen Traktat „De Trinitate"*, in: *Schriften zur Theologie 4*, 103–133.

174 DH 1300-1302.

175 DH 1500.

176 DH 3000-3014.

177 Karl Rahner, *Bemerkungen* a. a. O. 103. Es ist interessant,
     dass das Zweite Vatikanum hier dennoch fruchtbare Impul-
     se gegeben hat in Richtung einer trinitarischen Communio-
     Ekklesiologie.

178 Jürgen Moltmann, *Der gekreuzigte Gott. Das Kreuz
     Christi als Grund und Kritik christlicher Theologie*, 4. Auf-
     lage, München 1981, 9.

179 Jürgen Moltmann, *Der gekreuzigte Gott* a. a. O. 232f.

180 Hans Urs von Balthasar, *Verbum Caro. Skizzen zur Theo-
     logie I*, Einsiedeln, 2. Auflage 1965 (1960), 167.

181 Hans Urs von Balthasar, *Mysterium Paschale*, in: *Myste-
     rium Salutis 3/2*, 133–326, hier 158.

182 Hans Urs von Balthasar, *Rechenschaft*, Einsiedeln o. J.
     (1965), 35.

183 Karl J. Wallner, *Gott als Eschaton. Trinitarische Drama-
     tik als Voraussetzung göttlicher Universalität bei Hans Urs
     von Balthasar*, Wien 1992.

184 Hans Urs von Balthasar, *Theodramatik. Das Endspiel*, Bd.
     4, Einsiedeln 1983, 373. 475.

185 H. Otmar Meuffels, *Einbergung des Menschen in das Mys-
     terium der dreieinigen Liebe. Eine trinitarische Anthropolo-
     gie nach Hans Urs von Balthasar*, Würzburg 1991, 284ff.

186 Hans Urs von Balthasar, *Spiritus Creator. Skizzen zur
     Theologie III*, Einsiedeln 1967, 95.

187 Hans Urs von Balthasar, *Homo Creatus est. Skizzen zur
     Theologie V*, Einsiedeln 1986, 291.

188 Gegen Hegel betont Balthasar, dass der Vater sein Verschen-
     ken nicht im Hinblick darauf vollzieht, dass er aus dem Ge-
     beakt ja allererst ein väterliches Sein empfängt, es darin hat,
     sondern dass es sich um eine *grundlose* „Unvorsichtigkeit"
     handelt: TD 3, 305; *Du krönst das Jahr mit deiner Huld.
     Radiopredigten*, Einsiedeln 1982, 156.

189 Vgl. Manfred Lochbrunner, *Analogia Caritatis. Darstel-
     lung und Deutung der Theologie Hans Urs von Balthasars*,
     Freiburg-Basel-Wien 1981, 220, der in der Identität von Ha-
     ben und Weggeben den Schlüssel für den Liebesbegriff Bal-
     thasars sieht.

190 DH 1330: „omnia sunt unum, ubi non obviat relationis op-
     positio".

191 Z. B. Hans Urs von BALTHASAR, *Theodramatik. Das End-spiel, Band 4:* Einsiedeln 1983, 225.237.473f. Vgl. *Theologik, Bd. 3, Geist der Wahrheit,* Einsiedeln 1987, 225.

192 Hans Urs von BALTHASAR, *Epilog,* Einsiedeln-Trier 1987, 73: „Die Liebe der Rückgabe ist nicht geringer als die der Zeu-gung."

193 Heinz ZAHRNT, *Die Sache mit Gott. Die protestantische Theologie im 20. Jahrhundert,* München 1966, 143.

194 Hans Urs von BALTHASAR, *Glaubhaft ist nur Liebe,* Einsie-deln, 4. Auflage, 1975 (1963), 43.

195 Hans Urs von BALTHASAR, *Spiritus Creator. Skizzen zur Theologie III,* Einsiedeln 1967, 330.

196 Hans Urs von BALTHASAR, *Klarstellungen. Zur Prüfung der Geister,* Einsiedeln, 4. Auflage, (1971) 1978, 42.

197 Hans Urs von BALTHASAR, *Pneuma und Institution. Skiz-zen zur Theologie IV,* Einsiedeln 1974, 257.

198 Hans Urs von BALTHASAR, *Mysterium Paschale,* in: *Myste-rium Salutis* 3/2, 133–326, hier 216.

199 Hans Urs von BALTHASAR, *Theologie der Geschichte. Ein Grundriß,* 2. Auflage: Einsiedeln 1954 (1950), 69.

200 Hans Urs von BALTHASAR, *Das betrachtende Gebet,* 4. Auf-lage: Einsiedeln 1976 (1955), 162.

201 Thomas KRENSKI, Hans Urs von Balthasar. Das Gottesdra-ma, Mainz 1995, 37.